Landpartie

Die schönsten Hotel- und Genießeroasen

Band 13

KLOCKE VERLAG

WILLKOMMEN ZUR LANDPARTIE

Kurzurlaube und lange Wochenendtrips liegen wieder mehr denn je im Trend. Um seine persönliche Spannkraft und Vitalität zu erhalten, wirken häufigere Tapetenwechsel Wunder, da man hierdurch für ein paar Tage dem Alltagstrott entflieht, sich einmal komplett fallen lassen kann und den Kopf wieder frei bekommt. Unsere beliebte Bildbandreihe „Landpartie" hat es sich zur Aufgabe gemacht, Ihnen ausgewählte Verwöhnhotels vorzustellen, in denen man wieder einmal genüsslich die Seele baumeln lassen kann. Der Fokus unserer Empfehlungen liegt auf charmanten Domizilen, die von herzlichen Gastgebern geführt werden und fast ausnahmslos über eine sehr gute Küche und über erstklassige Wellnessfaszilitäten verfügen. Dabei laden wir in familiäre Landhotels ebenso ein wie in prachtvolle Residenzen mit jeglichem Luxus. Wir empfehlen Ihnen in dieser Ausgabe jedoch nicht ausnahmslos Domizile auf dem Lande, wir haben auch außergewöhnliche Adressen in den Bergen für Sie ausgewählt, wo man im Winter fantastischen Pistenzauber genießen kann oder den Bergsommer während der warmen Jahreszeit bei ausgedehnten Wanderungen erlebt. Ob im idyllischen Süden Deutschlands oder im hohen Norden, in alpinen „Hideaways" in Österreich, Frankreich oder im Engadin oder in Geheimtipps auf Mallorca oder in Karlsbad – wir sind sicher, dass Sie durch diesen Bildband zahlreiche erholsame und genussvolle Stunden erleben werden und wünschen Ihnen zunächst viel Vergnügen bei der Lektüre.

Thomas und Martina Klocke
HERAUSGEBER

Landpartie

Die schönsten Hotels- und Genießeroasen
Band 13

Klocke Verlag GmbH
Höfeweg 40, 33619 Bielefeld, Telefon: 05 21 / 9 11 11-0, Telefax: 05 21 / 9 11 11-12
Internet: www.klocke-verlag.de
E-Mail: info@klocke-verlag.de

1. Auflage 2011

Nachdruck, auch auszugsweise, nur mit Genehmigung des Verlages.
Alle Rechte vorbehalten, insbesondere die der Übersetzung, Vervielfältigung,
Übertragung durch Bild- oder Tonträger, Mikroverfilmungen oder Übernahme in Datensysteme.

Titelfoto:
Guarda Val, Sporz/Lenzerheide, Schweiz

Fotos:
Ydo Sol, Klaus Lorke, Martin Bäuml, vorgestellte Hotels

Texte:
Gabriele Isringhausen, Gundula Luig-Runge, Sabine Herder, Tanja Fritzensmeier, Bernd Teichgräber

Grafische Gestaltung:
Sabina Winkelnkemper, Claudia Stepputtis, Thomas Kacza

Lithographie:
Klocke Medienservice Holger Schönfeld, Boris Dreyer

Produktion: Diana Wilking, Claudia Schwarz

Vertrieb: Stephan Klocke

Druck:
Graphischer Betrieb Gieseking GmbH & Co. KG, Bielefeld

Gedruckt auf Optigloss

Printed in Germany

ISBN 978-3-934170-63-6

INHALT

Guarda Val

Cheval Blanc

Guarda Val, *Sporz/Lenzerheide / Schweiz*
14

Romantik Hotel Chesa Salis, *Bever/St. Moritz / Schweiz*
20

Nira Alpina, *Silvaplana / Schweiz*
24

Manoir de Lebioles, *Spa (Creppe) / Belgien*
28

Au Cœur du Village Hotel & Spa, *La Clusaz / Frankreich*
32

Chalet Ormello, *Courchevel / Frankreich*
36

Cheval Blanc, *Courchevel / Frankreich*
40

Les Fermes de Marie, *Megève / Frankreich*
44

Chalet Cashmere, *Megève / Frankreich*
48

Château de Valmer, *La Croix-Valmer / Frankreich*
52

La Bastide de Saint-Tropez, *St. Tropez / Frankreich*
56

Villa Belrose, *Gassin/Saint-Tropez / Frankreich*
60

Hotel & Spa Restaurant „Le Clos des Délices", *Ottrott / Frankreich*
64

Romantik Seehotel Ahlbecker Hof, *Heringsdorf / Deutschland*
68

Romantik Hotel Chesa Salis

Les Fermes de Marie

Au Cœur du Village Hotel & Spa

Château de Valmer

Chalet Ormello

Villa Belrose

Romantik Seehotel Ahlbecker Hof

Romantik Hotel Bösehof

Romantik Hotel Rittergut Bömitz

Romantik Hotel Hof zur Linde

Romantik Hotel Bösehof, *Bad Bederkesa / Deutschland*
72

Romantik Hotel Rittergut Bömitz, *Bömitz / Deutschland*
76

Hotel Reichshof, *Norden / Deutschland*
80

Landhaus Jenischpark & Haidehof, *Hamburg / Deutschland*
84

Romantik Hotel Hof zur Linde, *Münster-Handorf / Deutschland*
88

Landhaus Eggert, *Münster / Deutschland*
92

Der Bornerhof, *Ratingen / Deutschland*
96

Weinromantikhotel Richtershof, *Mülheim/Mosel / Deutschland*
100

Romantik Hotel Schloss Rheinfels, *St. Goar am Rhein / Deutschland*
104

Landhaus Bärenmühle, *Frankenau / Deutschland*
108

Kronenschlösschen, *Eltville-Hattenheim / Deutschland*
112

Hotel Vier Jahreszeiten, *Volkach / Deutschland*
116

Engel Obertal Wellness & Genuss Resort, *Baiersbronn-Obertal / Deutschland*
120

Lösch für Freunde, *Hornbach / Deutschland*
124

Victor's Residenz-Hotel Schloss Berg, *Perl-Nennig/Mosel / Deutschland*
128

Landhaus Eggert

Weinromantikhotel Richtershof

Landhaus Bärenmühle

Kronenschlösschen

Hotel Vier Jahreszeiten

Engel Obertal

Lösch für Freunde

Bergdorf Priesteregg

Wald- und Sporthotel Polisina, *Ochsenfurt / Deutschland*
132

Burgunderhof, *Hagnau / Deutschland*
136

Alte Post Holzkirchen, *Holzkirchen / Deutschland*
140

Hotel Bachmair Weissach, *Weißach / Deutschland*
144

Bergdorf Priesteregg, *Leogang / Österreich*
148

Arlberg Hospiz Hotel, *St. Christoph / Tirol / Österreich*
152

Hotel Arlberg, *Lech am Arlberg / Österreich*
156

Kristiania Lech, *Lech am Arlberg / Österreich*
160

Hotel Schmelzhof, *Lech am Arlberg / Österreich*
164

Das Posthotel, *Zell im Zillertal / Österreich*
168

Hotel Zum Schwarzen Bären, *Emmersdorf / Österreich*
172

Ansitz Zum Steinbock, *Villander / Südtirol / Italien*
176

Hotel Hanswirt, *Rabland bei Meran / Italien*
180

Son Vent, *Cas Concos de Cavaller / Mallorca / Spanien*
184

Le Jardin Desire, *Marrakesch / Marokko*
188

Savoy Westend Hotel, *Karlovy Vary (Karlsbad) / Tschechien*
192

Hotel Arlberg

Hotel Schmelzhof

Ansitz Zum Steinbock

Savoy Westend Hotel

LUXURIÖSE AUSZEIT AUF EINER MAIENSÄSS

GUARDA VAL

Ein Sprichwort sagt, alles habe zwei Seiten. Dies stimmt auch für das Hochtal von Lenzerheide – nur sind hier beide Seiten von der Sonne verwöhnt! Ein Schneeparadies mit 155 Kilometer präparierten Pisten auf bis zu 2 865 Meter Höhe. 34 moderne Bahnanlagen befördern den Gast zu variantenreichen Abfahrten und herrlichen Aussichtsterrassen mit gemütlichen Hütten. Die Region im Kanton Graubünden ist eine der beliebtesten Schweizer Destinationen für unvergessliche Ferientage. Unvergesslich ist hier auch ein Aufenthalt im Guarda Val, diesem einzigartigen Maiensässhotel, das sich auf elf bis zu 300 Jahre alte Hütten und Ställe verteilt. Das Anwesen im Weiler Sporz verbindet die Faszination der rauen, naturgewaltigen

Die Verbindung von alpinem Luxus und authentischer Einfachheit ist geglückt.

GUARDA VAL

Bündner Bergwelt mit dem modernen Zeitgeist alpinen Designs und Lebensstils. Nach einjähriger Umbauzeit wurde das Maiensässhotel 2009 wieder eröffnet. Gastgeber sind Christine Abel und Matthias Wettstein, die dieses besondere Refugium mit Sachverstand, Liebe und Engagement führen. Hoteldirektorin Cornelia Ganther ist sehr zufrieden mit dem äußerst gelungenen Facelifting: „Die Verbindung von alpinem Luxus und authentischer Einfachheit ist geglückt. Sämtliche 50 Zimmer – darunter Hirten- und Sennenzimmer, Maiensäss-, Bauern- und Giebelstuben – sind sehr individuell in Grundriss und Möblierung. Dennoch haben sie alle etwas gemeinsam: Charme und Gemütlichkeit

GUARDA VAL

dank viel Holz, Stein und Naturbelassenheit." Authentisches Maiensässfeeling eben. Ein Ort, an dem Handy und Laptop unbedingt eine Auszeit nehmen sollten. Eine Oase der Ruhe und Rückbesinnung. Im Maiensässhotel sind einige der kostbarsten Güter unserer hektischen Welt zu finden: Natur und Zeit. Wandern, Skifahren und frische Luft machen hungrig. Auch darauf ist man bestens vorbereitet. Die Crew um Küchenchef Karl-Heinz Schuhmaier (16 Punkte Gault Millau) verwöhnt Gourmets im eleganten Restaurant Guarda Val mit auserlesenen Speisenvariationen und edlen Tropfen. Das im Stil einer Dorfbeiz gehaltene Restaurant Crap Naros mit großer Sonnenterrasse bietet die typische Bündner Küche. Beide Restaurants sind auch für Nicht-Hotelgäste geöffnet. Wer eine wohltuende Bergmassage genießen möchte, zum Beispiel den „Alpenstrecker", der findet im Guarda Sana alle Annehmlichkeiten für das persönliche Wohlbefinden: Sauna in der Blockhütte, Hot Pot im Freien, Holzbottichbad, Heuliegen, Beauty und vieles mehr. Und darüber freuen sich viele Stammgäste und solche, die es nach einem Aufenthalt ganz bestimmt werden: Das Maiensässhotel Guarda Val ist zu einem Ganzjahresbetrieb geworden. Cornelia Gantner: „Nur wenn Mitarbeiter über längere Zeit im Guarda Val arbeiten und sich mit unserer Vision identifizieren, können sie den Gast die Seele des Hauses auch wirklich spüren lassen."

Wer eine wohltuende Bergmassage genießen möchte, zum Beispiel den „Alpenstrecker", der findet im Guarda Sana alle Annehmlichkeiten für das persönliche Wohlbefinden: Sauna in der Blockhütte, Hot Pot im Freien, Holzbottichbad, Heuliegen, Beauty und vieles mehr.

Guarda Val
Gastgeber: Christine Abel und Matthias Wettstein
Hoteldirektorin:
Cornelia Gantner
CH-7078 Sporz / Lenzerheide
T: 00 41 / (0) 81 / 3 85 85 85
F: 00 41 / (0) 81 / 3 85 85 95
hotel@guardaval.ch
www.guardaval.ch

HANDGEKNÜPFTE HIMALAYATEPPICHE UND BRILLANTE KÜCHE

ROMANTIK HOTEL CHESA SALIS

Wunderschöne Antiquitäten, hochwertige Betten, liebenswürdige Accessoires, gemütliches Holz, Bäder mit Granitboden und englischen Armaturen. Die Zimmer des Romantik Hotels Chesa Salis sind jedes für sich einzigartig und mit dem Komfort ausgestattet, den moderne Reisende heute wünschen. Ein absolutes Highlight aber ist das romantische Zimmer Nr. 35. „Der Schweizer Innenarchitekt und Designer Walter Notter hat ein Faible für Tibeter und deren Handwerk. In diesem Raum haben wir einen ganz besonderen Teppich verlegt. Er ist ein Unikat und wurde in Nepal aus wertvollster Himalaya-Hochlandwolle handgeknüpft. Schon die Entstehung eines Quadratmeters sichert dort einer fünfköpfigen Familie den Lebensunterhalt für einen Monat. Diese Tatsache und die Schönheit des Objektes veranlassten uns, bei der Renovierung einiger Zimmer den Gästen in der Nummern 35 und 36 diesen Teppich zu gönnen", erzählt Jürg Degiacomi. 2003 trat der Züricher Ökonom gemeinsam mit seiner charmanten Frau Sibylla das väterliche Erbe an und wurde zum Hotelier. Eine Entscheidung, die der freundliche Gastgeber bis heute nicht bereut hat. Gemeinsam schufen die Eheleute in dem anno 1590 erbauten Bauernhaus ein Refugium, das Geschichte und Zeitgeist, Kunst und Kulinarik perfekt vereint. So finden zum Beispiel im Haus regelmäßig Kunst- und Fotoausstellungen statt. Auch im wunderschönen Garten des Romantik Hotels Chesa Salis begeistern interessante Kunstobjekte wie die Ofenskulptur des St. Gallener Künstlers Josef Christian Buck das Auge des Betrachters. Apropos Ofen und Genuss: Überall im Haus findet man gemütliche Stuben zum kulinarischen Genuss. Für die Speisekarte zeichnet seit 2006 der kreative ehrgeizige Küchenchef Ueli Marty (14 Punkte Gault Millau) verantwortlich. „Als Kind habe ich super gern gebacken,

Auch von außen ein Schmuckstück: das Romantik Hotel Chesa Salis.

ROMANTIK HOTEL CHESA SALIS

Blick in das Zimmer Nr. 35 mit dem handgeknüpften Himalayateppich.

auch einen Schnupperkurs im Bäckerhandwerk gemacht. Aber nach einem Kochkurs stand mein Berufswunsch fest", erzählt der sympathische junge Mann aus dem Kanton Schwyz. Seine Kräuter pflückt er im hauseigenen Garten, ansonsten bezieht er die Produkte für seine Speisen gern aus der Umgebung. Er kocht regional mit italienisch-französischem Akzent. „Wir machen in der Küche alles selbst, jede Soße, jedes Chutney, Pasta, Pesto, aber auch das Brot, die Pralinen und unsere Kuchen oder Torten, die wir nachmittags anbieten", sagt Ueli Marty, der von einem eigenen Restaurant irgendwann träumt. Aber bis dahin werden die Gäste im Chesa Salis hoffentlich noch viele Jahre die Küche des 29-Jährigen genießen können. Um die passenden edlen Weine kümmert sich der Hausherr persönlich. „Wir kellern ausschließlich europäische Weine ein, überwiegend aus Italien und der Bündner Herrschaft", so Jürg Degiacomi. Offeriert werden sie dem Gast charmant und mit Sachverstand von der Sommelière Sandra Richter.

In der Salis-Stube genießt man in geselliger Runde allerlei Tafelfreuden.

Chesa Salis
Gastgeber:
Sibylla und Jürg Degiacomi
CH-7502 Bever/St. Moritz
T.: 00 41 / (0) 81 / 8 51 16 16
F: 00 41 / (0) 81 / 8 51 16 00
reception@chesa-salis.ch
www.chesa-salis.ch

„SKI-IN SKI-OUT"

NIRA ALPINA

Das Skigebiet Corvatsch am Silvaplaner Hausberg garantiert mit einundvierzig Kilometern roten und zwölf Kilometern schwarzen Pisten die anspruchsvollsten Skierlebnisse rund um St. Moritz – exzellente Bedingungen und Schneesicherheit inklusive. Am oberen Ende des spektakulären Engadiner Tals und nur fünf Kilometer vom mondänen St. Moritz entfernt, präsentiert sich das erste „Ski-In Ski-Out"-Hotel der Region – das Nira Alpina. In nur fünfzehn Minuten erreichen die Gäste den mit 3300 Metern höchsten Gipfel des gesamten Skigebietes – ohne einen Fuß vor das Haus setzen zu müssen. Denn sie kommen in den Genuss einer direkten Verbindung zwischen dem Hotel und der oberen Ebene der Corvatsch-Bahn. Hoch oben thront das moderne Gebäude des Nira Alpina majestätisch im Dörfchen Surlej und fügt sich terrassenförmig in den Hang ein. Raumhohe Panoramafenster geben von jedem Zimmer und jeder Suite den Blick auf die gegenüberliegenden Berge, den Engadiner Himmel und den Silvaplanersee frei. Auch die überdimensionalen Marmorterrassen bieten den perfekten Ort, um die Natur zu genießen. Geschaffen hat das spektakuläre neue Hideaway der renommierte Schweizer Architekt Guido Tschvor. Im gesamten Haus wurde großer Wert auf die

Hier lässt es sich wunderbar träumen und beim Erwachen fällt der Blick auf die faszinierende Bergwelt.

NIRA ALPINA

Verwendung von natürlichen Baumaterialien gelegt. Holz, Stein, Granit sowie traditionelle Schweizer Kunstobjekte und Bilder fließen zu einer gelungenen Synthese im modernen Schweizer Alpin-Style zusammen. Die siebzig Zimmer und Suiten sind über vier Stockwerke verteilt und u. a. mit einem 32-Zoll-HD-Flachbildschirm, einer iPod Docking Station, Minibar, kostenlosem W-LAN-Zugang und Granitbadezimmern ausgestattet. Ideal für Familien sind die Zimmer mit Verbindungstür. So hat man die lieben Kleinen gleich neben sich und kann trotzdem zu zweit allein sein. Eine Augenweide ist das Nira Spa. Neben fünf großen Behandlungsräumen gibt es u. a. einen Ruheraum mit Stimmungslicht, Aromakabine, Sauna, Rasul-Bad sowie einen großen Whirlpool mit Brunnen und Unterwasserliegen. Entspannung findet man zum Beispiel im Eukalyptus-Dampfraum oder bei einem wohltuenden Treatment. Im Nira Spa werden ausschließlich Naturprodukte des österreichischen Spa-Labels Alpienne und der englischen Produktlinie Spiezia Organics verwendet. Für die Küche konnte der junge, ehrgeizige Küchenchef Marek Wildenhain gewonnen werden. Der 36-Jährige, zuletzt in gleicher Position im Hotel Castell in Zuoz, gilt als Teamplayer mit großer Passion fürs Kochen. Im Restaurant „Stalla Veglia" werden alpine Spezialitäten wie Raclette oder Fondue in einem traditionellen Ambiente serviert. Im fünften Stock befindet sich das trendig gestylte Panoramarestaurant „Stars". Seine Küche spiegelt den italienischen Einfluss auf die Schweiz wider – neben hausgemachter Pasta und Kalbsschnitzel Milanese werden auch beliebte internationale Gerichte serviert. Natürlich ist auch hier die Aussicht ein einziger Traum und lenkt fast ein wenig von den äußerst liebevoll angerichteten Tellern ab. „The Bar at Stars" gleich nebenan ist der Ort des Sehens und Gesehenwerdens. Hier entspannen sich auch attraktive Skilehrer und verraten, wo am nächsten Morgen der beste Pulverschnee zu finden ist. Ein Flügel ist nicht nur Dekoration, das Gläschen Kir Royal oder Caipirinha begleitet stimmungsvolle Lifemusik. Raucher können sich nicht nur auf der Terrasse vergnügen, sondern finden auch in der gemütlichen, mit bequemen Ledersesseln ausgestatteten Cigar Lounge einen Ort, an dem sie ihrer Leidenschaft nachgehen können. Gleichzeitig lockt Letztere mit einem großen Humidor mit ausgewählten Zigarren von Cohibas bis hin zu den Schweizer Villigers. Darüber hinaus gibt es noch eine legere Bistrobar.

Trendy: Restaurant und Bar im Nira Alpina. Für die Küche zeichnet Marek Wildenhain verantwortlich.

*Nira Alpina
Hoteldirektor: Kai Ulrich
Via dal Corvatsch 76
CH-7513 Silvaplana
T: 00 41 / (0) 81 /
8 38 69 69
info@niraalpina.com
www.niraalpina.com*

DAS KLEINE VERSAILLES DER ARDENNEN

MANOIR DE LEBIOLES

Prächtig inmitten der Wälder der Ardennen gelegen, begrüßt das Manoir de Lébioles seine Gäste mit unberührter Natur, diskretem Luxus, romantischer Atmosphäre und erstklassigem Service. Zwischen 1905 und 1910 als herrschaftliche Privatresidenz erbaut, erstrahlt das „kleine Versailles der Ardennen" seit September 2006 in neuem Glanz. Bei den aufwändigen Renovierungsmaßnahmen wurde streng darauf geachtet, die ursprüngliche Seele des herrschaftlichen Anwesens zu erhalten und anspruchsvolle Gäste mit einem Höchstmaß an Komfort und Luxus zu verwöhnen. Entstanden ist eine atmosphärische Symbiose, die an Romantik kaum zu über-

MANOIR DE LEBIOLES

bieten ist und die von Hochzeitspaaren, hochkarätigen Eventveranstaltern und Individualreisenden gleichermaßen geschätzt wird. Ein Grund dafür sind die 16 sehr individuell ausgestatteten und großzügigen Zimmer und Suiten, in denen der Alltag fast von selbst außen vor bleibt. Ein anderer ist der wunderschön gestaltete Wellnessbereich, dessen Architektur von den vier Elementen Wasser, Luft, Feuer und Erde bestimmt wird. Eingefügt in die Gesamtphilosophie steht hier wie in allen Bereichen des außergewöhnlichen Domizils das Wohlbefinden der Gäste stets im Mittelpunkt. Das gilt insbesondere für die familiär geprägte Gastlichkeit und erst recht für die hervorragende Küche, die unter der Leitung von Küchenchef Olivier Tucki mit 15 Gault-Millau-Punkten glänzt.

Manoir de Lébioles
General Manager:
Anne Lüssem
Domaine de Lébioles 1/5
B-4900 Spa (Creppe)
T: 00 32 / (0) 87 79 19 00
F: 00 32 / (0) 87 79 19 99
manoir@manoirdelebioles.com
www.manoirdelebioles.com

GEHEIMTIPP IN HAUTE-SAVOIE

AU CŒUR DU VILLAGE HOTEL & SPA

*A*uf einer Höhe von 1039 Meter über dem Meeresspiegel empfiehlt sich Clusaz, dreiundzwanzig Kilometer östlich von Annecy gelegen, als absoluter Geheimtipp im Herzen der Französischen Alpen und der Mont-Blanc-Region. Im Dezember 2010 eröffnete hier Gaston Pollet-Villard, Gründer der familiengeführten PVG-Hotelgruppe, mit dem Fünf-Sterne-Hotel „Au Cœur du Village Hotel & Spa" ein Hideaway der Extraklasse.
Das Skigebiet von Clusaz bietet sowohl für Anfänger als auch für Fortgeschrittene vielseitige Pisten: auf dem Sonnenplateau des Massifs de Beauregard fühlen sich alle Brettlfans wohl, die es lieber etwas gemächlich angehen lassen, dafür mehr Wert auf herrliches Bergpanorama, Sonnenschein und mittelschwere Pisten legen. Ambitionierte Skiläufer wählen das Massif de l'Aiguille und wer es richtig krachen lassen will, dem wird zum Beispiel die schwarze Piste Le Vraille besonders gut gefallen. Auch für Freestyler und Snowborder bleiben keine Wünsche unerfüllt, es gibt einen Snowpark, Halfpipes und Boarder Cross. Übrigens blickt das Skigebiet, das heute über 132 Kilometer bestens präparierter Pisten verfügt, auf eine lange Tradition zurück, denn bereits seit 1910 wird hier im Schatten des Pointe des Verres, des höchsten Berges mit seinen 2616 Metern, Ski gelaufen. Bereits heute gehört man zu der elitären Vereinigung der „Top of the French Alps", ein Zusammenschluss führender Skigebiete, die höchste Qualität für eine anspruchsvolle internationale Klientel garantieren.

AU CŒUR DU VILLAGE HOTEL & SPA

Im Gourmetrestaurant „Le 5" bilden regionale Spezialitäten aus Bio-Produkten den Schwerpunkt der vielseitigen Speisekarte.

Seit der Eröffnung des „Au Cœur du Village Hotel & Spa" ist Clusaz nun auch für Luxusurlauber zu einer echten Alternative geworden. Das moderne First-Class-Hotel bietet direkten Zugang zu den Skiliften. Mit seinen nur fünfzig exklusiven Suiten, die über einen Wohnbereich und einen Balkon mit Bergblick verfügen, unterstreicht das Hotel seinen Anspruch, seinen Gästen eine persönliche Atmosphäre zu bieten. Warme Farben sowohl in den öffentlichen Bereichen als auch in den Suiten in Verbindung mit dem Contemporary-Architektur-Design, für das der bekannte Architekt Pierre Brunier und der Interieur-Designer Michel Force verantwortlich zeichnen, erzeugen eine authentische alpine Atmosphäre zum Wohlfühlen. Selbstverständlich wurde an jeden modernen Komfort gedacht, so steht zum Beispiel im gesamten Hotel W-LAN kostenfrei zur Verfügung.

Im Gourmetrestaurant „Le 5", das seinen Namen von den fünf Massiven des Skigebietes Balme, Aiguille, Etale, Manigod und Beauregard erhalten hat, bilden regionale Spezialitäten aus Bio-Produkten den Schwerpunkt der vielseitigen Speisekarte. Dass Head Chef Christophe Pacheco sein Handwerk versteht, dokumentiert gerade die Auszeichnung zum „Best Employee of France in 2011", die er soeben erhalten hat. Für alle Cigar-Afficionados steht in der ersten Etage eine Smoking-Lounge mit klassisch-englischer Atmosphäre zur Verfügung, wo ein erlesenes Wein- und Zigarrenangebot präsentiert wird. Nach einem anstrengenden Skitag ist Regeneration besonders wichtig. Das Cristal Spa des „Au Cœur du Village" bietet einen Innenpool, Dampfbäder und eine Sauna. Zudem stehen fünf anspruchsvolle Anwendungsräume zur Verfügung.

Das „Cristal Spa" bietet einen Innenpool, Dampfbäder, Sauna sowie fünf anspruchsvolle Treatment-Rooms.

Auch für Incentives ist das „Au Cœur du Village" bestens gerüstet: in variablen, modernen Konferenzräumen von 250 bis 800 Quadratmetern können Meetings und Konferenzen auf höchster Ebene durchgeführt werden. Auch die Anreise gestaltet sich sehr unkompliziert: Der TGV-Bahnhof Annecy liegt nur 32 km entfernt und den internationalen Flughafen von Genf erreicht man vom Hotel in etwa 55 Fahrtminuten.

*Au Cœur du Village Hotel & Spa
Gaston Pollet-Villard
26 Montée du Château
BP 02
F-74220 La Clusaz
T: 00 33 - (0) 4 50 - 01 50 01
info@hotel-aucoeurduvillage.fr
www.hotel-aucoeurduvillage.fr*

SKIURLAUB WIE BEI FREUNDEN

CHALET ORMELLO

Wer für seinen Skiurlaub ein luxuriöses Chalet mit größtmöglicher Privatsphäre und dem Service eines Fünf-Sterne-Hotels sucht, findet in dem Chalet Ormello in Courchevel 1850, das eine Dependance des Luxushotels „Les Airelles" ist, ein perfektes Domizil. Das Chalet Ormello liegt gerade einmal fünfzig Meter von der traumhaften Bellecôte-Piste entfernt und bietet so einzigartige Ski in-/Ski-out-Bedingungen in einem der größten und exklusivsten Skigebiete Europas. Die Architektur verkörpert den traditionellen Stil der Region mit Savoyer Bruchsteinen und aufwändigen Holzarbeiten. Es wurde 2009 von der Elite-Hotelgruppe, zu der auch das „Les Airelles" gehört, erworben und mit viel Liebe zum Detail renoviert und ausgebaut. Auf drei Etagen schuf der renommierte Architekt Christophe Tollemer insgesamt neun Deluxe-Zimmer inklusive zwei „Master Suites", in denen maximal fünfzehn Personen logieren können. Im Untergeschoss befindet sich eine professionelle Küche, in der der Küchenchef die Menüs für die Gäste zubereitet, daneben befindet sich der Skiraum mit allen Komfort-Faszilitäten wie Schuhheizung etc. Die erste Etage beherbergt eine riesige Lounge mit einem eindrucksvollen offenen Kamin und gemütlichen Sesseln, das kommunikative Zentrum des Chalets. Neben der Lounge lädt der gemütliche Dining Room mit seinem großen Esstisch, den viktorianischen Stühlen und Gemälden aus dem 18. Jahrhundert zu geselligen Stunden ein. Auf der nächsten Etage, die auf der Höhe der

Die beiden Master-Suiten gewährleisten Wohnkomfort auf höchstem Niveau.

CHALET ORMELLO

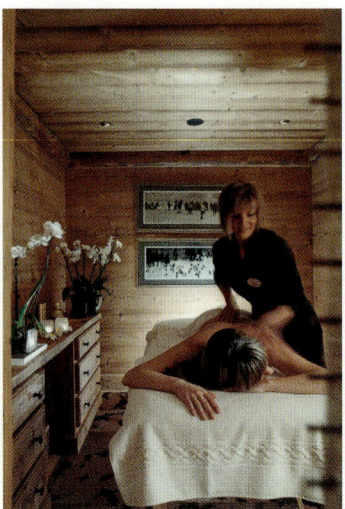

Pisten liegt, findet man einen Pool, der von Steinwänden umgeben ist. Vom Außen-Jacuzzi und der Bar genießt man faszinierende Ausblicke auf die Schneelandschaft der Umgebung, ein modernes Gym mit den innovativsten Fitnessgeräten, Sauna und Dampfbad sowie ein Massageraum befinden sich ebenfalls in separaten Räumen in diesem Bereich, zudem ein bestens ausgestattetes Spielzimmer für die Kleinen. Das Heimkino mit seinen Liegesofas wird dagegen nicht nur die kleinen Gäste begeistern, sondern auch die Erwachsenen. Insgesamt zwölf „gute Geister" vom Chalet-Manager über das House-Keeping, den Küchenchef, das Service-Personal bis zum Concierge und den Chauffeur-Valet sorgen dafür, dass bei den Gästen des Chalets Ormello keine Wünsche unerfüllt bleiben. „Wir bieten den höchsten Service, ohne dass die Gäste wirklich merken, dass wir anwesend sind. Die familiäre Atmosphäre des Hauses zu unterstreichen, gerne aber auch Themenabende etc. zu organisieren, ist unsere Aufgabe, der wir mit Hingabe nachkommen", so Chalet-Managerin Emma de Liberali.

Chalet Ormello
Rue de Bellecôte
F-73121 Courchevel
Savoie-France
T: 00 33 / (0) 79 / 00 38 38
info@airelles.fr
www.airelles.fr

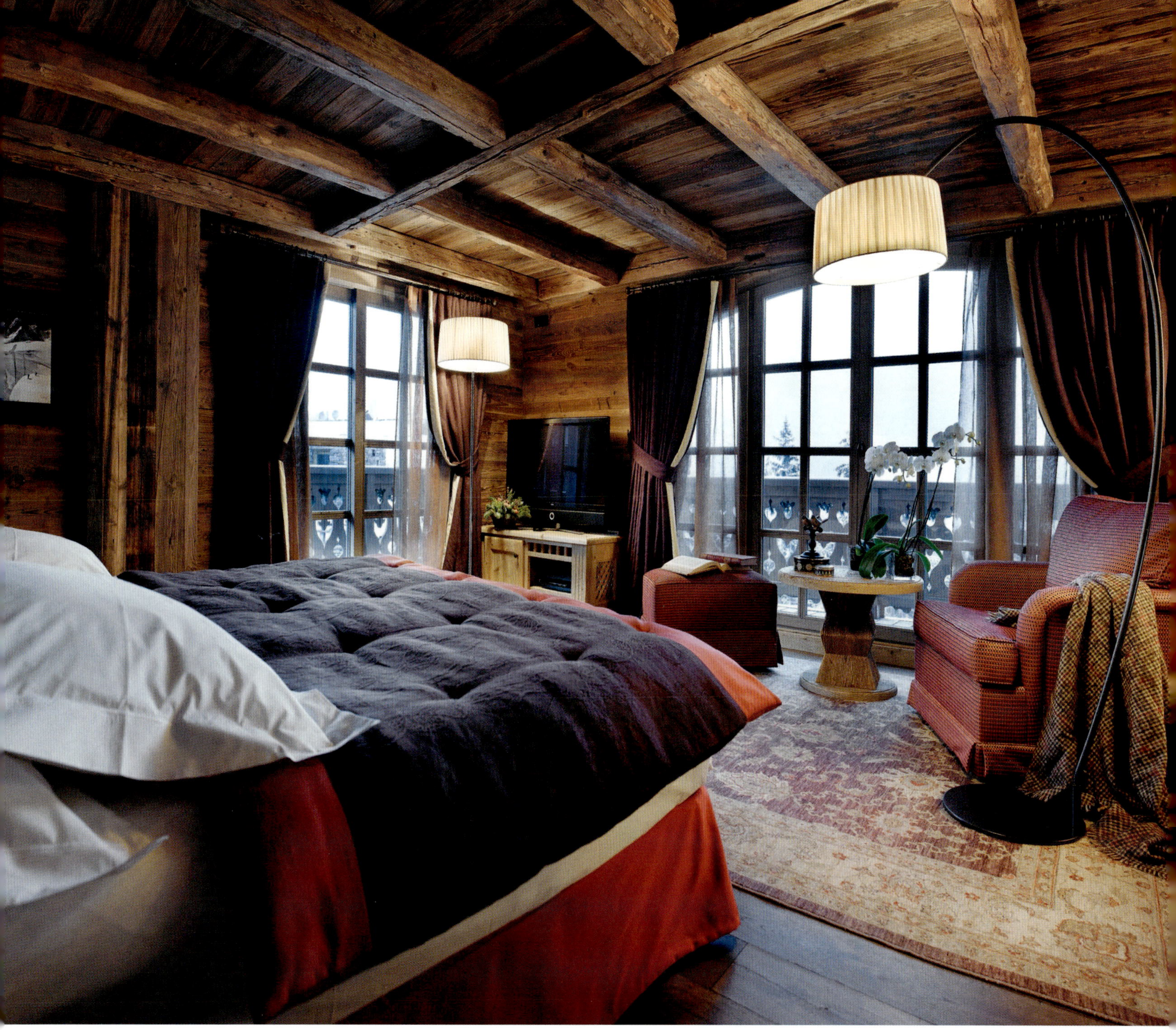

FÜNF-STERNE-LUXUS DER EXTRAKLASSE

CHEVAL BLANC

Willkommen in den berühmten „Trois Vallées" – dem Belleville-, Courchevel- und Méribel-Tal! Zusammen bilden sie das größte zusammenhängende Skigebiet der Welt mit einer Höhe bis zu absolut schneesicheren 3300 Metern. Die hochalpine Kulisse, außergewöhnlich lange und variantenreiche Abfahrten sowie ein sehr großes Angebot an Freeride-Möglichkeiten und Snowparks machen das Gebiet einfach unvergleichbar! Die Ortschaften in den drei Tälern haben unterschiedliche Gesichter – von charmant bis mondän. Als äußerst mondän darf sich Courchevel bezeichnen. Das französische Wintersportmekka befindet sich im westlichsten Tal der „Trois Vallées". Es bietet mit seinen 150 Kilometern bestens präparierter Pisten eine großzügige Auswahl an Abfahrten, erstreckt sich auf fünf unterschiedlichen Höhenlagen von 1300 bis 1850 Meter und ermöglicht somit jede Menge Abwechslung.

Wer hier ein besonders stilvolles „Zuhause auf Zeit" sucht, der ist kaum irgendwo besser aufgehoben, als im 2008 von Bernard Arnault eröffneten Fünf-Sterne Hotel Cheval Blanc. Wenn einer der reichsten Männer Frankreichs ein Haus nach seinen Vorstellungen gestalten lässt, dürfen die Ansprüche sicherlich hoch sein. Noch dazu, wenn das Haus zugleich als Flaggschiff einer neuen Fashion-Hotelmarke fungiert, mit der Arnaults Luxusgüterkonzern Louis Vuitton anderen Designer-Hoteliers durchaus Konkurrenz machen möchte. Aber die belebt ja bekanntlich das Geschäft.

Im Cheval Blanc wird alles geboten, was anspruchsvollen Gästen lieb und teuer ist: Fotografien von Karl Lagerfeld zieren die Wände der Suiten, die besten Jahrgänge des exzellenten Château Cheval Blanc stammen von Arnaults familieneigenem Weingut und der Wellnessbereich offeriert als Givenchy Spa das edelste Körperprogramm. Aber der Reihe nach.

Geradezu majestätisch thront das Hotel über Courchevel und wird stilvoll von einem silbernen Pferd bewacht. Die Einzigartigkeit des

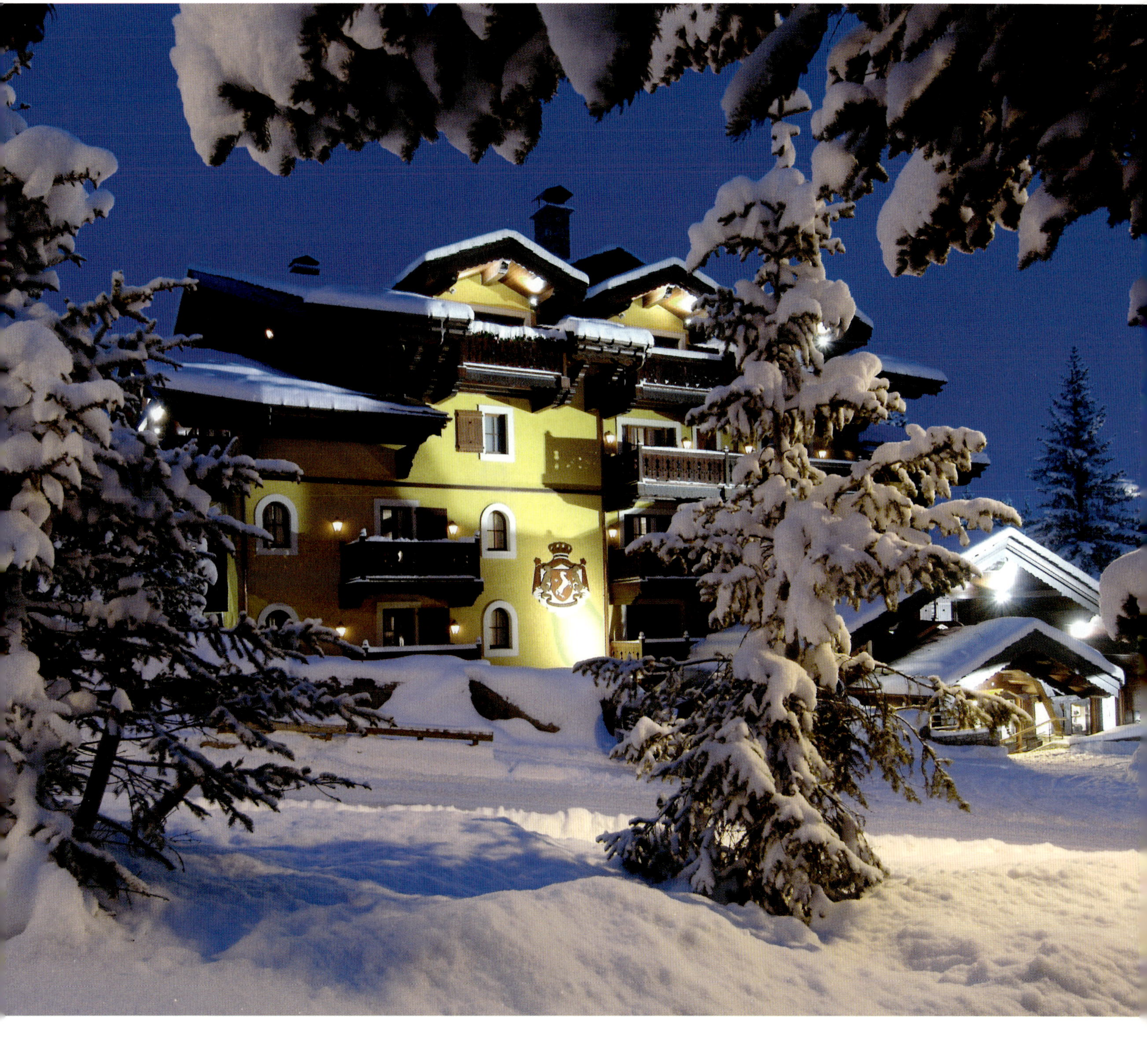

CHEVAL BLANC

Bei Sonnenschein kann man auf der Terrasse wunderbar relaxen.

Bietet eine intime Atmosphäre: Blick in das private Chalet.

Hauses, das als eines der exklusivsten Hotels der Französischen Alpen gilt, spiegelt sich auch in den eleganten Zimmern und Suiten wider. Für die wunderschöne Ausstattung zeichnet Interior-Guru Sybille de Margerie verantwortlich. Alle Räume sind großzügig angelegt und verfügen über einen Wohnbereich, Ankleidezimmer und Balkon oder Terrasse mit Bergblick. Luxuriöser Komfort zeichnet auch das Bad aus. Wanne, Dusche mit Farblichttherapie und Dampfbad laden zur Entspannung ein. Gegenüber dem Cheval Blanc liegt das „Chalet" – eine bezaubernde Dependance für Gäste, die eine absolute Intimsphäre bevorzugen und dennoch alle Annehmlichkeiten des Hotels in Anspruch nehmen können. Das Hideaway zeichnet sich in allen Bereichen durch höchste Ansprüche aus. Das trifft selbstverständlich auch auf die weit über die Grenzen von Courchevel hinaus bekannte Küche zu. Aus Paris hat Sterne-Koch Yannick Alléno seine innovative Art zu kochen ins Restaurant „1947" gebracht und mit einem alpinen Büfett „1.9.4.7." revolutioniert. Der Lohn für diesen vielfältigen Lunch aus frischen Spezialitäten: zwei Michelin-Sterne. Das Konzept des genialen Chef de Cuisine für das Restaurant „1947" sieht so aus, dass er mittags das Alpine Buffet „1.9.4.7." kreiert, bei dem er leichte Spezialitäten des Marktes auf den Tisch bringt: jeweils eine Suppe, neun Berg-Tapas, vier warme Gerichte und sieben Desserts.

Die „Berg-Tapas" sind so erfolgreich, dass er sie inzwischen in einem Buch zusammengefasst hat. Abends gibt es Gourmet-Küche à la carte mit dem typischen Alléno-Innovationsgeist. Ganz neu: das ganztags geöffnete Design-Restaurant „Le White" für bis zu achtzig Gäste. Holz, Stein, Weiß- und Frosttöne setzen das Spa Cheval Blanc gekonnt in Szene. Darüber hinaus stehen dem Gast ein moderner Fitnessraum und ein super stylisher Infinitypool zur Verfügung.

Im hauseigenen Haarstudio frisiert Star-Coiffeur John Nollet die Gäste. Ihm haben schon Stars wie Audrey Tautou („Die zauberhafte Welt der Amelie") oder die französische Schauspielerin und Sängerin Vanessa Paradis ihren Kopf anvertraut.

Cheval Blanc
Le Jardin Alpin
F-73121 Courchevel 1850
T: 00 33 / 4 79 / 00 50 50
F: 00 33 / 4 79 / 00 50 51
info@chevalblanc.com
www.chevalblanc.com

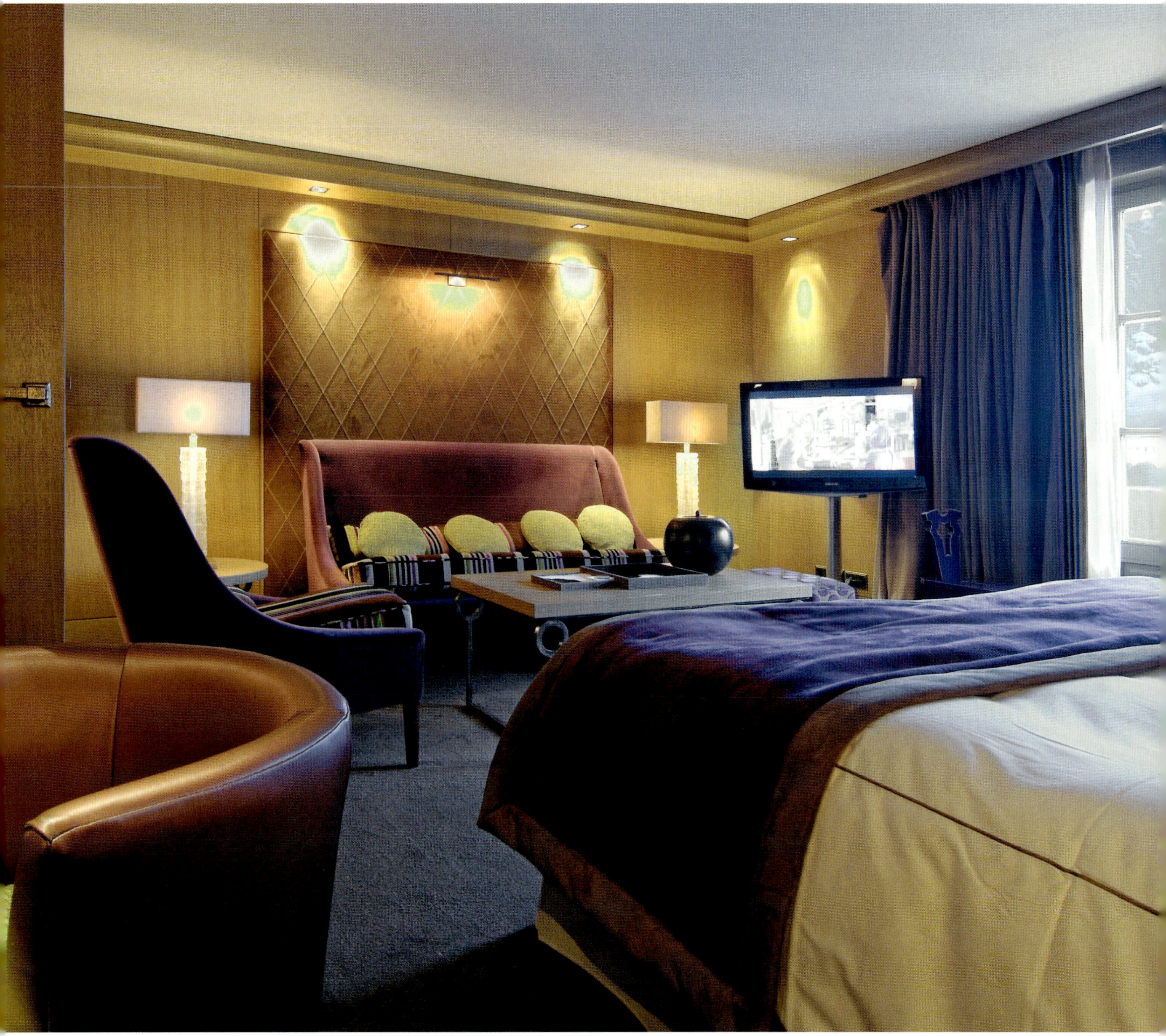

WINTER-WONDERLAND IN DEN SAVOYER ALPEN

LES FERMES DE MARIE

*I*m Jahre 1921 begann der Aufschwung. Kein Geringerer als Baron Maurice de Rothschild eröffnete im französischen Megève das erste Luxushotel der Region und machte aus dem bis dahin eher verschlafenen Dörfchen in den Savoyer Alpen ein Eldorado für Prominente aus aller Welt.

In den 50er Jahren war Megève eines der beliebtesten Skigebiete Europas und zog die Highsociety magisch an. Noch immer ist hier der Hauch jener Zeit zu spüren. Aber neben Luxus, Exklusivität, Wellness und Genuss bekommt man auch eine wahrhaft atemberaubende Natur und herrliche, schneeweiße Pisten geboten. Anfänger und Könner kommen gleichermaßen auf ihre Kosten. Am Mont d'Arbois gibt es zum Beispiel einige sehr steile Waldabfahrten und Boarder erwartet in Combloux eine 120 Meter lange Halfpipe. In und um das autofreie Megève erwarten elegante Restaurants, Clubs, Boutiquen, Cafés und luxuriöse Hotels ihre anspruchsvolle Gästeschar. Zu den schönsten Häusern dieser Destination zählt zweifellos das Les Fermes de Marie. Ursprünglich war es ein etwa zwanzig Jahre altes Chalet, das oberhalb von Megève auf einem kleinen Berg lag. Heute ist es ein fantastischer Ort, um unbeschwerte Urlaubstage zu erleben – voller Charme, eingebettet in einen zwei Hektar großen Park mit Blick auf die glitzernde Bergwelt. Viel Holz, wunderschöne Stoffe, ausgesuchte Lampen, hochwertige Möbel und feine Accessoires fügen sich zu einem zeitgemäßen Design und geben jedem Zimmer, jeder Suite eine ganz individuelle Note. Authentischer Luxus, der auch weitgereiste Traveller überzeugt. Wer ganz privat mit Freunden oder der Familie wohnen möchte, dem steht das zum Domizil gehörende Chalet (250 Quadratmeter) nahe den Hängen des Mont d'Arbois zur Verfügung. Fünf Schlafzimmer, jedes mit eigenem Bad, ein großzügiger, lichtdurchfluteter Wohnraum mit Kamin und der Service des Fünf-Sterne-Luxushotels Les Fermes de Marie machen jeden Aufenthalt zu einem unvergesslichen Erlebnis.

Der Relax-Bereich verfügt über einen Jacuzzi, eine Massageliege und ein Fitness-Studio. Für kulinarischen Genuss sorgt im Hotel eine engagierte, kreative Küchenbrigade. Ihre frischen internationalen

Authentisch und mit rustikalem Charme: das Alpin Restaurant.

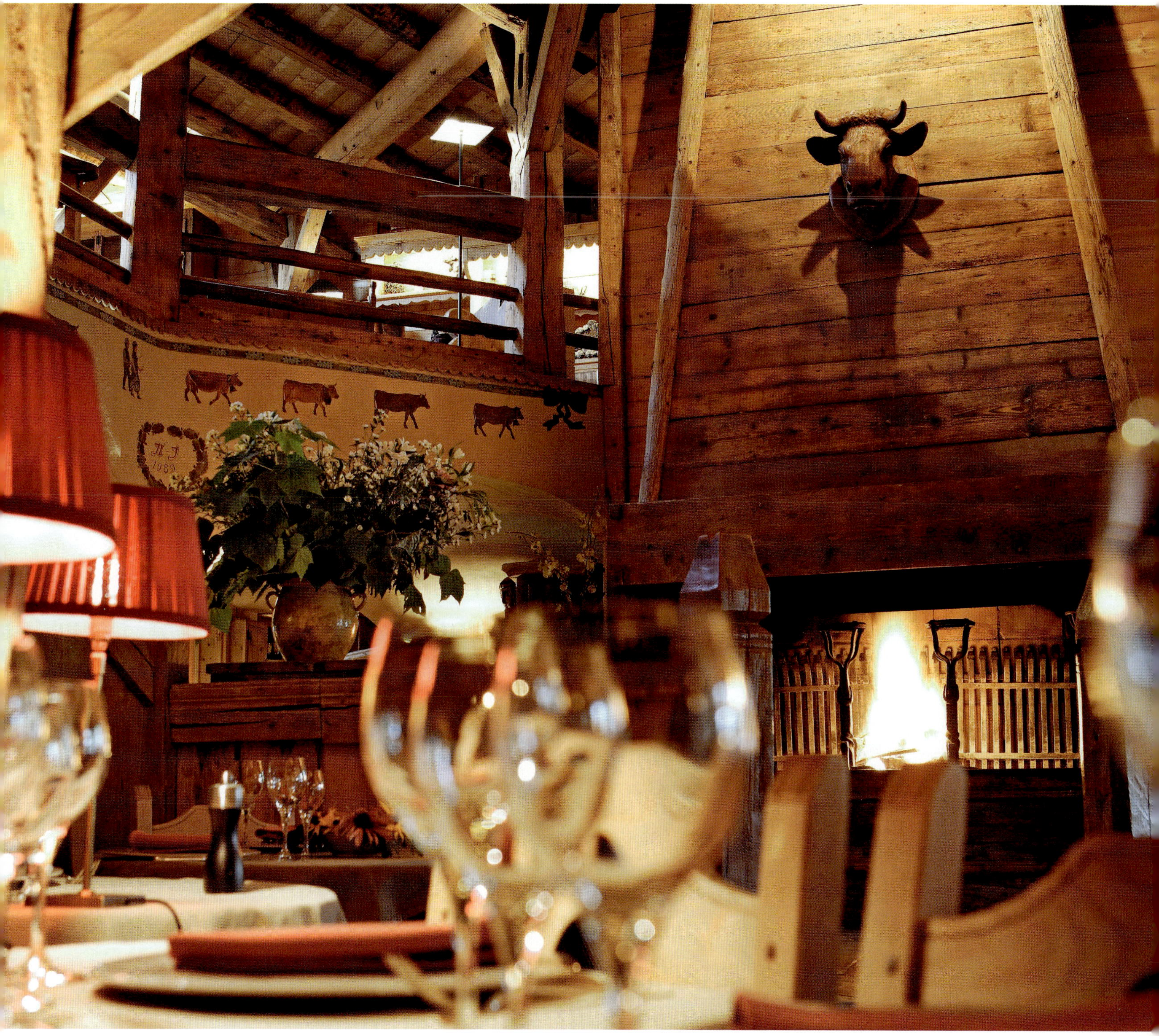

LES FERMES DE MARIE

und regionalen Spezialitäten werden im Alpin Restaurant oder im traditionellen Restaurant serviert. Für besondere Anlässe gibt es einen Private Dining Room, der der Tradition des Hauses Savoyen gewidmet ist. Herzstück im Les Fermes de Marie oder vielleicht besser gesagt das „Wohnzimmer" des bezaubernden Refugiums ist die gemütliche Bar. Hier laden bequeme Ledersofas und dezente Lounge-Musik am Abend auf einen Cocktail ein. Nette Mitmenschen zum Plaudern findet man garantiert. Ein weiteres Highlight ist das Spa du Hameau. Eine Beauty- und Wellnesswelt voller wohltuender Rituale. Erfahrene Mitarbeiter verwöhnen mit Massagen und Schönheitsbehandlungen. Zur Anwendung kommt die hochwertige Pflegelinie Pure Altitude aus den Französischen Alpen. Die Kraft und der Wirkstoffreichtum der Gebirgspflanzen dienten Pure Altitude als Inspirationsquelle. Alle Produkte der Linie vereinen die Tugenden der alpinen Flora mit wundervoll sinnlichen und zart schmelzenden Texturen. In einem großen Hallenbad kann man abtauchen, in der Sauna schwitzen oder sich im Fitnessraum stärken. Auch kleine Menschen sind im Les Fermes de Marie gerngesehene Gäste. Für sie gibt es sogar den Kids Clubs „Le Hameau" mit eigenem „Kids-Concierge". Während sich die Eltern mit einem köstlichen Menü und edlen Weinen verwöhnen lassen, vielleicht eine Shoppingtour machen oder auf Skiern die prächtige Bergwelt erkunden, werden ihre Kinder bestens versorgt. Das Les Fermes de Marie ist darüber hinaus eine beliebte Adresse für heiratswillige Verliebte. Was gibt es Schöneres, als nach der Trauung in einer romantischen Pferdekutsche ins Les Fermes de Marie zu fahren und hier inmitten einer traumhaftem Kulisse den schönsten Tag des Lebens zu genießen?!

Gemütlicher und anheimelnder als im „Les Fermes de Marie" kann man seinen Skiurlaub nicht verbringen.

Les Fermes de Marie
Way of Laughing Hill
F-74120 Megève
T: 00 33 / (0)4 50 / 93 03 10
F: 00 33 / (0) 4 50 / 93 09 84
contact@fermesdemarie.com
www.fermesdemarie.com

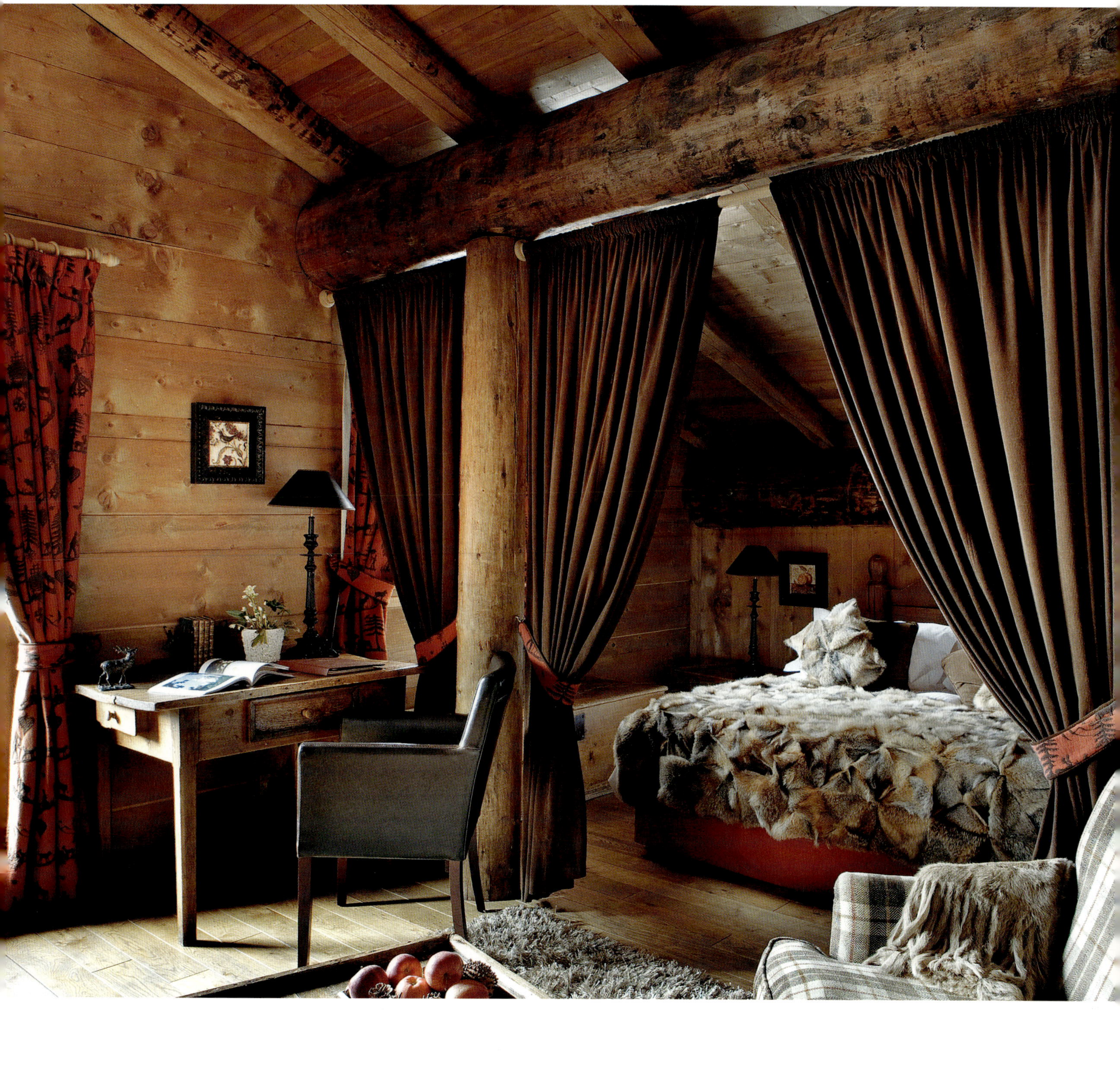

EIN LUXUSTRAUM IN WEISS

CHALET CASHMERE

Den Ruf als „21. Arrondissement von Paris" verdankt das wintersportliche Megève zweifelsohne Baron Maurice de Rothschild. Der Bankier eröffnete hier 1921 das erste Luxushotel – Gerüchte besagen, weil er angeblich genug vom Skizirkus in St. Moritz hatte.

Heute ist Megève mit der imposanten Kulisse des Montblanc im Hintergrund mit Abstand der eleganteste Wintersportort von Savoyen. Gepflegte Villen und Prachtstraßen mit dazwischen liegenden alten Bauernhöfen machen den besonderen Charme des autofreien Ortskerns aus. Megève (1113 Meter Höhe) bietet dem Winterurlauber ein außergewöhnlich sportliches, gesellschaftliches und gastronomisches Angebot.

Zu beiden Seiten des Hochtals erheben sich Skiberge mit sonnigen Südhängen, Waldstrecken und Pulverschnee. 223 Kilometer Abfahrten – teils anspruchsvolle Weltcuppisten, teils breite, sanft geneigte Hänge – bieten etwas für jeden Geschmack und Schwierigkeitsgrad.

Auch Snowboarder kommen hier mit zwei Funparks auf ihre Kosten. Langläufer treffen auf gut präparierte Loipen. Bei La Livraz/Côte 2000 befinden sich die anspruchsvollsten Strecken, die auch für Skater präpariert sind. Wer darüber hinaus neben Wintervergnügen wie Rodeln, Eislaufen oder Schneewandern besonders stilvolle sportliche Abwechslung sucht, der kann zum Beispiel zwischen Golfen im Schnee, einer Fahrt mit dem Heißluftballon mit eindrucksvollem Ausblick auf den Montblanc oder einem Flug mit dem Gleitschirm vom 1985 Meter hohen Mont Joux wählen. Interessant ist es sicherlich auch, einem spannenden Schnee-Polo-Spiel zuzusehen. Zum Après-Ski laden zahlreiche schicke Clubs und Bars ein.

Selbstverständlich bietet Megève seinen hochkarätigen Gästen zahlreiche feinste Geschäfte, glamouröse Gourmettempel und Luxusresorts. Besonders edle Häuser vermietet Evasion Prestige. Dahinter verbirgt sich kein

Urlaub im Chalet Cashmere: super exklusiv, entspannend, diskret.

FOTO: DAVID MACHET

Foto: Frédéric Ducout

CHALET CASHMERE

Geringerer als Ex-Skiass David Pretot (Europacup-Sieger, unter den Top 10 Weltcup-Abfahrt). Seit Neuestem zählt auch das superexklusive Chalet Cashmere zu seinen Objekten. Ein Chalet der Spitzenklasse – ein Haus für all die, die den Luxus eines Fünf-Sterne-Hotels genießen möchten, jedoch die Privatsphäre einer Wohnung schätzen. Hightech-Feeling und kuscheliges Design vereinen sich in diesem absolut makellosen, lichtdurchfluteten Hideaway aus hellem Holz mit traumhaftem Bergpanorama und Blick auf den Rochebrune zu einer perfekten Synthese.

Im Kamin prasselt ein Feuer. Champagner, köstliche Häppchen, frische Blumen und ein nach ihren Wünschen gefüllter Kühlschrank begrüßen die Gäste und zeigen ihnen schon bei der Ankunft, dass sie in diesem Refugium herzlich willkommen sind. Während der Dauer ihres Aufenthaltes steht ihnen täglich ein Zimmermädchen, ein Butler, eine Gouvernante und ein Küchenchef zur Verfügung. Hobbyköche haben selbstverständlich die Gelegenheit, in der supermodernen Küche, die mit allen erdenklichen technischen Raffinessen ausgestattet ist, ihrem Hobby nachzugehen. Um auch im Urlaub mobil zu sein, kann ein Land Rover (auf Wunsch mit Chauffeur) genutzt werden. Das Interior besticht mit einem prächtigen modernen Dekor in reinem Weiß. Edles Parkett, vertäfelte Wände, tiefe Ledersofas, italienische Möbel und sinnlicher Pelz wurden stilvoll miteinander kombiniert. Vier Zimmer, jedes individuell eingerichtet, davon zwei Suiten mit Balkon, die Platz für bis zu acht Personen bieten, gruppieren sich um den großzügigen hellen Raum im Stil eines Lofts. Darüber hinaus gibt es ein liebevoll ausgestattetes Kinderzimmer, in dem sich auch die kleinen Besucher sofort wohl fühlen. Für die Bäder wurden Schiefer und Granit verarbeitet. Nach einem Tag auf der Piste kann man es sich im Wellness-Bereich des Chalets gut gehen lassen – Türkisches Dampfbad, Sauna, Whirlpool, Beauty-Oase, Massage und Entspannungsraum. Masseur oder Kosmetikerin kommen auf Wunsch ins Haus. Bei Beauty-Behandlungen wird die exklusive Kosmetiklinie Bvlgari verwendet. Wer immer noch nicht richtig ausgepowert ist, der findet im Fitnessraum ein weiteres Betätigungsfeld.

Während die Terrasse mit einer Gartenküche aufwartet, bietet ein großer Jacuzzi auf der anderen Seite den Blick auf die Berge. Was das technische Equipment betrifft, so runden Plasmabildschirme, DVD-Player, Wi-Fi-Access-Point, „Bose-Sound" und W-LAN-Zugang die maßgeschneiderte „Hardware" ab.

Chalet Cashmere
Chemin de Fanou
F-74120 Megève
T: 00 33 / (0)4 50 / 90 75 05
contact@evasion-megeve.com
www.evasion-megeve.com

Foto: David Machet

LOGIEREN IM HERRENHAUS

CHÂTEAU DE VALMER

Nur einen Steinwurf von Plage de Gigaro, einem Ortsteil von La Croix-Valmer, entfernt, umgeben von den eigenen Weinfeldern, empfängt das Château de Valmer sein internationales Publikum. Der zauberhafte Herrensitz aus dem 19. Jahrhundert verbindet den würdevollen Charme alter Zeiten mit den Ansprüchen an zeitgenössischen Komfort. Ein fünf Hektar großer Park sowie eine hundertjährige Palmenallee stecken den Rahmen für dieses elegante Vier-Sterne-Hotel im Privatbesitz von Richard und Graziella Rocchietta. Insgesamt 42 romantische Schlosszimmer in den Farben der Provence, möbliert mit authentischen Möbeln der Region sowie ausgesuchten Antiquitäten und dekoriert mit hochwertigen Stoffen aus den Häusern Pierre Frey und Nobilis, laden zum Rundum-Wohlfühlen ein. Bäder aus rosa Marmor, Klimaanlage, Sat-TV, W-LAN und Minibar gehören zum sehr guten Standard des Hauses. Besonders beliebt bei den Gästen sind die beiden originellen Baumhäuser, eingepasst in zwei knorrige Eichen, über Weinfeldern schwebend. Sie eignen sich für zwei Verliebte oder auch für eine vierköpfige Familie.

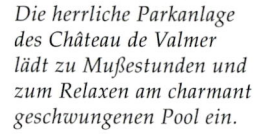

So richtig abschalten lässt es sich in dem ohnehin angenehm ruhigen Refugium im erst 2007 neu eröffneten Spa. Wellness-Fans nutzen den lichtdurchfluteten Indoor-Pool mit separatem Jacuzzi, die Sauna und das Hamam. Diverse Massagen und der gut ausgestattete Fitnessraum bringen den Körper rasch wieder in Schwung. Bestens

Die herrliche Parkanlage des Château de Valmer lädt zu Mußestunden und zum Relaxen am charmant geschwungenen Pool ein.

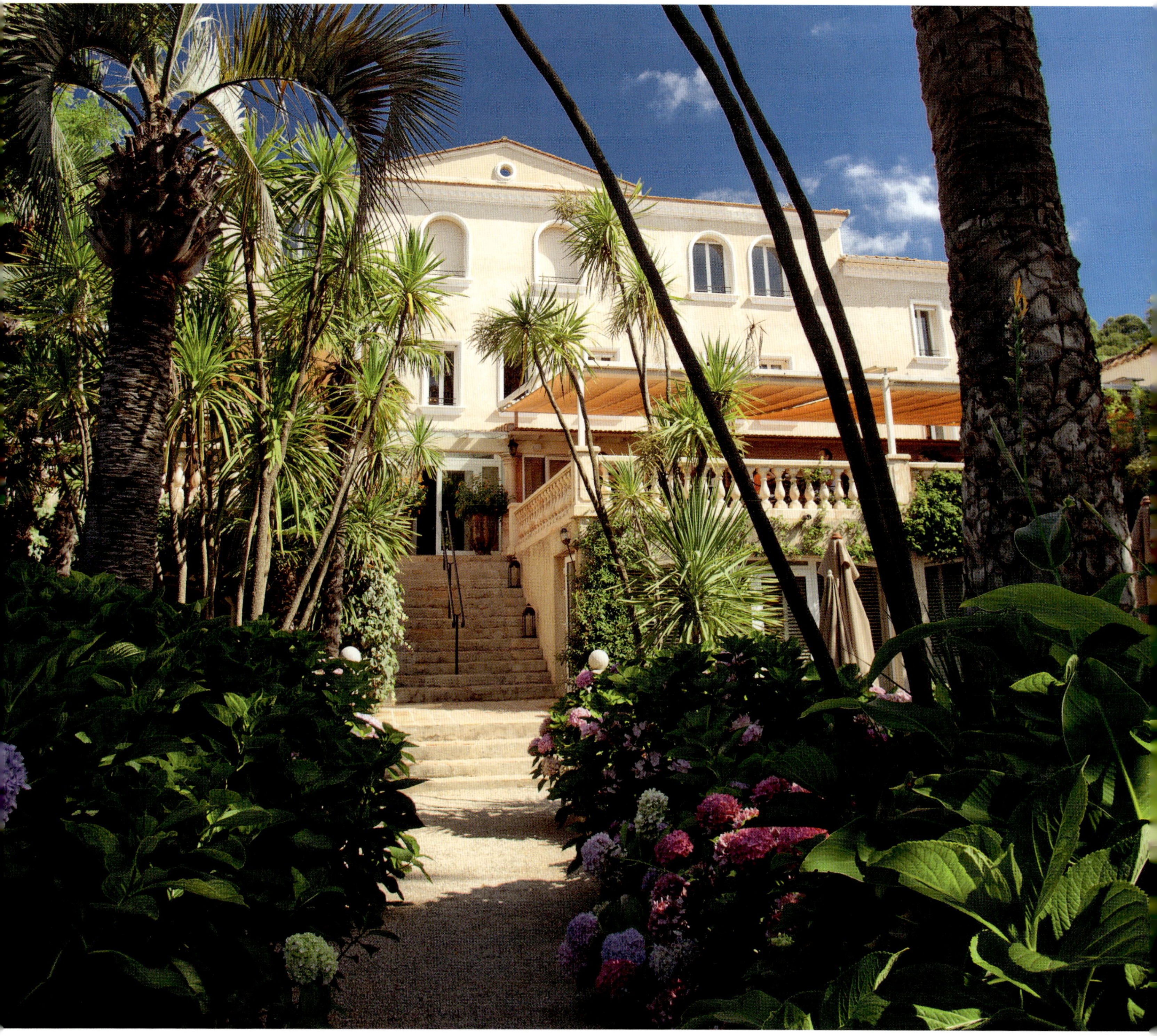

CHÂTEAU DE VALMER

geschulte Spa-Therapeutinnen sorgen mit Produkten und Anwendungen der Top-Labels Carita und Cinq Mondes für gutes Aussehen und Wohlbefinden.

Im Feinschmeckerrestaurant „La Palmeraie" bereitet der Küchenchef mediterrane und provenzalische Speisen zu, die sich an den natürlichen Produkten des Gemüsegartens orientieren. Zum Château de Valmer gehört außerdem das nur knapp 300 Meter entfernte Hotel Pinède Plage, eine Oase der Ruhe mit privatem Sandstrand, schickem Strandbistro sowie der Bucht von Gigaro und den Iles d'Or im Hintergrund.

Ungezwungen unter Pinien diniert man im Schwesterhotel Pinède Plage mit Blick aufs Meer. Rechts: Mit südfranzösischem Flair präsentiert sich die Lobby des neuen Spa.

*Château de Valmer
Hotel, Spa, Residences
Richard und
Graziella Rocchietta
Gigaro
F-83420 La Croix-Valmer
T: 00 33 / 4 94 / 55 15 15
F: 00 33 / 4 94 / 55 15 10
info@chateauvalmer.com
www.chateauvalmer.com*

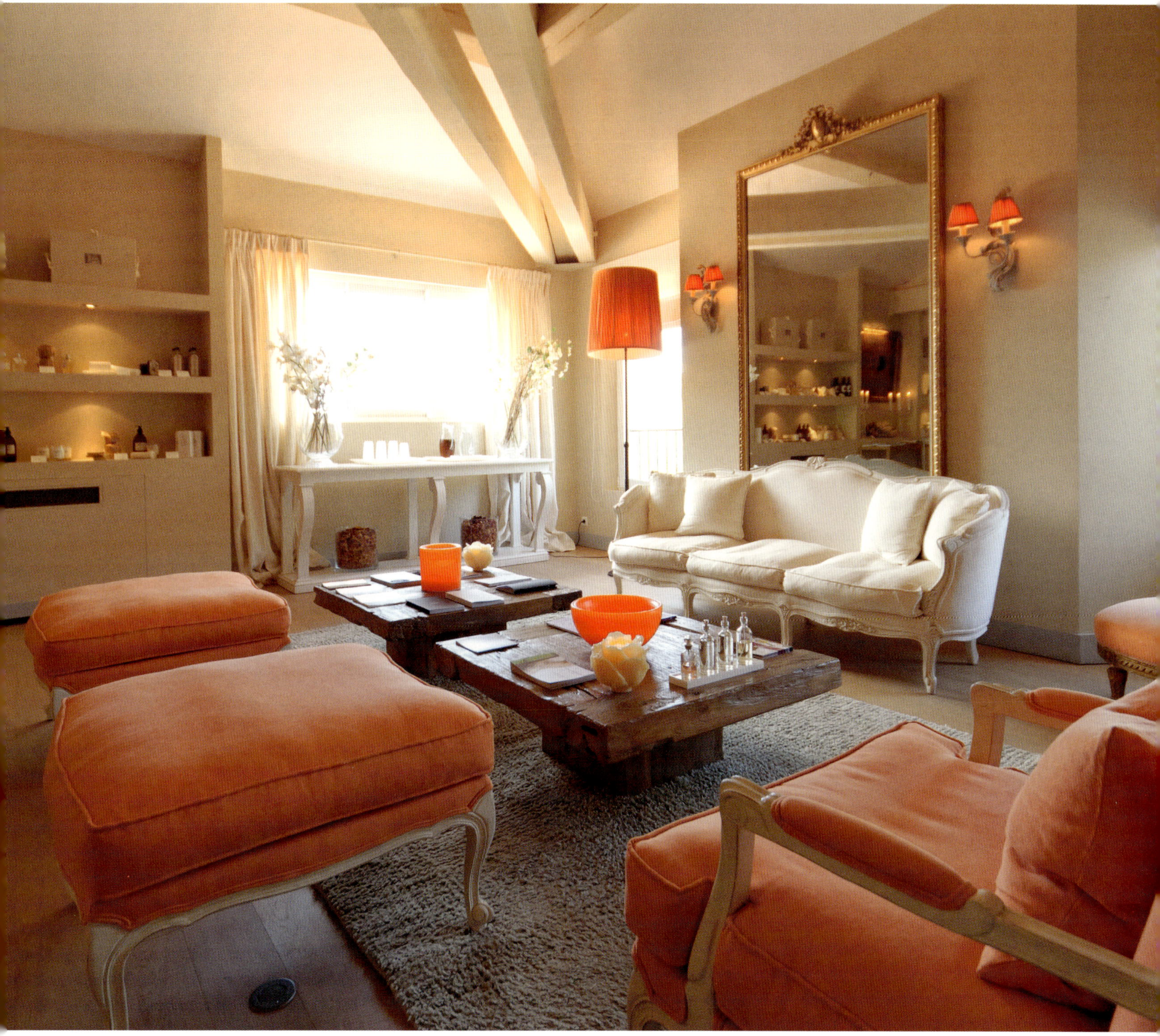

EINFACH PARADIESISCH SCHÖN

LA BASTIDE DE SAINT-TROPEZ

*W*er nach St. Tropez kommt, um mitten im „high life" dabei zu sein, wer gerne dem „Sehen und Gesehenwerden" frönt, der ist hier völlig fehl am Platze. Die Bastide de Saint-Tropez ist ein „hideaway" im besten Sinne des Wortes, eine stilvolle, elegante Oase des Wohlfühlens. Besonders auf den persönlichen Service für ihre Gäste legen die Besitzer Jeanine und Boris-Serge Sideroff größten Wert. Das fängt beim verbindlichen Empfang an, hört bei den Zimmermädchen in ihren klassisch-schwarzen Kostümen mit weißer Spitzenschürze noch lange nicht auf und bezieht sogar einen luxuriösen Rolls-Royce-Shuttle zum Hafen oder zu den Beach-Clubs mit ein. Die ganze Heiterkeit einer gastlichen Atmosphäre, die das Individuum in den Mittelpunkt stellt, ist stets spürbar. Diese wundervoll authentische Provence-Villa mit ihren fünf sympathischen Gästehäuschen bettet sich in einen subtropischen Parkgarten, dessen Zentrum ein riesiger Pool beherrscht. Von südlicher Sonne durchdrungen, gewinnt man bereits in der weiträumigen Lobby den Eindruck südfranzösischer Lebensart. Sehr privat wirkt

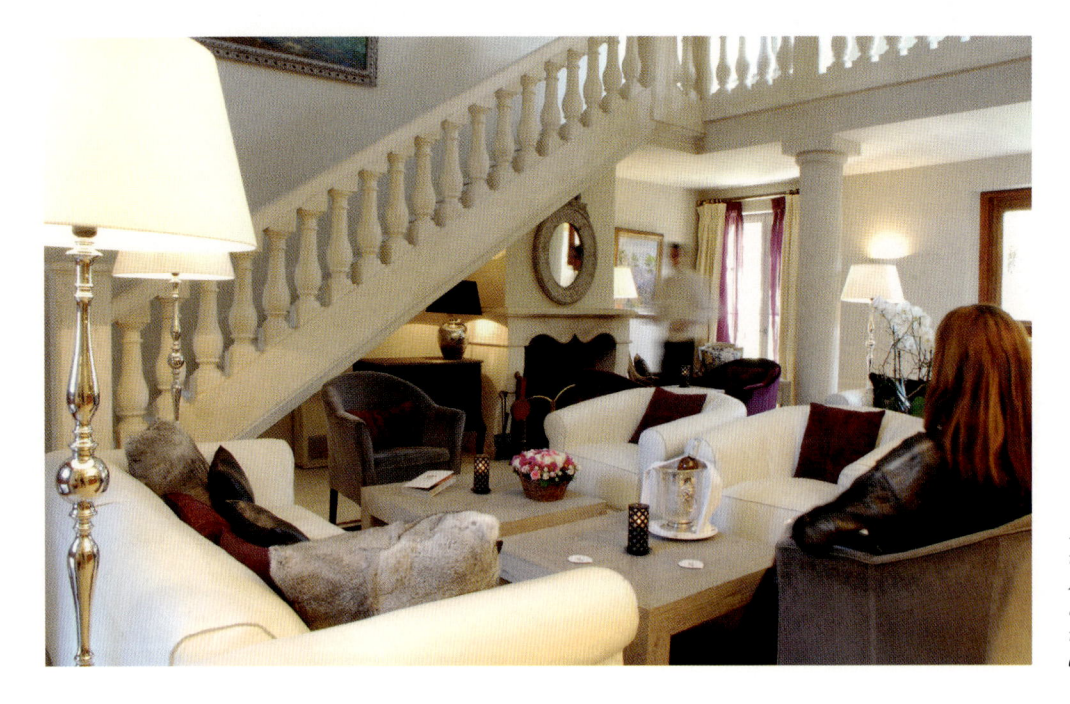

Eine der beliebtesten und anspruchsvollsten Adressen im Herzen von Saint-Tropez, die internationales Publikum anzieht.

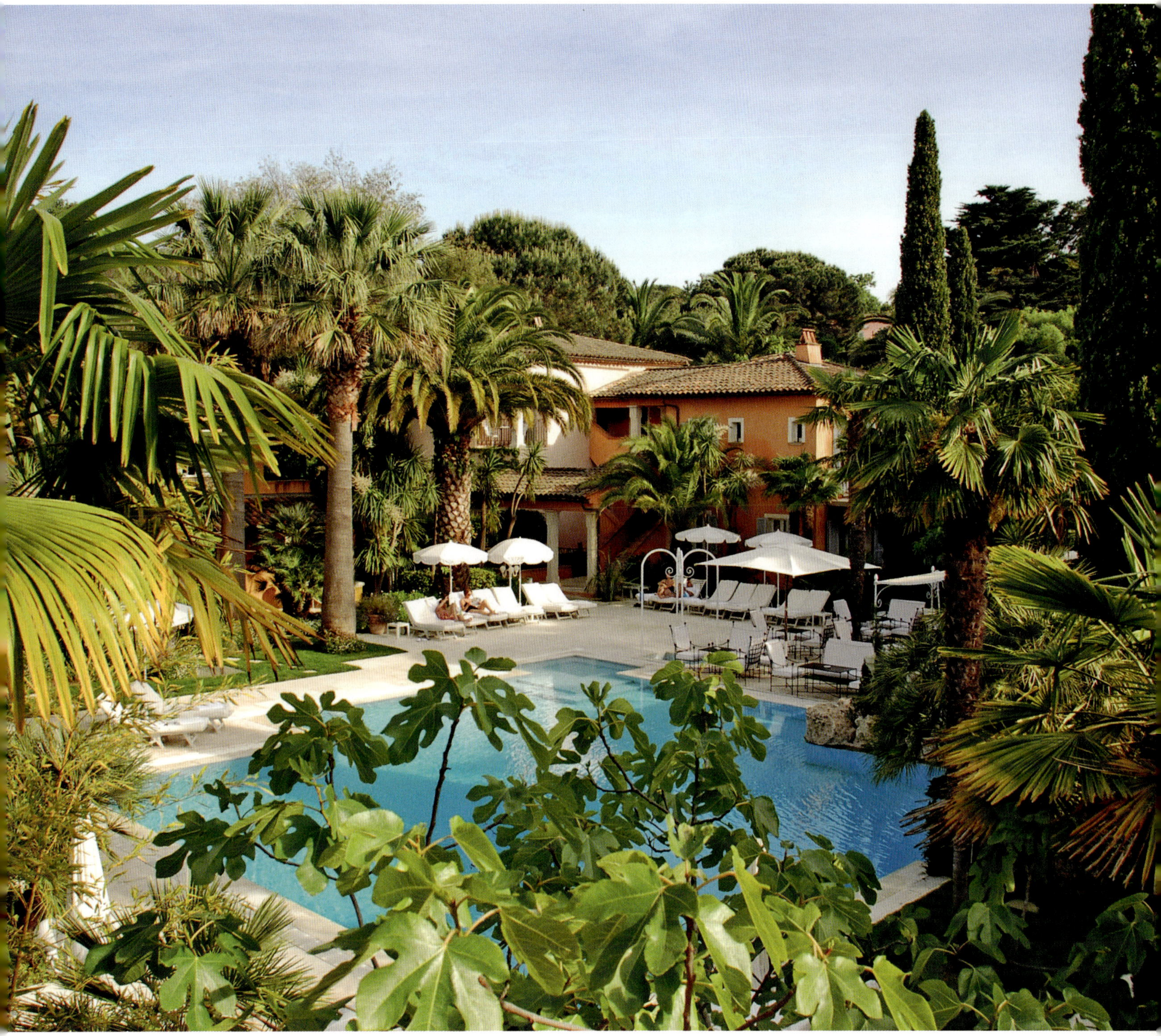

LA BASTIDE DE SAINT-TROPEZ

es hier, als würde man Freunde besuchen. Und diesen Eindruck spiegelt die Bastide in jedem Winkel, in jedem Zimmer und in jeder leistbaren Betreuung wider. Kein Wunder also, dass Direktor Fabien Delaffon fast nur Stammgäste begrüßt. Wer einmal das Flair dieses bezaubernden Ortes mit den lieblichen Düften provenzalischer Natur erleben konnte, die Ruhe, die perfekt harmonierenden Farben, die lauschigen Terrassen und verschwiegenen Plätzchen, kommt immer wieder. Schon allein wegen der exzellenten Cuisine, die das weit über den Ort hinaus bekannte Restaurant L'Olivier tagtäglich zelebriert.

Eine wahre Freude sind die 26 unwiderstehlich charmanten Zimmer, Suiten und Appartements. Hier muss man sich einfach wohlfühlen, unter wuchtig knorrigem Deckengebälk, umgeben von Mobiliar und Farben dieses einzigartigen Landstrichs. Viele Wohnensembles verfügen über eine private Terrasse, einen kleinen uneinsehbaren Garten oder einen Jacuzzi. So privat und so liebenswert kann man sonst nirgends das Zentrum von Saint-Tropez erleben, man entspannt im eigenen Minigarten oder am Pool mit dem plätschernden kleinen Wasserfall und schaut dabei in einen unendlich blauen Himmel.

In den wunderschönen Wohnensembles kommt der ganze Charme Südfrankreichs zum Tragen: ein Ambiente, in dem man sich rundum wohlfühlt.

La Bastide de Saint-Tropez
Direktor: Fabien Delaffon
Route des Carles
F-83990 St. Tropez
T: 00 33 / 4 94 / 55 82 55
F: 00 33 / 4 94 / 97 21 71
contact@bastidesaint-tropez.com
www.bastidesaint-tropez.com

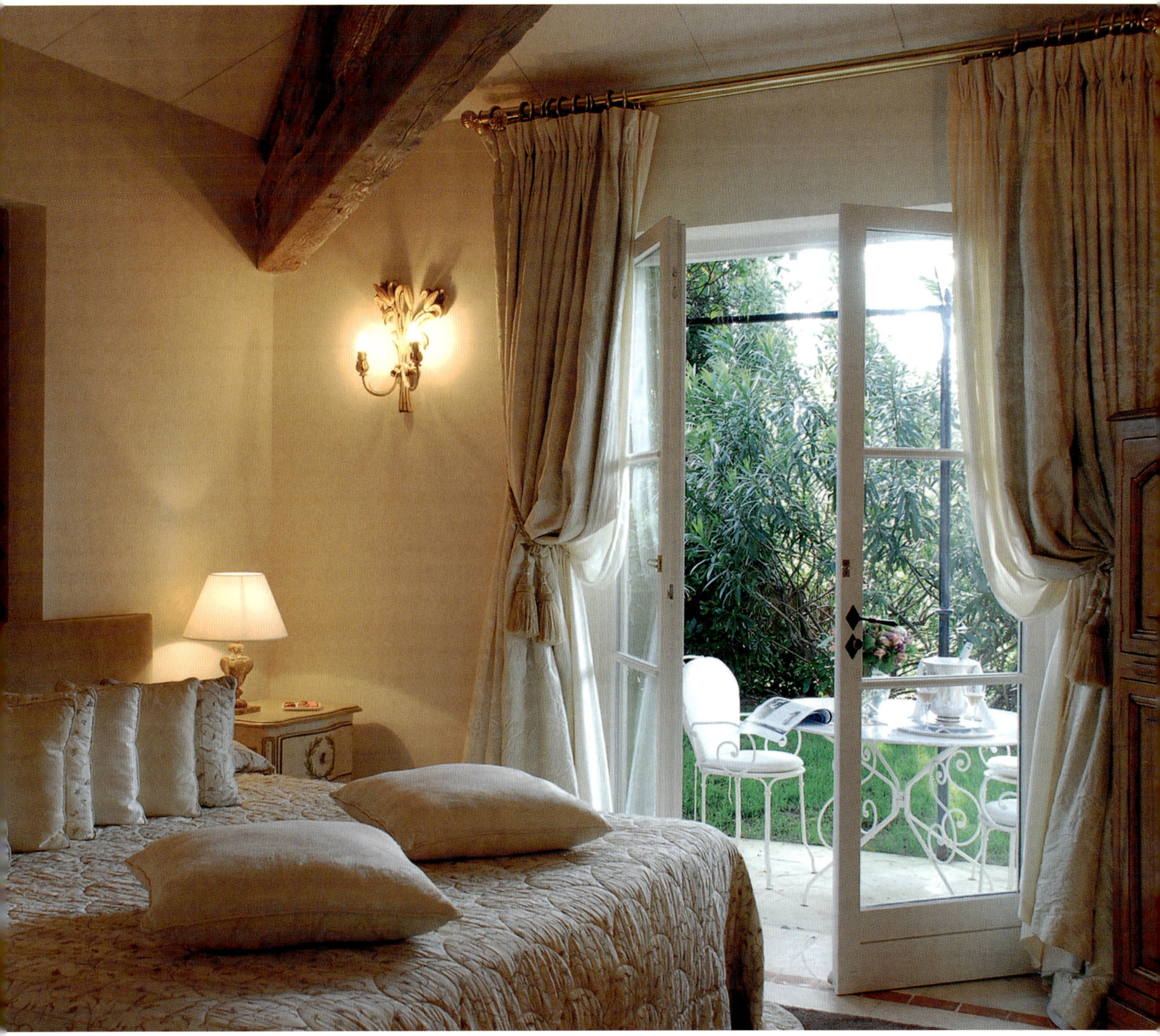

DER GASTGEBER MACHT DEN UNTERSCHIED

VILLA BELROSE

*I*n den letzten Jahren sind in St. Tropez und Umgebung einige neue Luxushotels entstanden. Da gibt es vor allem neue Designhotels mit außergewöhnlichen Architektur-Konzepten. Einer der Klassiker unter den Luxushotels ist jedoch die Villa Belrose in Gassin. Das „hideaway" der renommierten Althoff-Hotel-Collection hat nicht nur den spektakulärsten Blick auf St. Tropez, sondern ebenfalls den charmantesten und verbindlichsten Direktor.

Umgeben von gepflegten Wohnhäusern ist die Villa Belrose, die sich vor dem Ortseingang von St. Tropez an die Höhenzüge von Gassin schmiegt, eine einzigartige Oase der Ruhe. In entspannter Atmosphäre erleben hier anspruchsvolle Gäste exzellente Gastlichkeit, persönlichen Service, kulinarische Köstlichkeiten und ein luxuriöses Beauty Center.

Vom 7000 Quadratmeter großen Grundstück mit seinen Gärten und Pinienhainen aus genießen die internationalen Gäste das hinreißende Panorama des Golfs von Saint-Tropez, sehen St. Maxime, den Hafen, die Burg, Ramatuelle und Cap Camarat. Doch das faszinierende Relais-&-Châteaux-Domizil hat mehr zu bieten, als eine

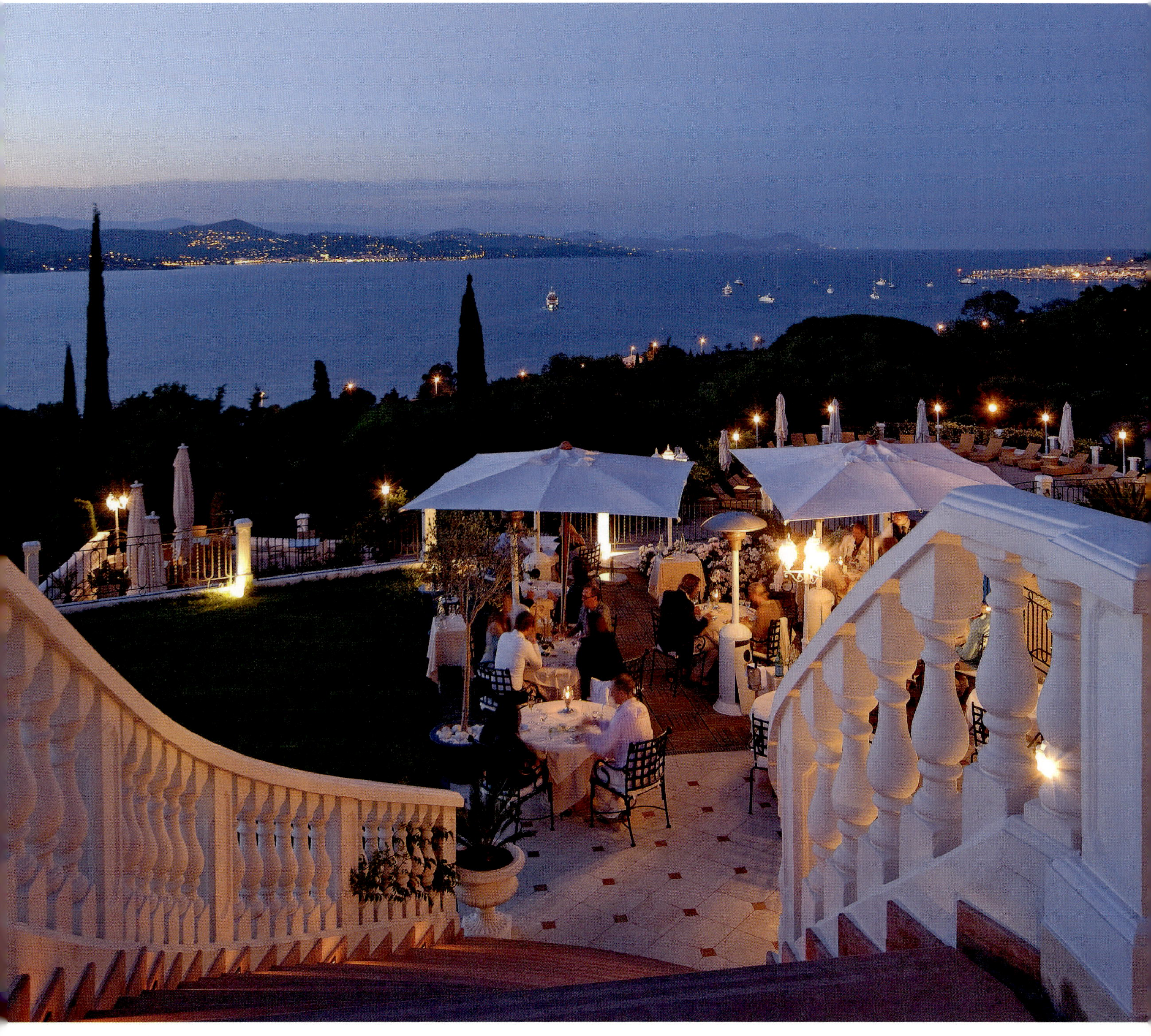

VILLA BELROSE

Die Villa Belrose ist der ideale Ort, um den Alltag hinter sich zu lassen und in das einzigartige Flair von St. Tropez einzutauchen. Oben rechts: charmanter Gastgeber, General Manager Robert-Jan van Straaten.

idyllische Lage. Es verwöhnt sein Publikum mit vierzig großzügigen Doppelzimmern und Suiten, die individuell und anspruchsvoll im klassizistisch-provenzalischen Stil eingerichtet sind. Von der Terrasse oder den Balkonen eines jeden Raumes hat man ebenfalls einen schönen Ausblick auf die Region.

Wer es locker angehen lässt, genießt das Dolce Vita am 200 Quadratmeter großen Pool oder begibt sich im Fitnessraum und Beauty-Spa in sachkundige Hände. Im Gourmetrestaurant des Hauses verwöhnt Sternekoch Thierry Thiercelin mit traditionell mediterraner Küche. In seinen Menüs findet man zum Beispiel eine Auswahl der hiesigen Mittelmeerfische wie St. Pierre oder Loup de mer, die in ihrer Komposition mit frischen Kräutern und provenzalischen Beilagen so angenehm duften und schmecken, dass man die Nähe zum Meer – auch ohne den wunderbaren Blick aus dem Restaurant über den Golf – intensiv spürt. Seit letztem Jahr lädt darüber hinaus das neue „Petit Belrose" auch zum Lunch am Pool ein. Dies alles wären schon mehr als ausreichend Argumente, seinen nächsten Urlaub in der Villa Belrose zu buchen. Doch den eigentlichen Unterschied zu den anderen de-Luxe-Häusern macht der charismatische Direktor Robert-Jan van Straaten, die „Seele des Hotels", aus. Er scheint allgegenwärtig, begrüßt hier neuankommende Gäste persönlich, fragt dort nach dem Wohlbefinden oder gibt Empfehlungen für einen Geheimtipp unter den Restaurants im Ort. Zugegeben, den Überblick zu behalten fällt ihm bei seiner Körpergröße von gut zwei Metern leichter als anderen, aber bei Robert-Jan van Straaten spürt man einfach, dass er ein Gastgeber mit Leib und Seele ist, was man leider nicht von allen Direktoren in der Luxushotellerie sagen kann.

Villa Belrose
General Manager:
Robert-Jan van Straaten
Boulevard des Crêtes
F-83580 Gassin /
Saint-Tropez
T: 00 33 / 4 94 / 55 97 97
F: 00 33 / 4 94 / 55 97 98
reservation@villa-belrose.com
www.villabelrose.com
40 Zimmer und Suiten,
je nach Größe und Saison
ab 420 Euro

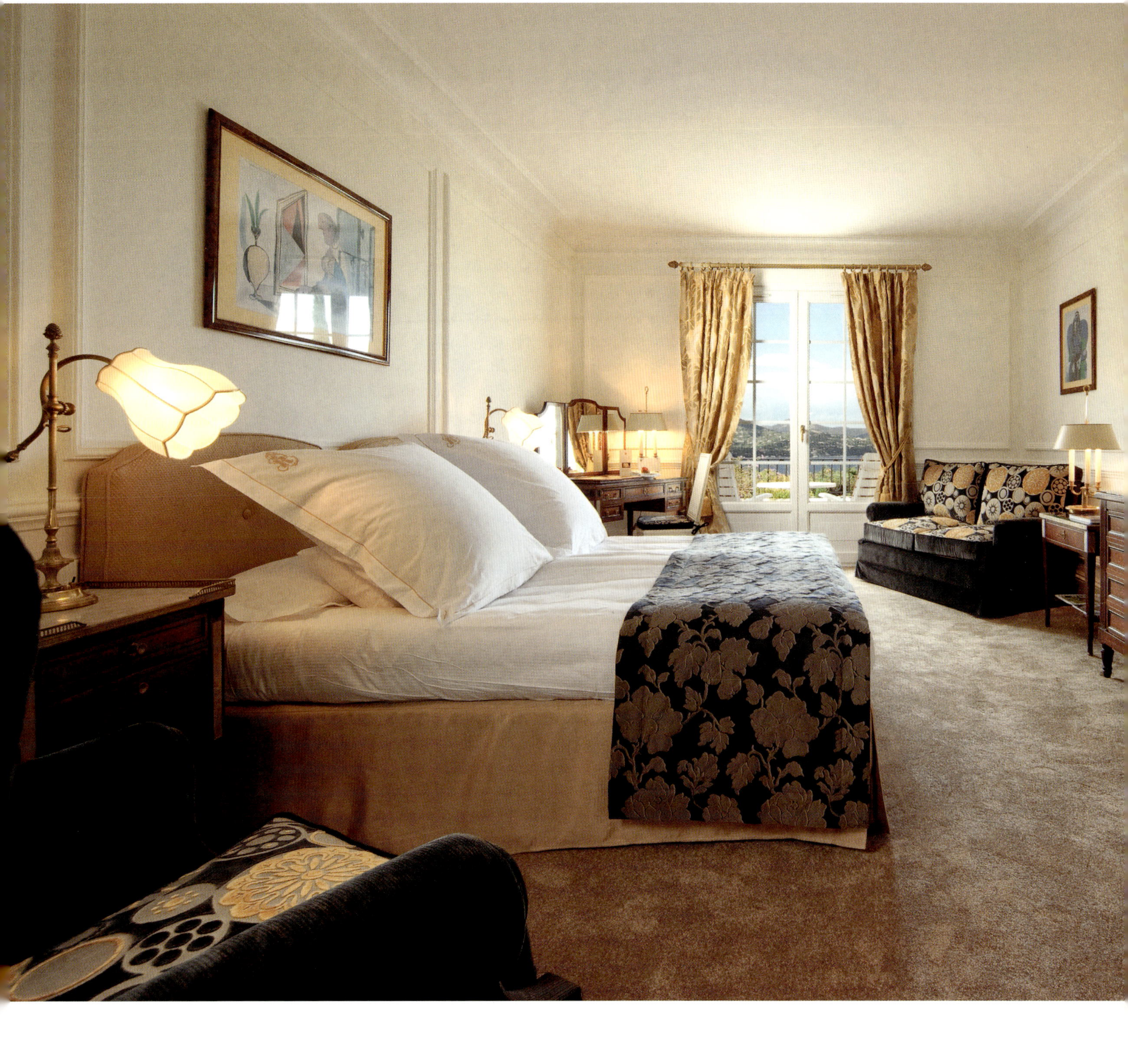

WILLKOMMEN IM MALERISCHEN OTTROTT

HOTEL & SPA RESTAURANT „LE CLOS DES DÉLICES"

*M*ajestätisch überragen die runden Kuppen der Vogesen die elsässische Tiefebene. Pittoreske Dörfer mit jahrhundertealten Fachwerkhäusern, Storchennester auf den Dächern, Weinberge, Burgen, Klöster und eine weltberühmte Küche machen das Elsass bei Feinschmeckern und Reisenden zu einem der beliebtesten Landstriche Frankreichs.

Wer neue Ein- und Aussichten sucht, der kann abseits der ausgetretenen Touristenpfade die vielen Gesichter dieser alten Natur- und Kulturlandschaft auf vielseitigen Wander- und Fahrradrouten erschließen. Auf den ersten Blick wirkt alles wie eine zauberhafte Kulisse vergangener Tage. Aber das Elsass ist auch eine moderne Region, die selbstbewusst in die Zukunft blickt.

Für viele Feriengäste ist eine Reise in das Elsass schon fast identisch mit einer Fahrt auf der Route du vin, die allein zu ausgiebigem Schlemmen und Weingenuss unterbrochen wird. Entlang der Elsässischen Weinstraße reihen sich bezaubernde Winzerorte wie Perlen an einer Schnur. So als sei es ein wenig der Zeit entflohen, schmiegt sich das beschauliche Ottrott in die idyllische Landschaft am Fuß des Mont Ste. Odile, dem heiligen Berg des Elsass. Der Ort ist bekannt durch den selten angebauten elsässischen Rotwein, den „Rouge d'Ottrott", und beliebt als Ausgangspunkt zu Wanderungen auf dem Mont Ste. Odile und zu zahlreichen Burgen der näheren Umgebung. Zwei der vielen bekannten und begehbaren elsässischen Burgen, die Lützelburg und Ratsamhausen, erheben sich majestätisch am Rande des Ortes und künden von einer geschichtsträchtigen Vergangenheit. Nicht nur das milde Kli-

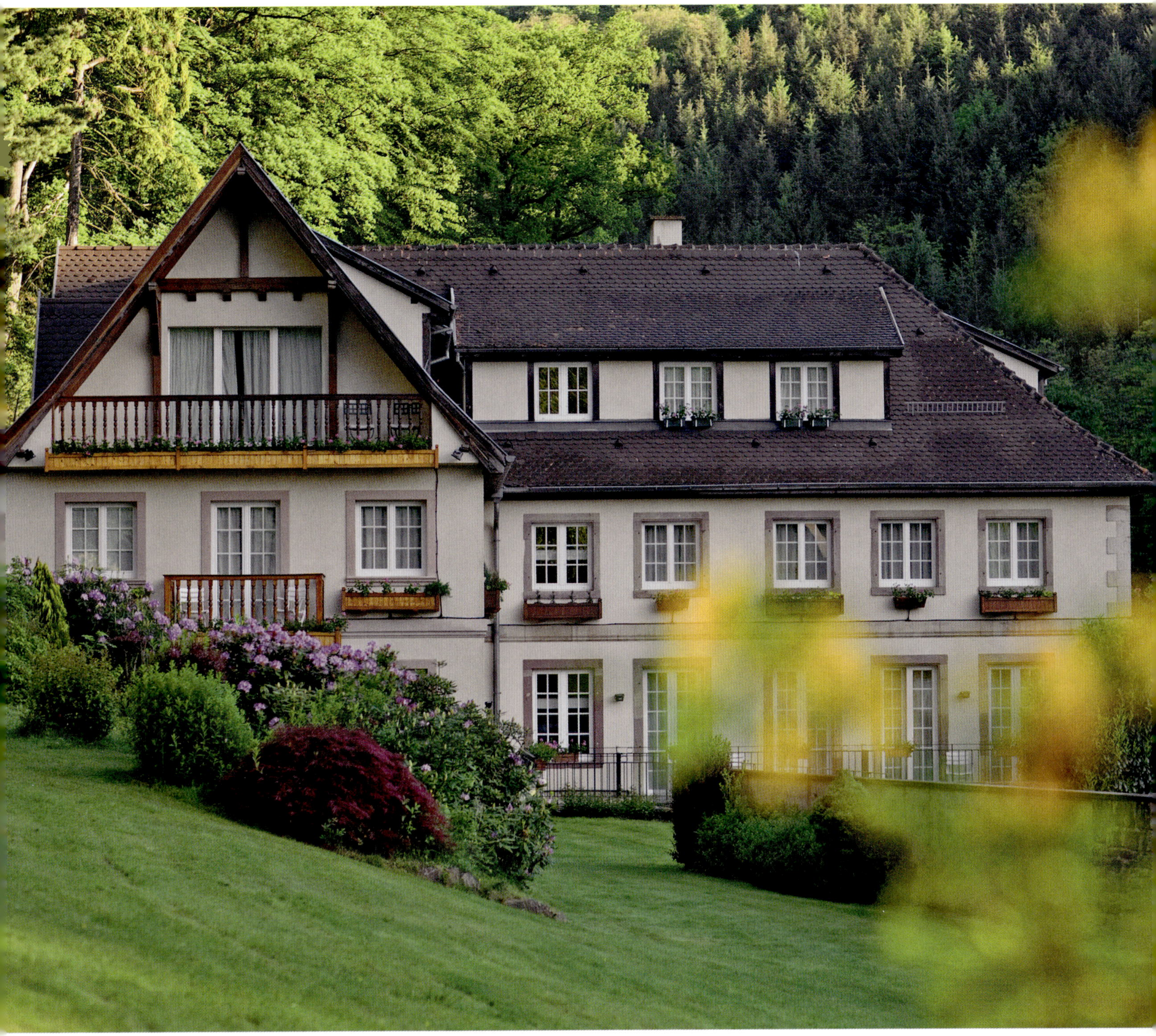

HOTEL & SPA RESTAURANT „LE CLOS DES DÉLICES"

ma und die herrliche Natur- und Erholungslandschaft laden zum Verweilen an diesem bezaubernden Fleckchen Erde ein. Wer in Ottrott logieren möchte, der kann dies wunderbar im Vier-Sterne Hotel & Spa Restaurant „Le Clos des Délices" tun – was übersetzt so viel wie Klostergarten heißt und wirklich genussreiche Ferientage verspricht.

Aus dem ehemaligen Benediktinerinnenkloster haben Désiré Schätzel und Nicole Wolf ein wahres Schmuckstück für moderne Traveller gemacht und dabei doch die Tradition der jahrhundertealten Anlage geachtet. Die Zimmer und Suiten wurden sehr individuell mit eleganten Stoffen, komfortablen Betten und großzügigen Bädern ausgestattet. Im Beauty Spa verwöhnen geschulte Hände mit wohltuenden Massagen und Treatments. Panoramafenster und ein Glasdach geben im Hallenbad den Blick auf den Himmel und einen prachtvollen Naturpark frei. Herzstück des Refugiums aber ist das elegante Restaurant Le Chatelain. Warmes Holz, eine stilvolle Tischkultur und moderne Kunst sorgen für eine angenehme Atmosphäre. In der Küche entwickelt der junge Elsässer Machieu Klein mit Begeisterung aus besten Produkten kulinarische Köstlichkeiten. „Machieu wollte schon als kleiner Junger Koch werde. Sein Großvater ist Metzger und er legt größten Wert auf Qualität und Frische seiner Lebensmittel. Gemüse, Obst und Fleisch bezieht Machieu aus der Region, er kocht saisonal", übersetzt die charmante Gastgeberin Nicole Wolf. Ein Blick auf die Speisekarte zeigt die Kreativität des 27-jährigen Küchenchefs: Lachs komponiert er mit einem Gurken-und-Minze-Gelee, das Filet vom Steinbutt begleiten Zitrusfrüchte, Lauch und Austernpilze. Natürlich fehlen auch die berühmte Gänseleber und Schnecken nicht in seinem Angebot. Da Désiré Schätzel selbst ein begeisterter Vollblutwinzer ist, spielen edle Tropfen im „Le Clos des Délices" natürlich eine besondere Rolle. Über 150 interessante Gewächse sind im Angebot, darunter Reben aus dem hauseigenen Weinberg.

Wer sich bei Désiré Schätzel und Nicole Wolf wohlgefühlt hat, aber gern einmal eine exotische Urlaubswelt kennenlernen möchte, für den haben die Gastgeber noch ein ganz besonderes Angebot: Das „Le Jardin Désiré" Villa-Riad & Spa in Marrakesch. Nicole Wolf: „ Der französische Architekt Charles Boccara hat unser Haus entworfen. Alphonse Humber und sein Sohn Dimitri haben es nach marokkanischer Tradition mit modernem Komfort eingerichet. Traumhaft, ein Märchen aus Tausendundeiner Nacht."

Hier lässt es sich wunderbar träumen.

Gastgeber: Nicole Wolf und Désiré Schätzel
17 route de Klingenthal
F-67530 Ottrott
T: 00 33 / (3) 88 95 / 81 00
F: 00 33 / (3) 88 95 / 97 71
contact@leclosdesdelices.com
www.leclosdesdelices.com
Öffnungszeiten warme Küche: 12.00 – 13.45 Uhr und 18.30 – 21.00 Uhr

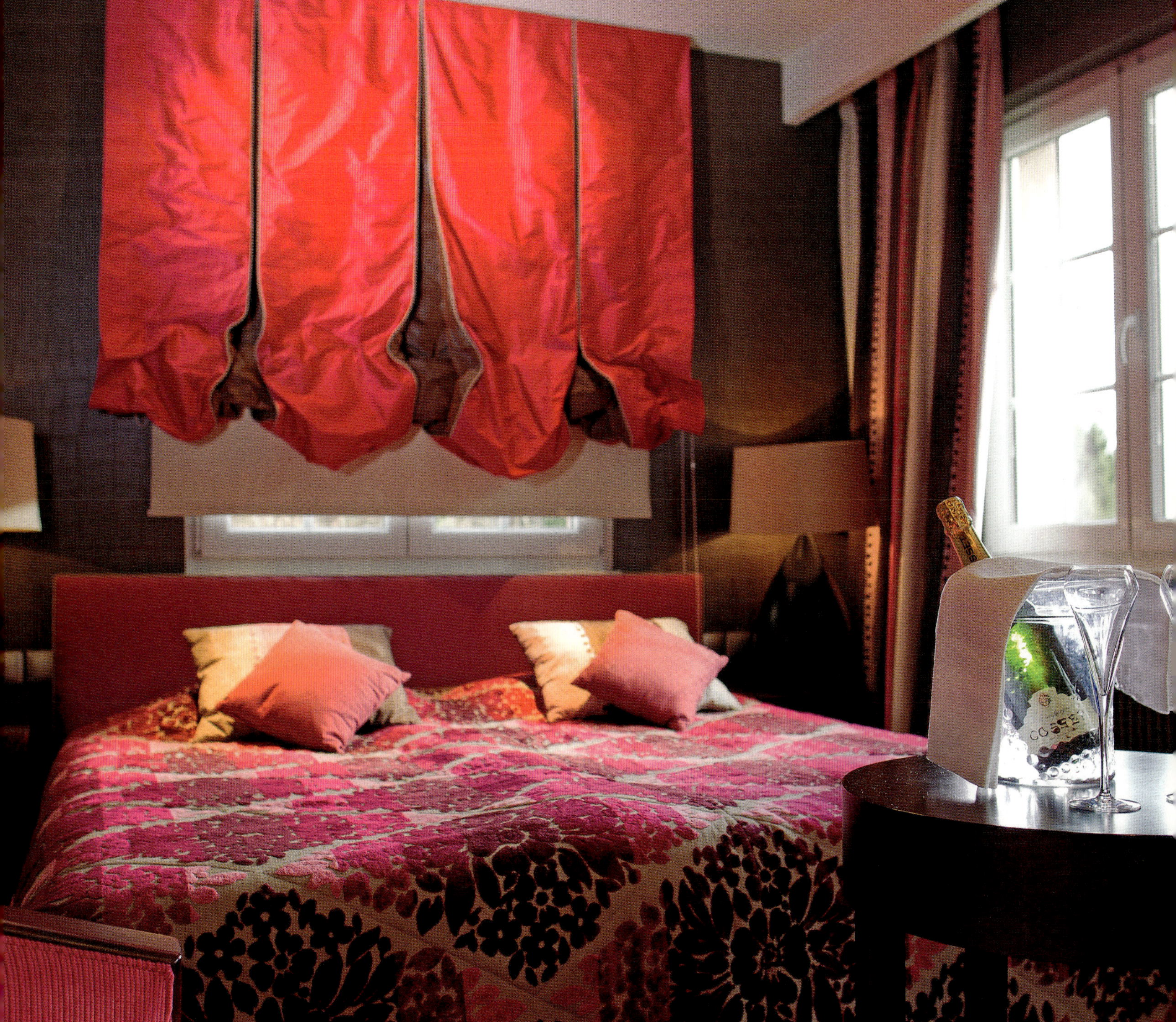

PRACHTBAU MIT HISTORISCHEM CHARME & MODERNSTER WELLNESS

ROMANTIK SEEHOTEL AHLBECKER HOF

Unverkennbar mit rotem Dach und grün behelmten Türmen begrüßt den Reisenden die berühmte alte Seebrücke aus dem Jahr 1899 – das Wahrzeichen des Usedomer Seebades Ahlbeck mit seinem Gaststättenpavillon. Das Seebad Ahlbeck beeindruckt mit einer wahrhaft traumhaften Kulisse und historischen Besonderheiten, wie der Jugendstiluhr von 1911, der Promenade mit ihren zahlreichen kleinen Cafés und der parallel entlang laufenden Strandpromenade mit herrschaftlichen Bauten im Stil der klassizistischen Bäderarchitektur. Aus dem einstigen kleinen Fischerdorf Ahlbeck wurde ab den 1850er Jahren der Badeort Ahlbeck. Gemeinsam mit den Gemeinden Heringsdorf und Bansin zählte es zu den bekannten Dreikaiserbädern. An der berühmten Dünenstraße thront der 1890 erbaute prächtige Ahlbecker Hof. Bereits zur Jahrhundertwende bildete er ein „Haus ersten Ranges", im Gästebuch finden sich Namen hochgestellter Persönlichkeiten wie der des Kaisers von Österreich, Franz Josef I. Der Prunkbau der Bäderkultur im klassizistischen Stil versprüht auch nach umfangreicher Renovierung den Charme und Glamour vergangener Tage. Die Symbiose zwischen Historie und luxuriöser Moderne ist in dem Fünf-Sterne-Romantik-Seehotel perfekt gelungen. Den gediegenen Zimmern wohnt nostalgischer Charme inne, mit hochwertigem Mobiliar und edlen Stoffen sowie ausgewählten Details wie funkelnden Kristalllüstern oder edlen Marmorbädern. Wer die Zimmer betritt, begibt sich auf eine Reise in die Tradition der eleganten Grandhotels, ohne jedoch auf modernen Komfort und persönlichen Service verzichten zu müssen. Hier kann man sich entspannt verwöhnen lassen und von vielen Fenstern aus den traumhaften Blick auf die Weite der Ostsee genießen. In eine andere Welt, in der Körper, Geist und Seele ebenso entspannt wie angeregt werden, führt die fantastische, 1000 Quadratmeter

Die Zimmer und Suiten versprühen einen ganz besonderen Charme und Glamour durch eine gekonnte Mischung aus Tradition und Moderne.

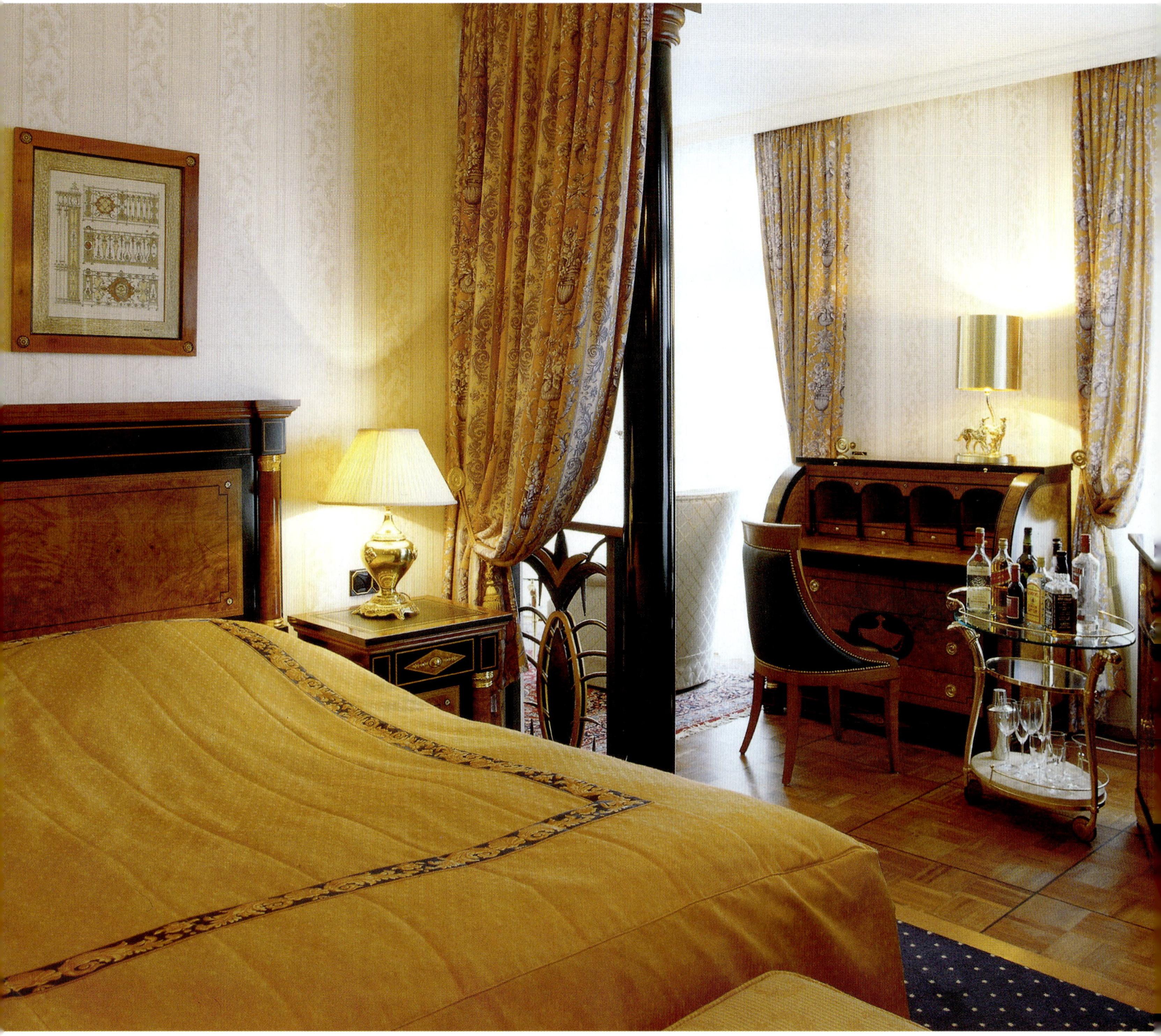

ROMANTIK SEEHOTEL AHLBECKER HOF

große Bade- und Wellnesslandschaft des Ahlbecker Hofs. Die exklusive Barbor Health- und Beautyabteilung ergänzt das vielfältige Wellness-Angebot. Shiatsu-Massagen gehören ebenso zum Angebot wie eine wohltuende Usedomer Kräutermassage, das Kleopatrabad oder eine Ritual-Anwendung im neuen Asia-Spa „Kinnaree". Zum Wohlfühlen tragen auch ein Hallenbad mit Unterwassermusik, diverse Saunen, die Blüten- und Kräutergrotte sowie die Kneippbecken bei.

Dabei ermöglicht der Ahlbecker Hof nicht nur Entspannung vor Ort, das Traditionshaus bietet auch einen neuen, einzigartigen Service: Die Gäste werden in Berlin, von zu Hause, vom Flughafen oder vom Hauptbahnhof von einem Chauffeur mit einer Limousine abgeholt – und natürlich auch wieder zurückgefahren. Bei einem Glas Champagner und unterhaltsamer Lektüre kann der Urlaub so bereits ab der Haustür beginnen. Ganz wie es die Tradition dieses Grandhotels erwarten lässt, glänzt es auch mit einer ausgezeichneten Cuisine. Im Gourmetrestaurant „Kaiserblick", direkt an der Promenade, zaubert Chefkoch Hark Pezely anspruchsvolle Kreationen der fanzösischen und regionalen Küche.

Die „Brasserie" gibt sich schick mit offener Show-Küche wie auch Kaffee- und Kuchen-Spezialitäten. Asiatisch wird es im Spezialitätenrestaurant „Suan Thai" bei traditioneller thailändischer Küche. Die Kalorien lassen sich ganz einfach bei einem ausgedehnten Spaziergang inmitten reizvoller Natur und eines erholsamen Klimas auf wunderbare Weise wieder abtrainieren.

Die erstklassige und exklusive Bade- und Wellnesslandschaft lädt zum Entspannen und Genießen ein. Ein Highlight ist das Asia-Spa „Kinnaree".

Romantik Seehotel
Ahlbecker Hof
Direktor: Denis Hüttig
Dünenstraße 47
D-17419 Seebad Heringsdorf / Ortsteil Ahlbeck
T: 03 83 78 / 6 20
F: 03 83 78 / 6 21 00
ahlbecker-hof@seetel.de
www.seetel-resorts.de
Zimmer und Suiten: je nach Saison ab 151 Euro (Doppelzimmer mit Seeblick), inkl. Frühstück

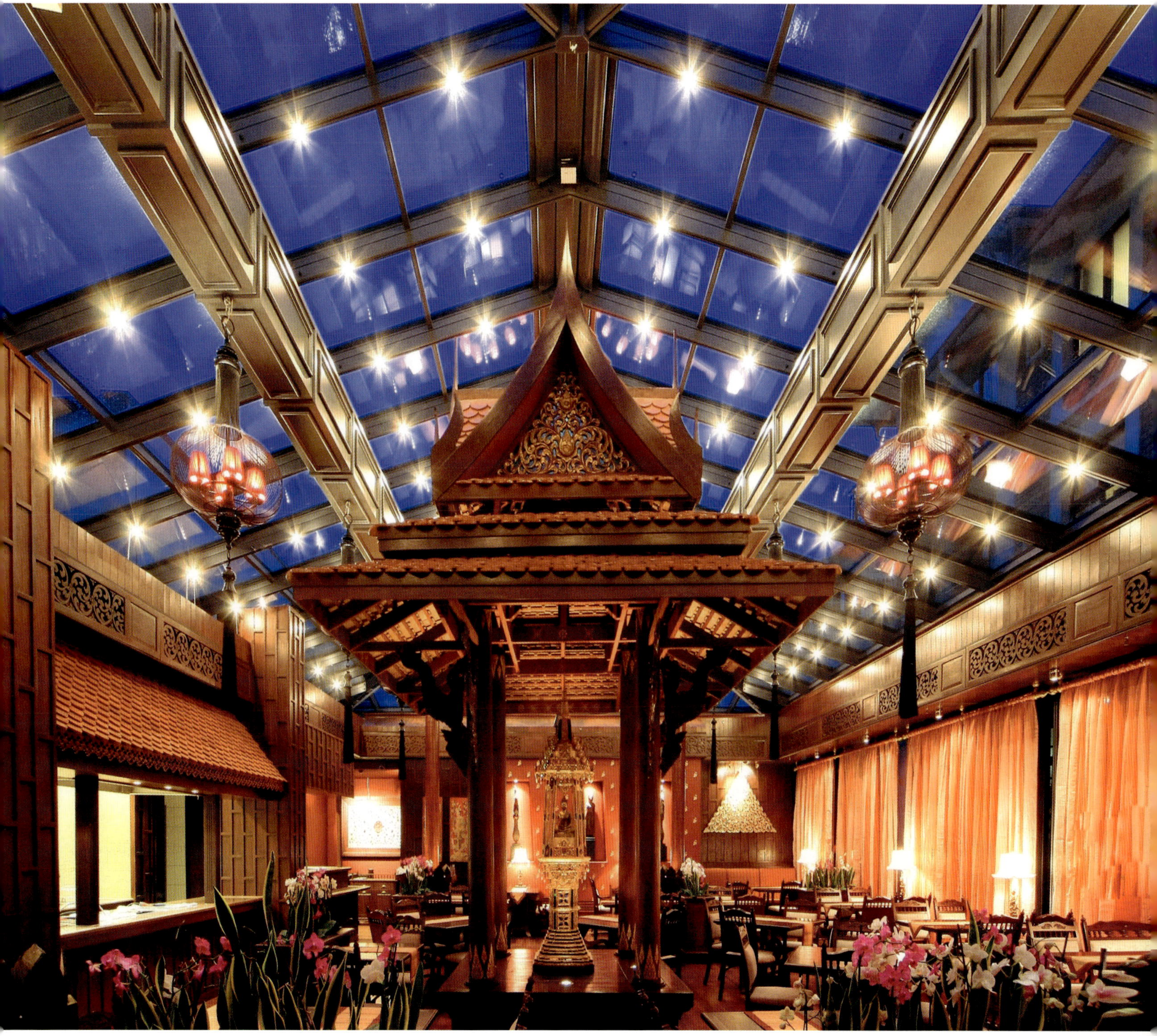

PURE ERHOLUNG UND NATURERLEBNISSE

ROMANTIK HOTEL BÖSEHOF

Zwischen Weser und Elbe gelegen, nicht weit von der Nordsee entfernt, lockt nicht nur das Moorheilbad Bad Bederkesa mit unberührter intakter Natur. Auch das zauberhafte Fachwerk-Haupthaus des Bösehofs wirkt sofort einladend. Etwas erhöht am Waldrand gelegen, bietet es einen wunderbaren, schier endlosen Blick über den Ort und den See. Hier ist der Name ausnahmsweise mal nicht das Programm. Stattdessen wird das Romantik Hotel Bösehof von familiärer Tradition und einer herzlichen Atmosphäre geprägt. Die idyllische Parkanlage des Vier-Sterne-Hotels umfasst einzelne Häuser. Das Herzstück bildet der historische Bösehof mit Rezeption, Restaurant, Wintergarten, der historischen Gaststube sowie Frühstücks- und Tagungsräumen. Hier sitzt man gemütlich beisammen und genießt die Ursprünglichkeit, die Wurzeln des Hauses, an das sich das Gästehaus Hermann Allmers mit insgesamt 24 Zimmern anschließt. Gleich neben dem schönen Wellnesstrakt des Hotels erhebt sich das Landhaus Jan Bohls. Die Einrichtung der mediterran anmutenden 23 Doppelzimmer und Suiten mit Stoffen von Rubelli aus

Inmitten einer wunderschönen Parkanlage liegt das Romantik Hotel Bösehof verteilt auf einzelne Häuser. Das Restaurant im historischen Bösehof lockt mit einem gemütlichen Ambiente und erstklassiger Kulinarik.

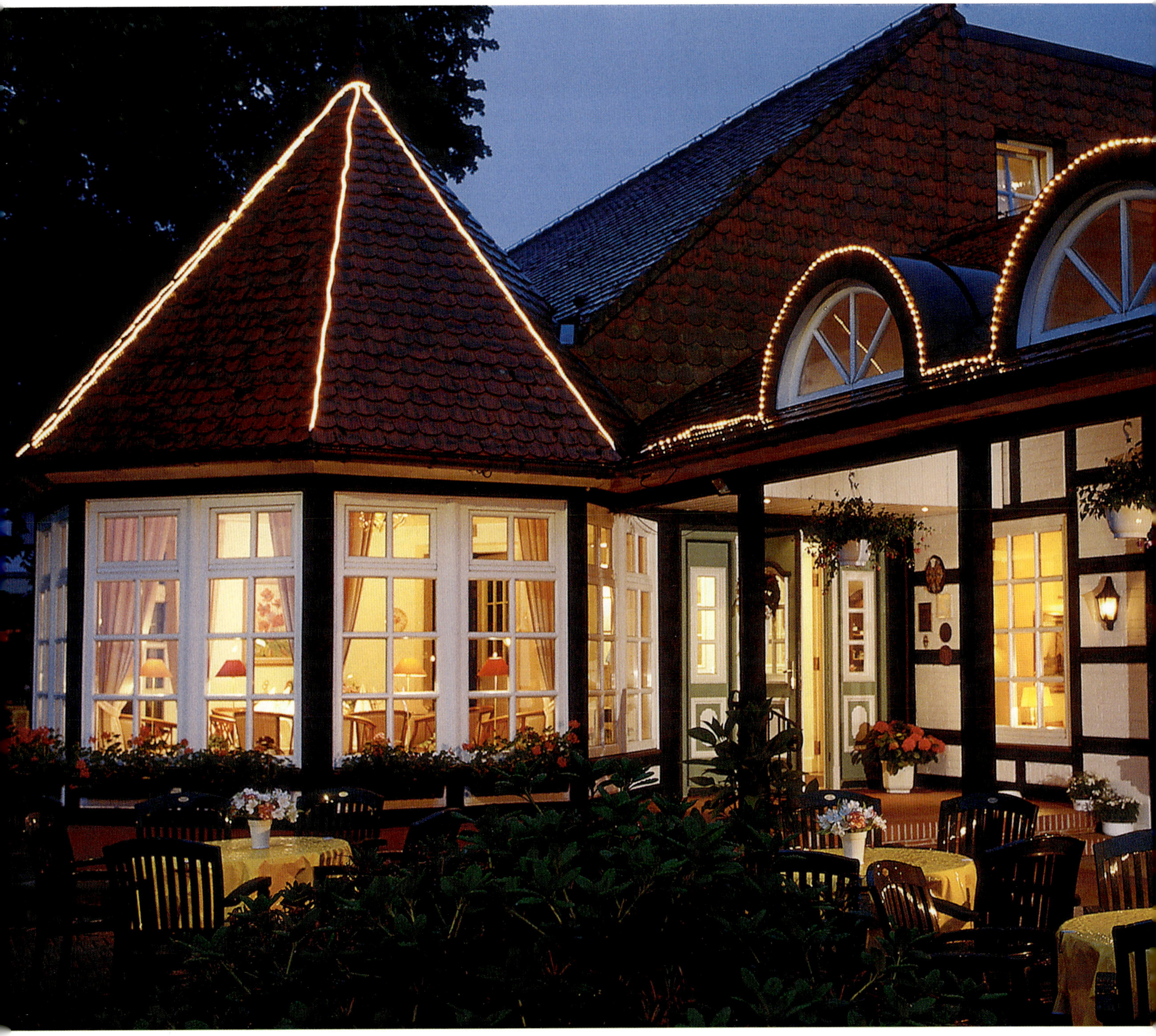

ROMANTIK HOTEL BÖSEHOF

Die hellen Zimmer sind individuell im Landhausstil eingerichtet, kombiniert mit modernen Elementen und liebevollen Details. Auch die große Wellness- und Bäderlandschaft streichelt die Sinne.

Venedig, Möbeln von Bernard Siguir aus Belgien und Leuchten von Brendel aus Berlin bewirkt eine Atmosphäre, die Körper und Seele aufleben lässt. Die hellen Zimmer im historischen Hotelgebäude sind individuell eingerichtet mit einer charmant-ländlichen Mischung verschiedener Möbel, Farben und Muster sowie liebevoller Dekoration. Die Suiten sind teilweise mit Ankleidezimmer, Kinderzimmer oder Whirlpool ausgestattet. Alle Zimmer und Suiten haben Süd- oder Nordbalkon. Die einzelnen Häuser wurden geschickt durch einen breiten, gläsernen Verbindungsgang miteinander verbunden. Wie ein Steg im Inneren führt er über einen Bach im Freien direkt zum neuen Hoteltrakt, der im Jahr 2000 in Betrieb genommen wurde. Hier befindet sich die fantastische Wellness- und Bäderlandschaft auf über 500 Quadratmetern. Ein harmonisch gestalteter Poolbereich mit Whirlpool, eine Dampfsauna, die Finnische Biosauna, erfrischender Tropenregen oder Massagen und Packungen – hier gibt es viele wunderbare Wege zur Entspannung. Das Romantik Hotel umgibt eine ganz spezielle historische Atmosphäre. Der Bremer Zuckerkaufmann Heinrich Böse errichtete 1826 das Anwesen als Landsitz. Er begründete die Gastfreundschaft, in deren Genuss schon der Dichter Hoffmann von Fallersleben kam. Diese weiter zu pflegen und jeden Tag aufs Neue mit Leben zu füllen, hat sich das Team vom Romantik Hotel Bösehof zur Aufgabe gemacht. Günter Manke übernahm 1957 den Bösehof und entwickelte ihn gemeinsam mit seiner Frau Inge zu einem äußerst reizvollen Urlaubs- und Golfdomizil weiter. Viele Gäste finden den Weg ins Romantik Hotel Bösehof wegen der erstklassigen kulinarischen Darbietungen. In der weit über die regionalen Grenzen hinaus bekannten Küche des Hauses werden Frischprodukte aus der Region mit viel Liebe zubereitet. Der freundliche Service spricht für sich. Auch für kleine Feiern und große Feste, Tagungen oder Seminare bietet das Domizil den passenden Rahmen. Mitten im Cuxland an einem 200 Hektar großen Moorsee, dem Bederkesaer See, liegt der idyllische Kurort Bad Bederkesa. Ein Schifffahrtsweg verbindet Bad Bederkesa mit Bremerhaven an der Wesermündung und Otterndorf an der Elbmündung. Besonders in den warmen Monaten findet man hier viele Wassersportler, Naturfreunde und Biker.

*Romantik Hotel Bösehof
Inhaber: Familie Manke
Hauptmann-Böse-Straße 19
D-27624 Bad Bederkesa
T: 0 47 45 / 9 48 - 0
F: 0 47 45 / 9 48 - 200
info@boesehof.de
www.boesehof.de
Zimmerpreise:
56 – 208 Euro, inkl. Frühstück und Benutzung der Saunen- und Badelandschaft.*

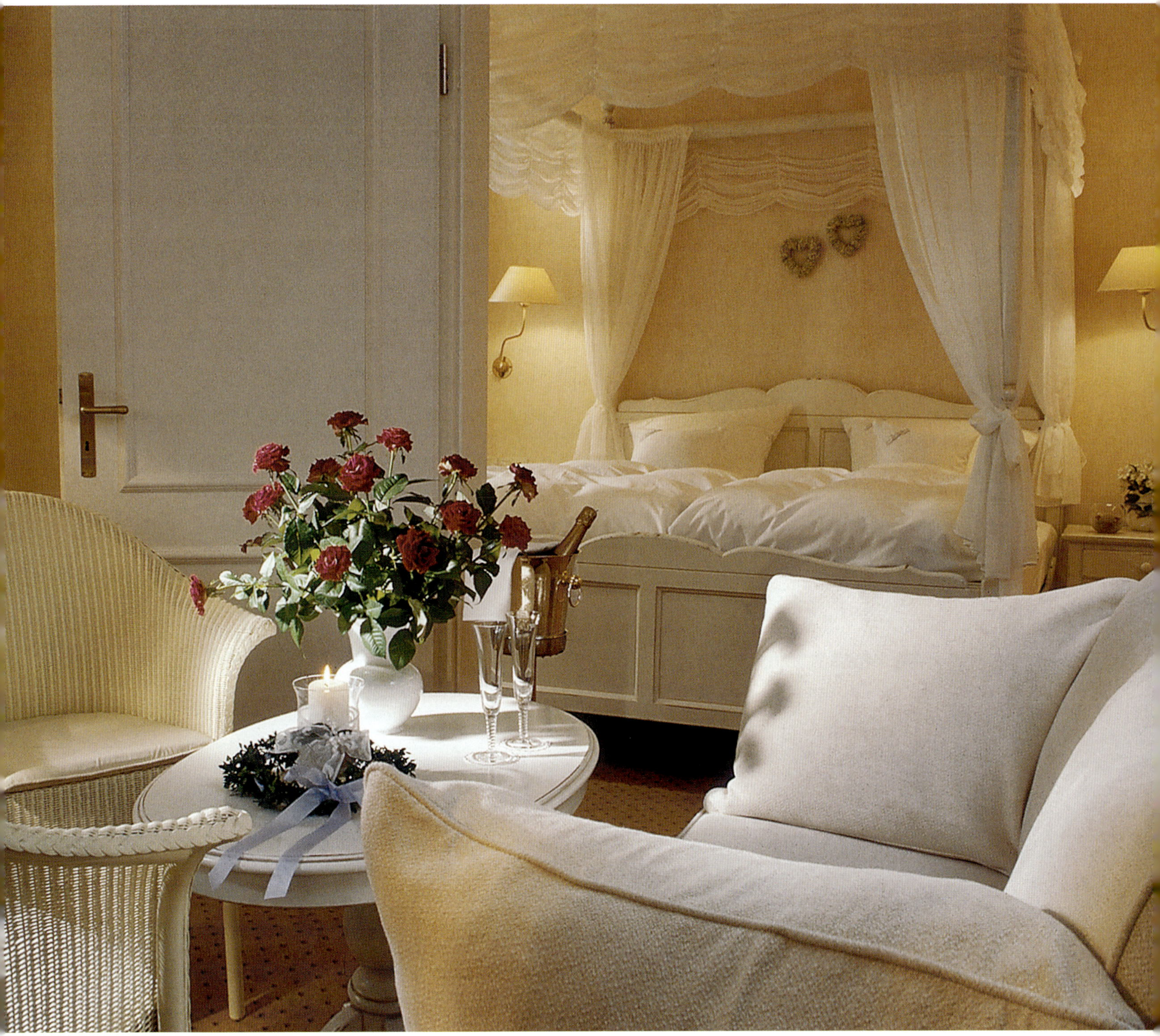

CHARAKTERVOLLES KLEINOD IN VORPOMMERN

ROMANTIK HOTEL RITTERGUT BÖMITZ

Vermutlich bis ins 14. Jahrhundert reicht die Geschichte des Ritterguts Bömitz zurück, das damals noch zu Schweden gehörte, welches im Mittelalter die Hoheit über Vorpommern besaß. Wie das Haus nach seiner Errichtung aussah, ist unbekannt, denn es verfiel in einen Dornröschenschlaf und wurde irgendwann abgerissen.

Das Rittergut in Bömitz, wie es sich derzeit präsentiert, wurde vom Ritter Hermann Christoph von Hertell 1751 errichtet. Dabei handelte es sich um einen Ritter, in dessen Besitz das Rittergut Bömitz gelangt war. Sein Wappen ziert heute noch das Gebäude. Erst 1994 sanierte man das Rittergut Bömitz aufwändig und eröffnete schließlich ein Hotel mit Restaurant.

Wer sich aufmacht, das Refugium entlang alter Alleen in Bömitz zu besuchen, den erwarten kurz vor der Insel Usedom im Städtedreieck zwischen Anklam, Wolgast und Greifswald schier endlose Wälder und Wiesen. Abseits der großen Trassen, so scheint es, hat das beschauliche Örtchen sein stadtfernes Fluidum gut bewahrt. Nichts als Ruhe und Beschaulichkeit empfangen den Gast – wahre Juwelen in unserem oft hektischen Alltag.

Ein wenig von der guten alten Zeit haben die Gastgeber Nicola und Lorenz Flierl freilich noch in die Moderne hinübergerettet. Ganz im Sinne der ritterlichen Tugenden Lebensfreude und Schönheit sowie Güte und Freundlichkeit empfangen sie ihr Publikum mit der herzlichen Gastfreundschaft eines familiengeführten Hotels und werden nicht müde, an ihrer Vision eines Hauses mit Charakter zu arbeiten. Entstanden ist ein stilvolles und authentisches Kleinod, das in eine andere Welt entführt.

Wer sich den Sinn für Details und Atmosphäre bewahrt hat, spürt rasch, dass die Symbiose aus charismatischer Aura einer vergangenen Epoche und dem Komfort eines modernen Hotelbe-

Links: feine Tafelfreuden im verwunschen anmutenden Park.

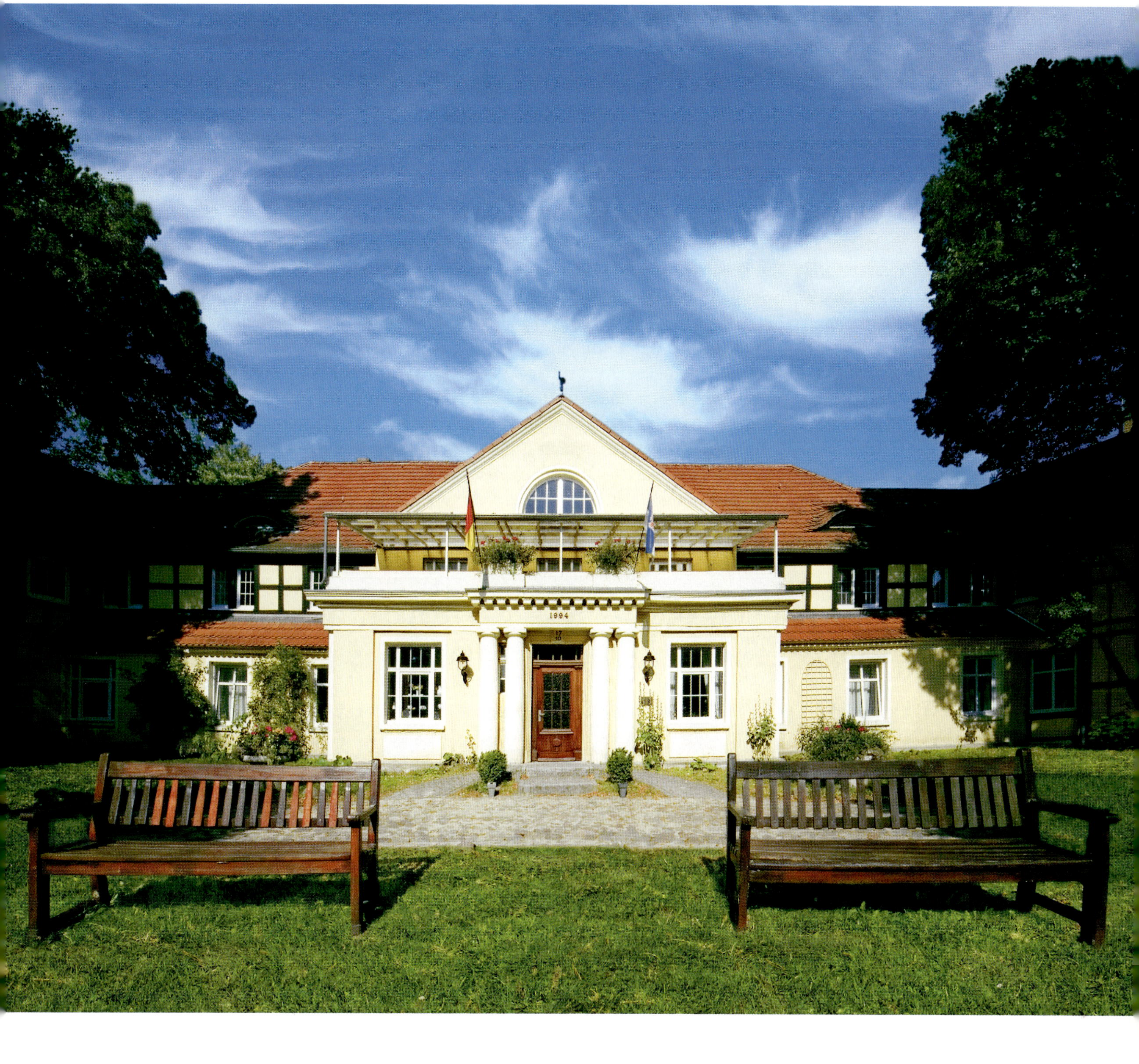
1994

ROMANTIK HOTEL RITTERGUT BÖMITZ

triebes perfekt gelungen ist. Das Knarren der Dielen, das Knistern des Kaminfeuers und das Klirren der Gläser, in denen geheimnisvoll rubinrot der Wein funkelt, zeugen von einer Gemütlichkeit, die die Seele verwöhnt. Nicht weniger Wohlgefühl vermitteln die Zimmer mit ausgewählten Charakterstücken und romantischen Einrichtungsdetails als Reminiszenz an längst vergangene Tage. Solchermaßen eingehüllt in einen wärmenden, gastlichen Rahmen, darf man sich ganz unbeschwert auf die kleinen kulinarischen Träume aus der mehrfach ausgezeichneten Küche freuen. Im Restaurant „Jägerstube" wird eine frische, regionale Küche mit heimischen Produkten serviert. Wild, Fisch und Gemüse der Saison bilden den Mittelpunkt der Speisekarte. Stimmungsvolle Tafelfreuden versprechen Feste, Feiern, Hochzeiten und Empfänge, während das ganze Jahr über kulturelle und saisonale Höhepunkte – von der Lesung bis zum Klavierabend oder Jagdfest – einen Besuch des Ritterguts Bömitz lohnen. Dermaßen atmosphärisch und kulinarisch rundum verwöhnt, kann der Gast im zwei Hektar großen, verwunschen anmutenden Park mit Teepavillon ein wenig verschnaufen. Und wie wäre es unter dem schattigen Dach alter Bäume mit einer langen Kuchentafel zum Sommerfest? Alles auf dem Rittergut Bömitz zeugt von einer sorgsamen Hand, damit sich die Gäste aus nah und fern liebevoll umsorgt und rasch wie zu Hause und bei Freunden fühlen. Auch die umgebende Natur verfehlt ihre Wirkung auf den Besucher nicht. Ob Ausflüge in die umliegenden Städte, Wanderungen durch Landschaften mit tiefen Wäldern oder Strandtage an der Ostsee – jeder Gast kann seinen Lieblingsort entdecken.

In der kalten Jahreszeit knistert behaglich das Kaminfeuer.

*Romantik Hotel Rittergut Bömitz
Gastgeber: Nicola und Lorenz Flierl
D-17390 Bömitz
T: 03 97 24 / 2 25 40
F: 03 97 24 / 2 25 41
www.rittergut-boemitz.de*

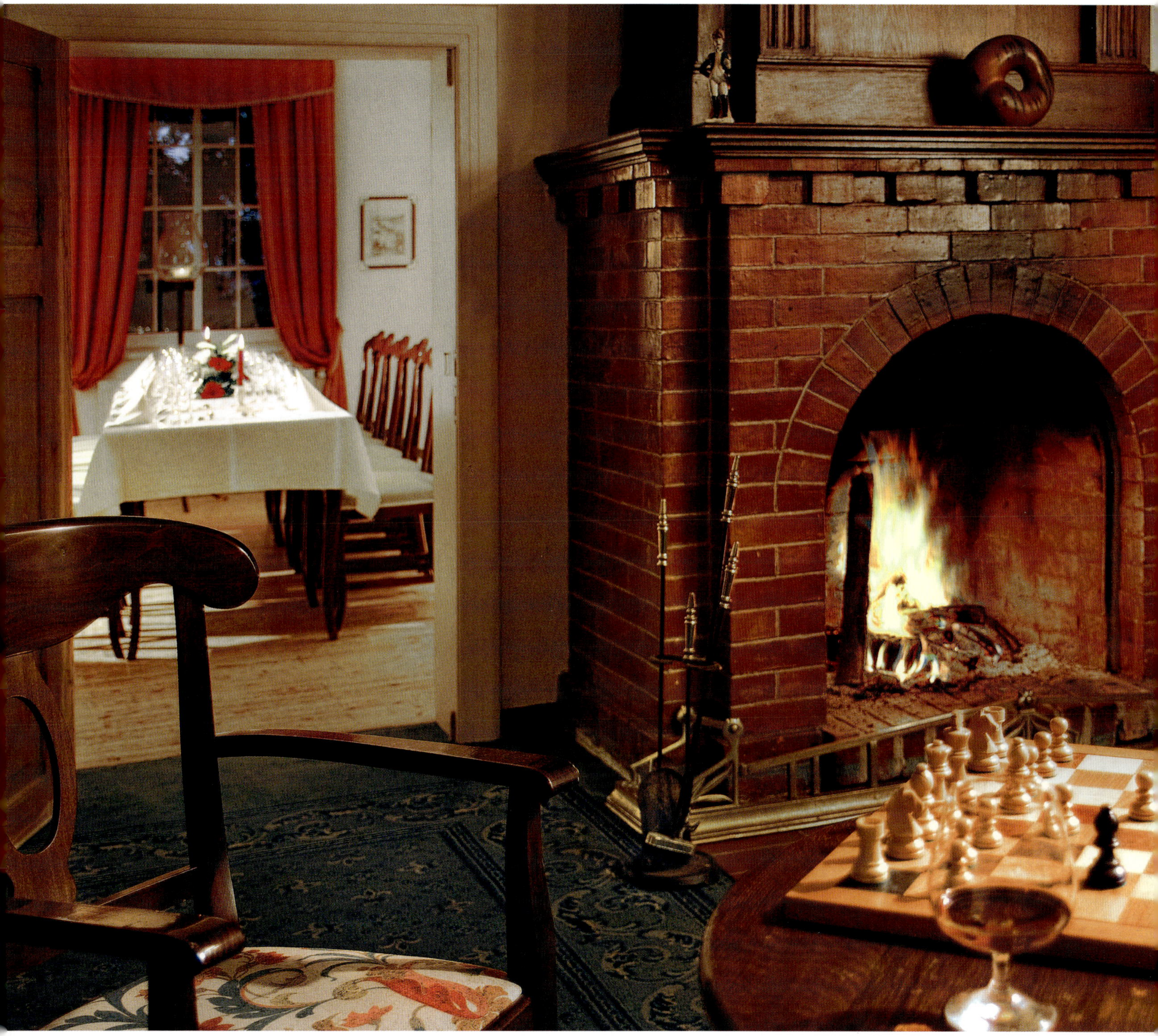

OSTFRIESISCHE LEBENSART MIT TRADITION

ROMANTIK HOTEL REICHSHOF

Sich am Deich die frische steife Brise der Nordsee um die Ohren wehen lassen, kleine Dörfer und Städte erkunden und dabei Historisches wie Traditionelles erleben. Norden, die älteste Stadt Ostfrieslands, und seine Umgebung haben einen ganz besonderen Reiz. Eben dieses Lebensgefühl und ostfriesischen Charme verkörpert auch das Romantik Hotel Reichshof. Familie Franke, in deren Besitz sich das charmante Backsteinhaus seit 1956 befindet, schuf in bester Familientradition ein wunderbares Vier-Sterne-Hotel mit viel Atmosphäre und charmanten Details. Romantische Innenhöfe, sonnige Terrassen, malerische Gassen, die originalgetreue, hölzerne Fehnbrücke sowie ein Frühstücks- und ein Wellnessgarten machen den Reichshof zu einer verträumten, grünen Oase – nur einen Schritt entfernt von der belebten Fußgängerzone. Alte Bäume und blühende Hecken schaffen zauberhafte Winkel und laden ein, immer neue Lieblingsecken zu entdecken. Über 300 Jahre besteht das Haus bereits und zeugt von einer ereignisreichen Geschichte: erst befand sich in ihm ein Brauereibetrieb, aus der eine Ausspannwirtschaft wurde, ein Gasthof und schließlich ein Hotel. Heute leiten Martina Haver-Franke und Björn Haver das Hotel in dritter Generation mit viel Herzblut und Traditionsbewusstsein, unterstützt vom Ehepaar Hans-Jürgen und Dorothea Franke. In diesem Sinne entwickeln sie den Reichshof stets mit viel Bedacht weiter. So auch mit der Übernahme der benachbarten und unter Denkmalschutz stehenden ehemaligen Kornkammer aus dem Jahre 1670 sowie dem Bau eines großzügigen Wellnessbereiches. Zusätzliche Komfortzimmer und Suiten entstanden und wurden liebevoll gestaltet. Den Gast erwartet ein besonders angenehmes Ambiente und herzliches Flair. Die 56 individuell eingerichteten Zimmer, Juniorsuiten und Suiten erhalten durch Holzelemente, warme Farbtöne sowie ausgewählte Details

Schwimmbad
und Sauna
Zimmer 1 - 28
Zimmer 29-33
REZEPTION
HOTEL · BAR

ROMANTIK HOTEL REICHSHOF

eine gemütliche Atmosphäre und lassen nichts an Komfort vermissen. Ein Highlight sind die beiden neu entstandenen Wellness-Lofts, in denen man sich umgeben von Eichenholz und warmem Tageslicht eine herrliche Auszeit gönnen kann. Lichtdurchflutete Badezimmer mit zwei Waschtischen, Rainshower-Dusche und eine Doppel-Whirlwanne mit Farblicht versprechen pure Entspannung. Das Wellness-Loft 55 hat eine Dampfsauna, Wellness-Loft 70 eine Finnische Sauna und eine grüne Dachterrasse. Beide verfügen über einen Lesesessel, Sofa und kleine Bibliothek. Die Harmonie der Familien Franke und Haver ist überall zu spüren. Sie sorgen mit ihrem Team und ihrer herzlichen Art dafür, dass kein Wunsch des Gastes unerfüllt bleibt. In den Restaurants des Reichshofs genießt der Gast die kulinarischen Feinheiten einer betont regionalen Küche. Ein buchstäbliches Highlight ist auch der neu errichtete lichtdurchflutete Wintergarten, in dem man die wohltuende Ausstrahlung des liebevoll arrangierten Interieurs besonders spürt, ebenso wie in der Bar-Lounge Wolbergs, in der man bei kleinen Leckereien und angesagten Cocktails den Tag in entspannter Atmosphäre perfekt ausklingen lässt. Eine weitere Besonderheit ist der Wellnessbereich „Meer und Moor", der mit seinem gelungenen Ambiente zur genussvoll-entspannten Körper- und Seelenpflege einlädt. Das Schwimmbad mit Erlebnisdusche und Whirlwannen, einem Dünensand-Ruheraum und die ostfriesische Saunalandschaft lassen den Alltag rasch vergessen. Hier lässt es sich zur Ruhe kommen, aber auch an Abwechslung mangelt es nicht. Sowohl im Winter als auch im Sommer sind die Möglichkeiten rund um die zauberhafte Stadt Norden vielfältig. Egal ob man die zahlreichen Wasserwege während einer Kanu- oder Radtour erkundet oder sich von humorvoll erfahrenen Wattführern bei einem Besuch des Nationalparks Niedersächsisches Wattenmeer einen unvergesslichen Tag bereiten lässt.

Romantik Hotel Reichshof
Inhaber: Familien Franke und Haver
Neuer Weg 53
D-26506 Norden
T: 0 49 31 / 1 75 - 0
F: 0 49 31 / 1 75 - 75
info@reichshof-norden.de
www.reichshof-norden.de
Zimmerpreise: ab 58 Euro pro Person, inkl. Frühstück

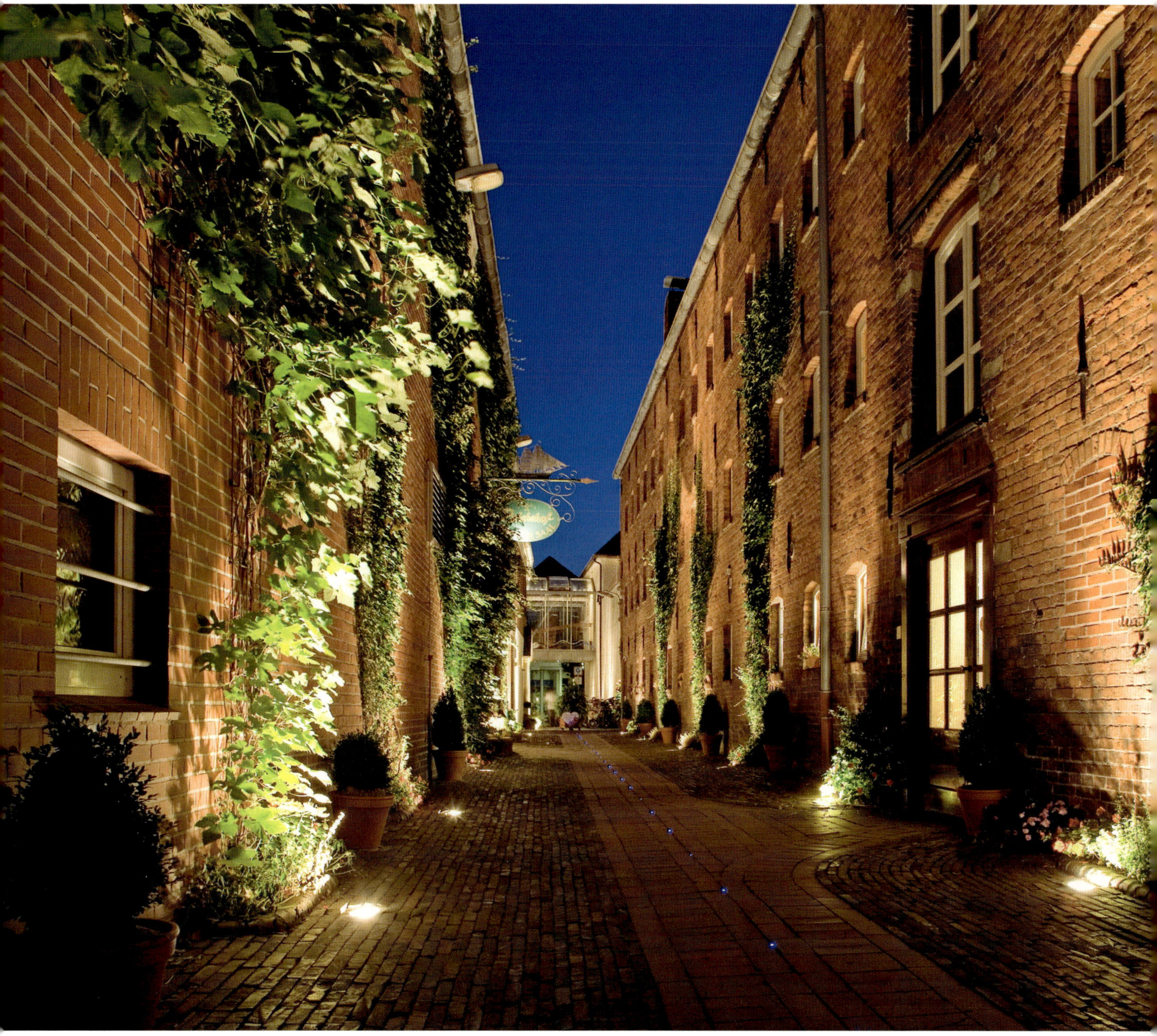

HAMBURG VON SEINER LÄNDLICHSTEN SEITE

LANDHAUS JENISCHPARK & HAIDEHOF

*I*n der Stadt wohnen, aber trotzdem die Ruhe und Atmosphäre einer ländlichen Umgebung genießen, sich in einem individuell designten Umfeld zu Hause fühlen, ohne jedoch auf den Komfort eines Hotels zu verzichten. Das sind Wünsche, die fast jeden Reisenden beseelen, die jedoch eher selten in Erfüllung gehen. Im Hamburger Stadtteil Nienstedten – nicht einmal 15 Minuten von der Hamburger Innenstadt entfernt – empfängt das exklusive Landhaus Jenischpark seine Gäste mit jener raren Mischung. Am Rande der prächtigen Parkanlagen des berühmten Jenischparks vereint das unter Denkmalschutz stehende Gebäudeensemble mit seinen elf Häusern individuelle Privatsphäre mit exklusivem Hotelkomfort und dem Flair hanseatischer Geschichte. Jedes der 60 Quadratmeter großen Häuser verfügt über einen großzügigen Wohnraum mit kleinem Garten und Terrasse, modernste Komfortraffinessen sowie eine voll ausgestattete Küche. Antike Schränke, indische Teppiche und gemütliche Sofas verleihen den Räumen ein individuelles Wohlfühl-Ambiente. Bei kühleren Temperaturen sorgt der eigene Kamin für wohlige Wärme, im Sommer locken bequeme Outdoormöbel auf die eigene Terrasse. „Unsere Gäste sind Individualisten. Geschäftsleute, Botschaftsangehörige oder Schauspieler, die eine gewisse Zeit aus beruflichen Gründen in Hamburg leben, aber auch Städtereisende und Urlauber, die zum Beispiel mit dem Fahrrad die Stadt und die Umgebung erkunden. Unsere Lage ist geradezu ideal. In unmittelbarer Nähe befinden sich die Elbe mit dem Schiffsanleger

Das unter Denkmalschutz stehende Landhaus Jenischpark verbindet individuelle Privatsphäre mit exklusivem Hotelkomfort.

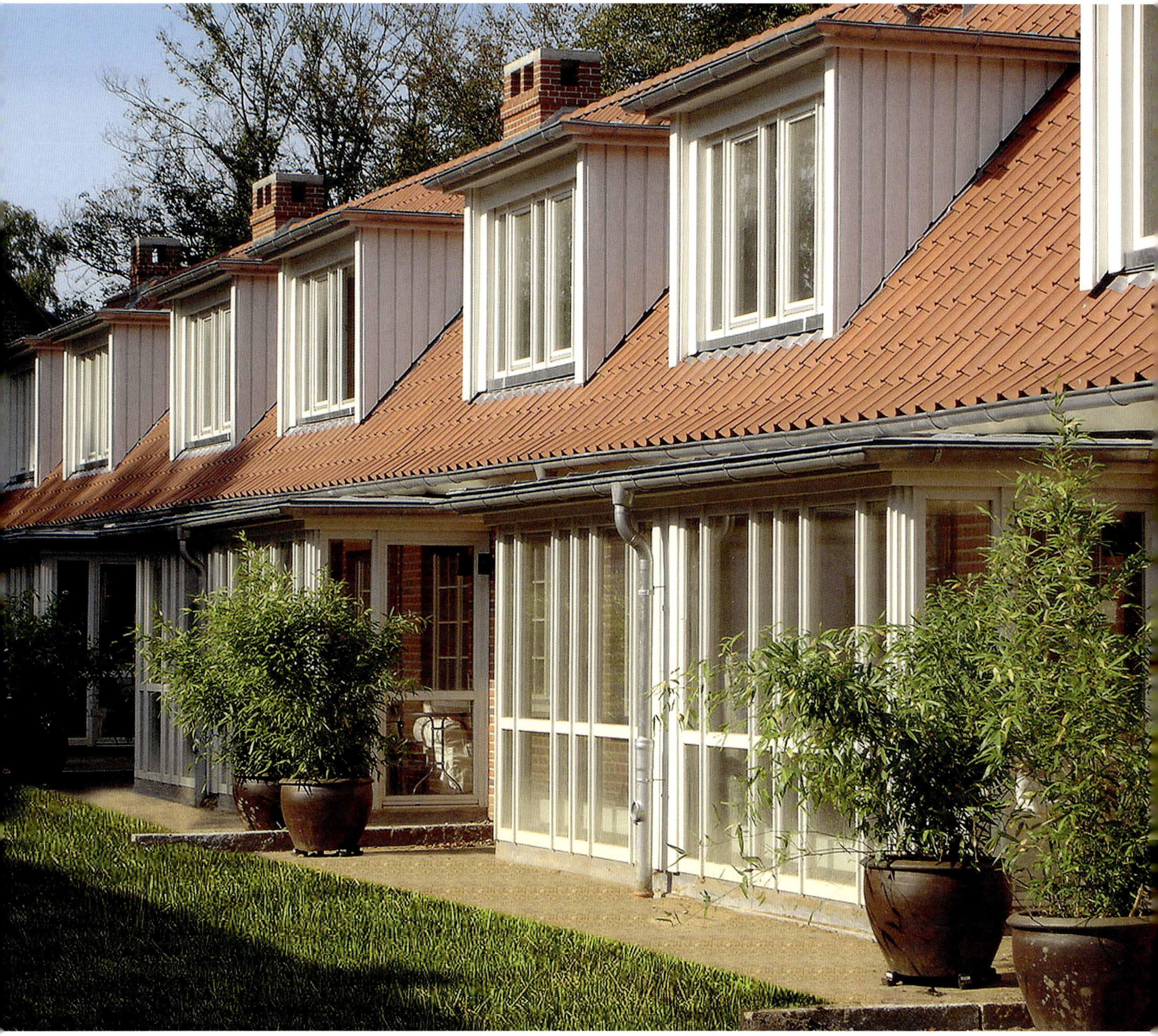

LANDHAUS JENISCHPARK & HAIDEHOF

Teufelsbrück sowie die Elbvororte. Die S-Bahn-Station Klein Flottbek ist nur drei Gehminuten entfernt, die Autobahnauffahrt A7 Hamburg-Bahrenfeld in wenigen Minuten zu erreichen", erzählt der Manager Carsten Fuchs, der sich mit seinem Team um die Wünsche der Gäste und deren Erfüllung sorgt. Egal ob Bestückung des Kühlschranks, Flughafentransfer, professioneller Sekretariats- und Reinigungsservice, Tischreservierungen – gerne auch im Bistro Zur Flottbeker Schmiede, das sich im selben Gebäude befindet –, Babysitter oder Veranstaltungskarten. Für das Landhaus-Team gibt es kaum einen Wunsch, den es nicht erfüllen könnte – sogar den nach der Unterbringung eigener Pferde oder Möglichkeiten für Ausritte. Denn sehr zur Freude passionierter Pferdefreunde gehört den Besitzern des Landhauses Jenischpark auch das nur wenige Kilometer entfernte Gut Haidehof. Das liebevoll restaurierte Gut an der westlichen Stadtgrenze gehört zu den charmantesten Reitanlagen der Hansestadt und bietet in einem speziellen Trakt auch Boxen zur Vermietung an. Durch die direkte Lage am Forst Klövensteen gelangt man sofort ins Gelände und kann wunderbar entspannt ausreiten. Auf Wunsch natürlich auch unter professioneller Führung.

Zu dem idyllisch gelegenen Reitzentrum gehören neben 25 Hektar Weideland diverse Paddocks, zwei moderne Stalltrakte, zwei Reithallen, zwei Außenplätze, eine Galoppbahn und ein Springplatz. Für eine optimale Ausbildung nach FN-Richtlinien für Reiter und Pferd sorgt ein professionelles und erfahrenes Team. Wer einen besonderen Veranstaltungsort sucht, dem bietet der Haidehof die romantische Event-Location „Cheval Blanc". Die außergewöhnliche Atmosphäre und das professionelle Catering sorgen dafür, dass jedes Fest zum Ereignis wird.

Am westlichen Stadtrand von Hamburg liegt das liebevoll restaurierte Gut Haidehof, ein Eldorado für Pferdeliebhaber.

Landhaus Jenischpark
Manager: Carsten Fuchs
Jürgensallee 124
D-22609 Hamburg
T: 0 40 / 81 99 40 81
F: 0 40 / 81 99 40 82
info@landhaus-jenischpark.de
www.landhaus-jenischpark.de
Preise: bei Buchung von 3–7 Nächten pro Nacht 139 Euro
Bei Buchung von 8–14 Nächten 129 pro Nacht
Bei Buchung von 15 – 14 Nächten 119 Euro

Gut Haidehof
Barockpferde-Centrum
Haidehof 2
D-22880 Hamburg-Wedel
T: 0 41 03 / 9 90 01
F: 0 41 03 / 9 90 04
info@haidehof.de
www.haidehof.de

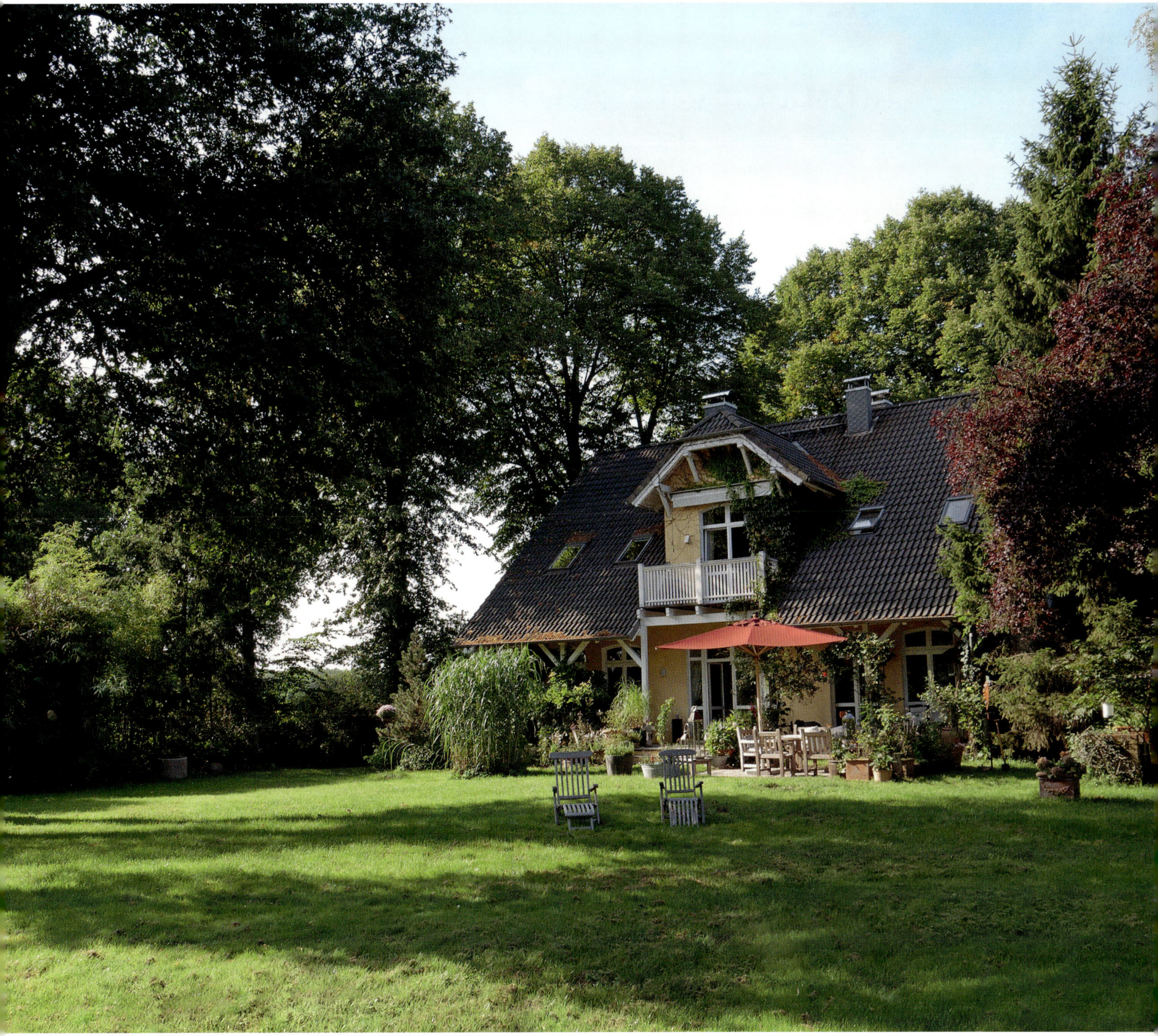

HEKTIK UND STRESS EINFACH MAL VERGESSEN

ROMANTIK HOTEL HOF ZUR LINDE

*J*m grünen Herzen des Münsterlandes, direkt an der Werse, umgeben von einem wunderschönen Park, liegt das Romantik Hotel Hof zur Linde, dessen Anfänge bis auf das Jahr 1648 zurückreichen. Zwei mächtige, 250-jährige Linden flankieren das historische Stammhaus, in dem einst Postkutschen und Reiter Rast machten. Heute sind es Erholungsuchende und Tagungsteilnehmer, die im Hof zur Linde einkehren: der vorzüglichen Küche wegen, um den Alltag hinter sich zu lassen oder beides zusammen. Schon beim Betreten macht sich ein Gefühl von Wohlbehagen und stilvoller Gemütlichkeit breit, die die Atmosphäre des Vier-Sterne-Superior-Landhauses nachhaltig prägt. Hektik und Stress kann man getrost gleich beim Empfang abgeben. Romantik pur erlebt der Gast in der wunderschönen Kaminhalle. Alt und Neu wurden hier perfekt kombiniert: rote Decke, modernes Ledersofa, historischer Gussofen, Schachbrettfliesen. Das ist Auszeit vom Alltag.

Neben dem wunderschönen Ambiente und der warmherzigen Gastlichkeit wird das von Familie Löfken mit viel Herz und Seele geführte Domizil besonders für seine exzellente Küche gerühmt. Küchenchef Oliver Windau ist bekannt für seine ideenreichen Kulinarien, die zwischen zeitgemäß leichter und traditionell regionaler Küche angelegt sind. Gemeinsam mit seiner sechzehnköpfigen Brigade kreiert er so kulinarische Köstlichkeiten wie ein Carré vom Hirsch an Holundersauce mit Pfifferlingen und Schupfnudeln oder

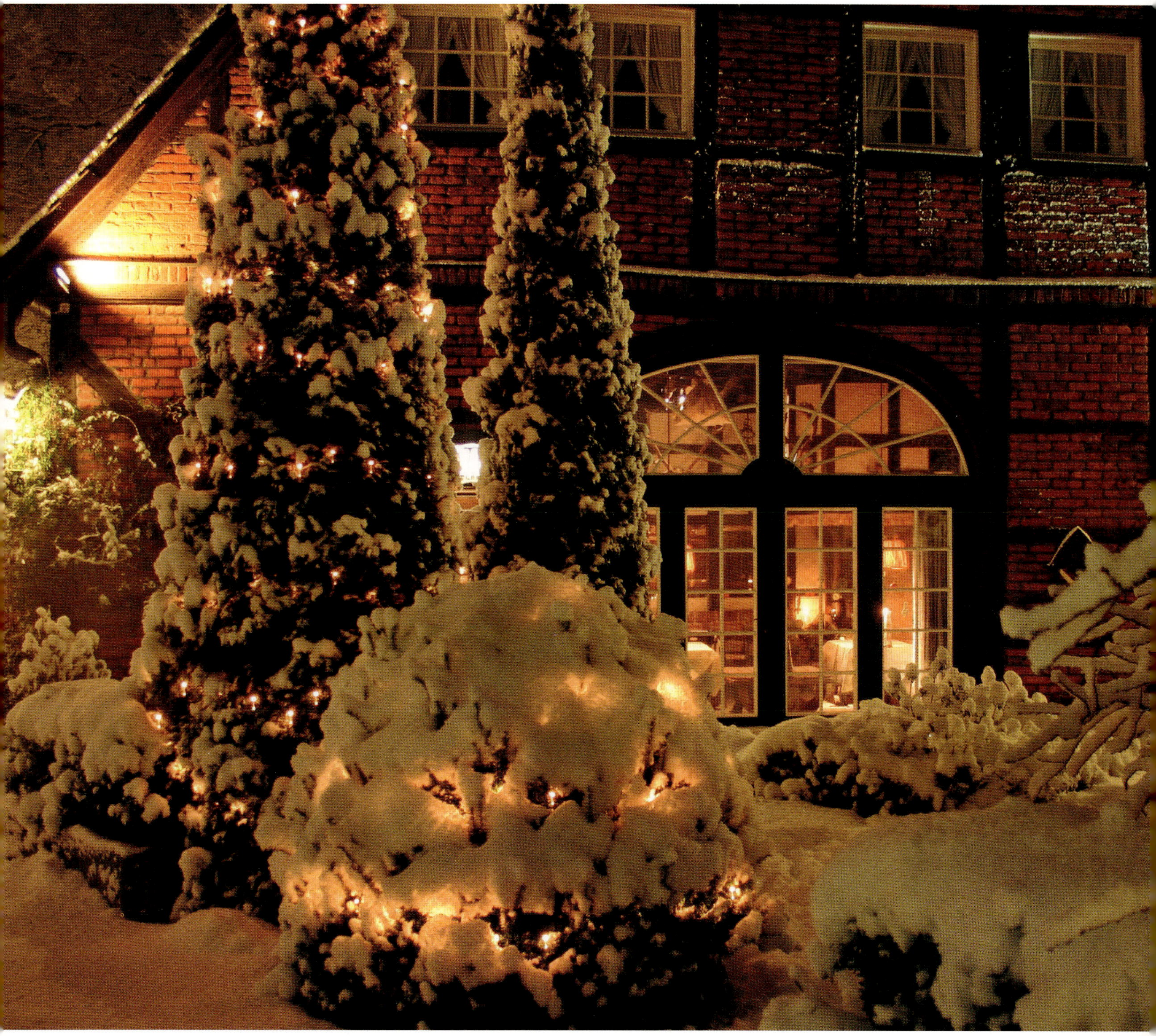

ROMANTIK HOTEL HOF ZUR LINDE

gebratenen Steinbutt mit Trüffelsauce, Blumenkohlpüree und Romanesco. Gourmets geraten bei der hausgemachten Consommé von der Strauchtomate mit geräucherter Entenbrust ins Schwärmen. Liebhaber westfälischer Küche genießen eine geschmorte Schweineschulter auf Spitzkohl. Und in der kalten Jahreszeit spielt das Thema Wild natürlich eine Hauptrolle – zumal der junge Gastgeber Heiko Löfken, genau wie Seniorchef Otto Löfken, leidenschaftlicher Jäger ist und das Wild in der eigenen Jagd geschossen wird. Zum Schlafen zieht man sich in eines der 49 komfortablen Gästezimmer, Appartements oder Suiten zurück, die alle individuell und originell eingerichtet sind: mal rustikal in Eiche oder hell-freundlich in Pinienholz. Mal träumt der Gast im Himmelbett, mal im Alkoven oder in modern gestylten Betten mit Superformat. Ganz wie es beliebt. Zur hochwertigen Ausstattung gehören Dusche oder Badewanne, Fön, Bademantel, Hausschuhe, Safe, Hosenbügler, Minibar, Selbstwahltelefon und W-LAN. Auf unsterblich Verliebte wartet das „eigene Landhaus" in Form zweier kleiner Fischerhäuser unmittelbar am Werseufer. „Wellness auf Westfälisch" erleben die Bewohner der wunderbaren Spa-Junior-Suiten, die alle über Sauna, Wärmebank, Whirlpool und Erlebnisduschen im privaten Ambiente verfügen. Damit Gäste das romantische Zusammenspiel aus herrlicher Lage, wunderschönem Wohlfühlambiente, exzellenter Küche und familiärer Gastlichkeit in vollen Zügen genießen können, hat Familie Löfken attraktive Packages für diverse Anlässe zu jeder Jahreszeit geschnürt. Einfach mal die Homepage besuchen.

Romantik Hotel
Hof zur Linde
Inhaber: Familie Löfken
D-48157 Münster-Handorf
T: 02 51 / 3 27 50
F: 02 51 / 32 75 13
info@hof-zur-linde.de
www.hof-zur-linde.de
Öffnungszeiten Küche:
12.00 – 14.00 Uhr und
18.30 – 21.00 Uhr (Abendkarte), 21.00 – 23.00 Uhr
(kleine Abendkarte)
Ruhetag: 23. und 24. 12.
Preise: DZ ab 137 Euro,
Suiten ab 187 Euro, Kreditkarten: American Express,
Diners Club, Eurocard, Visa

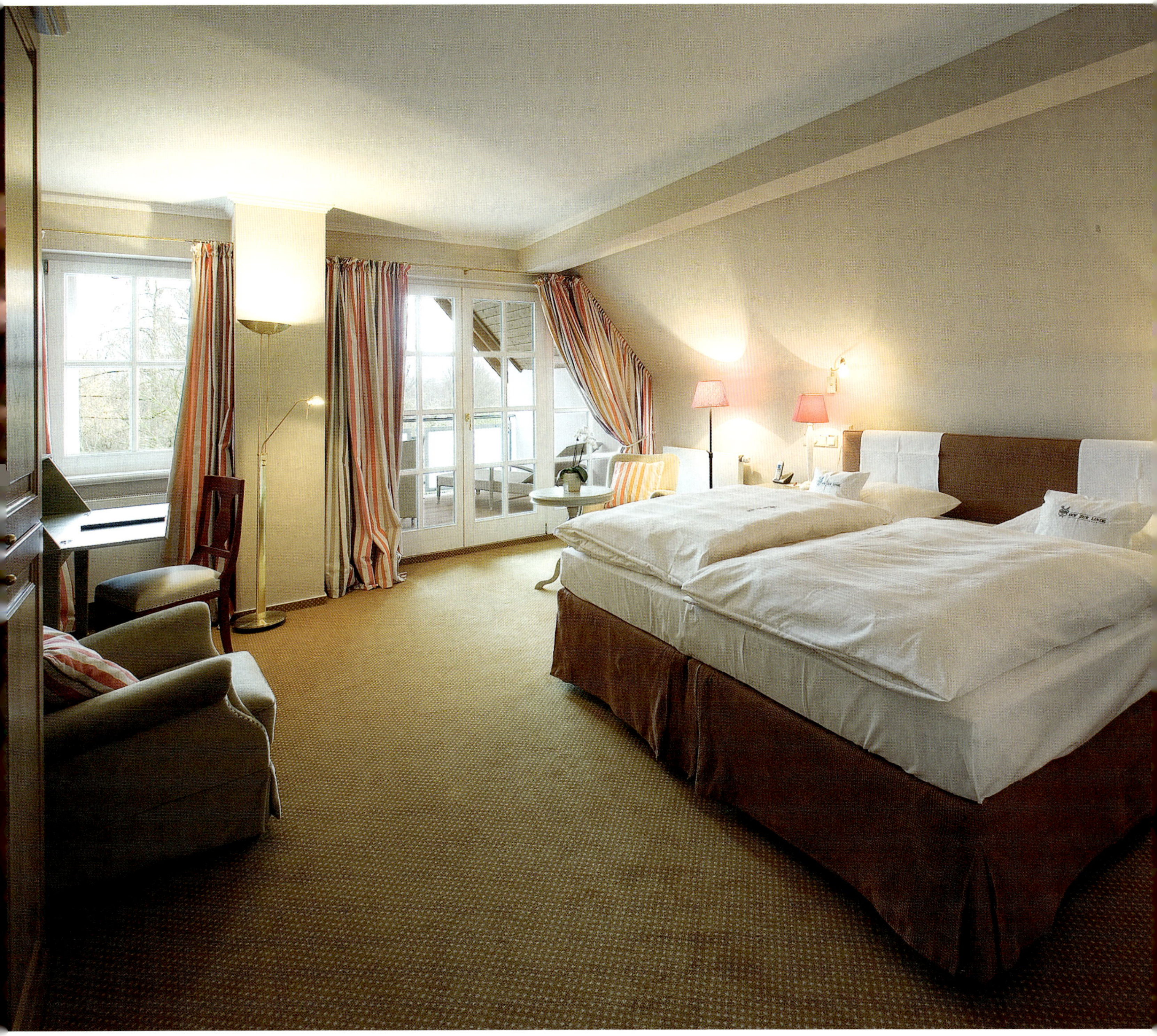

TRAUMHAFTES IDYLL VOR DEN TOREN MÜNSTERS

LANDHAUS EGGERT

Umgeben von Wäldern, wildromantischen Feldern und Wiesen, führt eine der typisch westfälischen Alleen zu dem wunderbaren Landhaus Eggert. Der historische Landsitz versprüht geradezu seine traditionsreiche Geschichte. Wie in einem Märchenroman fühlt man sich rund um das Vier-Sterne-Hotel und mag kaum glauben, dass die Studentenstadt Münster nur wenige Kilometer entfernt liegt. Während in der westfälischen Metropole die historische Altstadt, der Hafen, zahlreiche Museen oder Einkaufsstraßen locken, bietet auch die umliegende grüne Parklandschaft Urlaubern alles, was man sich wünscht: Rings um das Haus liegen Wanderwege und die hauseigenen Fahrräder regen zu Radtouren an. Zudem laden Bauern- und Reiterhöfe, Planwagentouren, Fahrten im Heißluftballon, Kanuexkursionen, Golfplätze und natürlich ein ausgedehntes Netz radelbarer „Pättkes" ein. Zwischen dem Flüsschen Werse und Wallburg-Haskenau liegt das Landhaus Eggert auf einer Anhöhe mit herrlichem Blick über die Werse-Auen. Schon beim Betreten des Hauses spürt man, mit wie viel Liebe zum Detail das stilvolle Interieur gestaltet wurde. Edle hochwertige Materialien, Biedermeiermöbel und eine helle Farbgestaltung schaffen eine herrlich entspannte Wohlfühlatmosphäre, die großen Fenster ermöglichen einen wunderschönen Ausblick auf Wiesen und Weiden, Wallhecken und Wälder. Die 37 individuell eingerichteten Zimmer und drei Suiten verteilen sich über mehrere Häuser und spiegeln die Persönlichkeit des Landsitzes wider. Hier wird westfälische Gastfreundschaft von der Familie Eggert und ihrem Team mit

Nicht nur „hoffnungslose Romantiker" begeistern sich für das Landhaus Eggert.

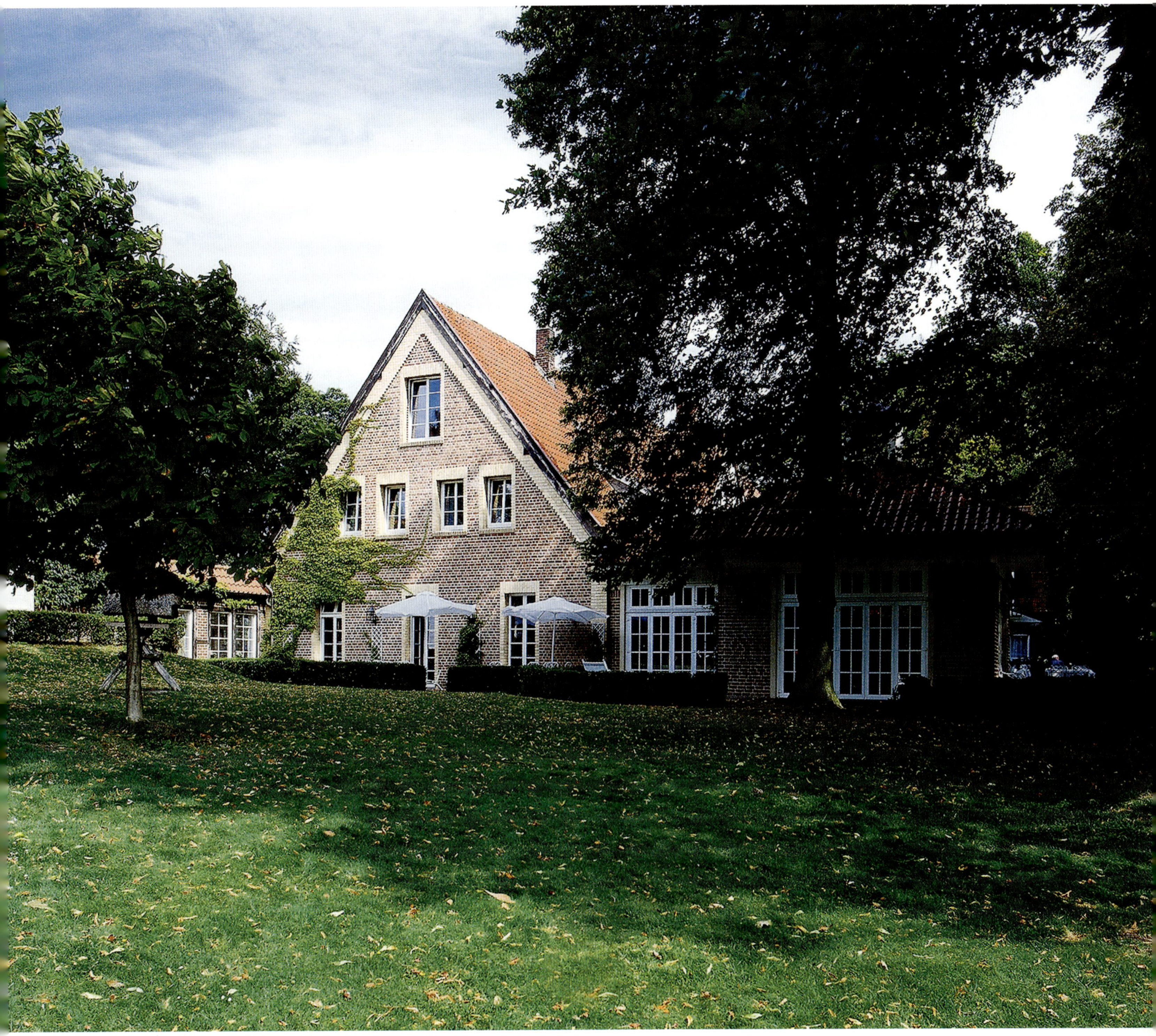

LANDHAUS EGGERT

Leidenschaft gelebt und lässt ein angenehmes und warmes Ambiente entstehen. Ein besonderes Glanzstück stellt das „Wersehäuschen" dar. Das 90 Quadratmeter große Bootshaus liegt etwa 150 Meter entfernt vom Stammhaus romantisch inmitten grüner Natur. Ausgestattet mit Whirlwanne, englischem Kamin, großzügiger offener Küche, Schlafzimmer, Wohn- und Essraum ist es ein wunderbarer Rückzugsort. Das gesamte historische Anwesen wurde erstmals im Jahr 1030 urkundlich als Hofanlage erwähnt. 1850 erwarben es die ersten Eggerts und ab 1965 widmeten sich Heinz und Gerda Eggert ausschließlich der Gastronomie. Nach diversen Um- und Anbauten entstand das heutige Anwesen. In fünfter Generation sind nun Hendrik und Antje-Christina Eggert die Gastgeber im Landhotel, das weit über die Grenzen Westfalens hinaus einen hervorragenden Ruf genießt. „Nach und nach haben wir modernisiert, aber immer den ursprünglichen Charakter berücksichtigt", erzählt der Inhaber. Die ehemaligen Stallungen wurden so in Tagungs- und Seminarräume verwandelt, eine Lounge-Bar entstand und in der kälteren Jahreszeit prasselt behaglich das Feuer im rustikalen Kaminzimmer. Den pulsierenden Mittelpunkt des Hauses bildet die Küche. Küchenchef Dieter Köhlhoff steht für eine internationale Küche mit verfeinerten regionalen Gerichten. Im Gourmetrestaurant „Hof Wesendrup" führt Jörg Meiner Regie, indem er innovative französische Küche mit bewährten westfälischen Spezialitäten raffiniert kombiniert. Der zuvorkommende Service perfektioniert die kulinarischen Erlebnisse. Ein Genuss für alle Sinne bietet auch das Vital-Resort. Sauna, Osmanisches Dampfbad, Erlebnisdusche sowie vielfältige Massage- und Beautybehandlungen streicheln gestresste Seelen.

In feinstem Ambiente begrüßt das neue Restaurant ein anspruchsvolles Publikum.

Für Süßschnäbel: Stachelbeeren mit Schmant im Vanillefond mit Zimteis, garniert mit Butterstreuseln. Westfälische Herrencreme im Baumkuchen mit Mirabellen und Brombeersorbet.

*Ringhotel
Landhaus Eggert
Gastgeber: Antje-Christina
und Hendrik Eggert
Zur Haskenau 81
D-48157 Münster
T: 02 51 / 3 28 04 - 0
F: 02 51 / 3 28 04 - 59
info@Landhaus-Eggert.de
www.landhaus-eggert.de
Zimmerpreise:
67 – 160 Euro*

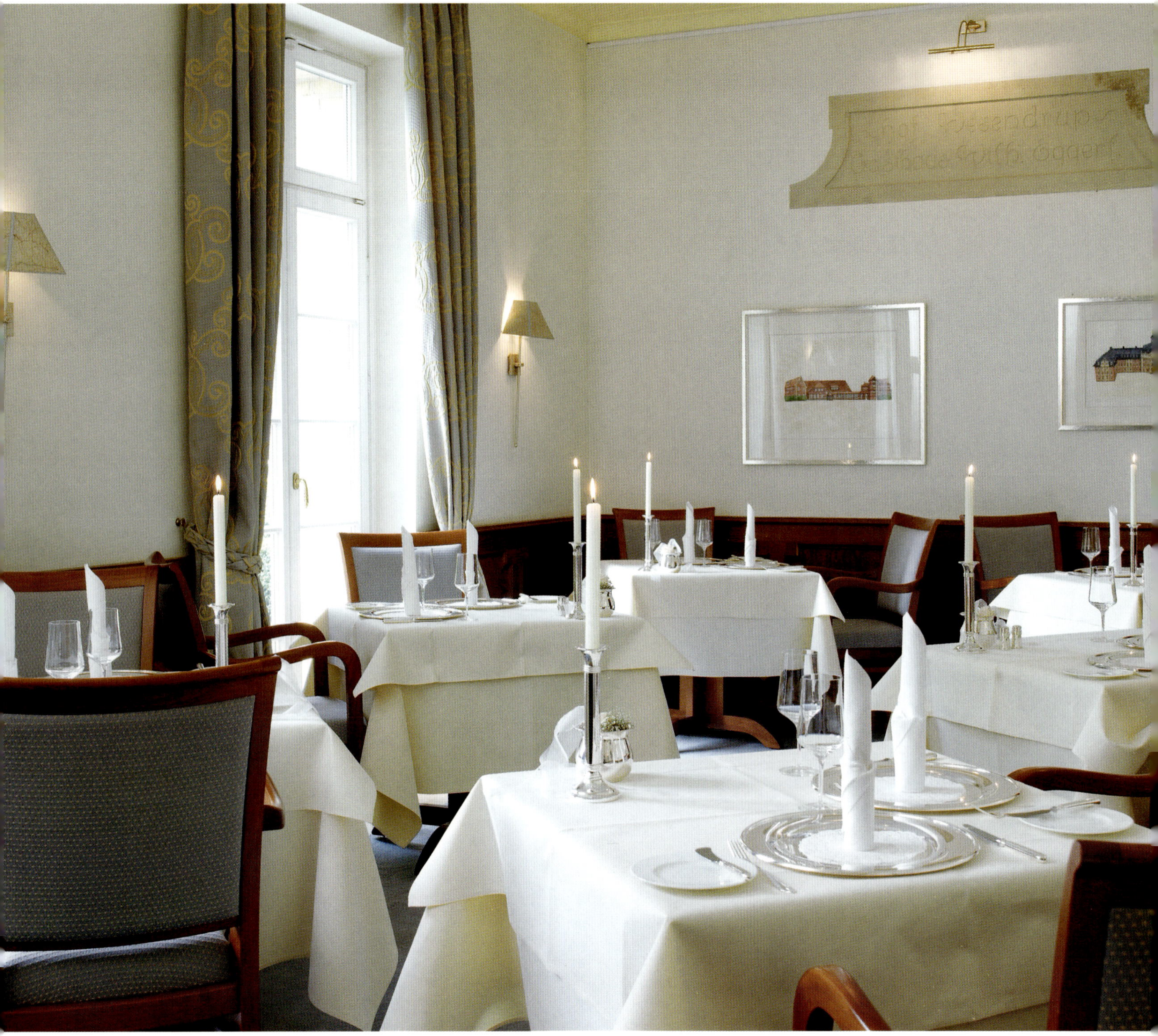

CHARMANTES REFUGIUM ABSEITS DER GROSSSTADT

DER BORNERHOF

Zur Düsseldorfer Messe, zum Flughafen und zum Zentrum sind es nicht einmal 15 Autominuten und sogar Köln ist in 20 Minuten bequem zu erreichen. Doch trotz dieser zentralen Verkehrsanbindung wähnt man sich im Hotel Der Bornerhof wie in einer anderen Welt. Ja, sogar ein bisschen wie in einer anderen Zeit. Denn unweit des Düsseldorfer Ortsteils Hubbelrath scheinen die Uhren anders zu gehen. Schon bei der Anfahrt durch das idyllische Schwarzbachtal mit seinen grünen Wiesen und Feldern bleiben die Hektik und der Stress der Ballungszentren außen vor. Und spätestens auf dem romantischen, 3000 Quadratmeter großen Grundstück, tauchen gestresste Großstädter vollends in die Ruhe und die Beschaulichkeit naturnaher Ländlichkeit ein. Vordergründig natürlich wegen des liebevoll gepflegten Bauerngartens mit seinen mächtigen Baumriesen, immergrünen Buchsbaumhecken, prächtigen Hortensien, Rosen und unzähligen Stauden, die das Grundstück in den Sommermonaten in ein wahres Blütenmeer verwandeln. Umgeben von so viel Idylle, fällt das zauberhafte Backsteingebäude dann erst auf den zweiten Blick ins Auge. Die Ursprünge des ehemaligen landwirtschaftlichen Gebäudes gehen bis auf das 16. Jahrhundert zurück, die herrschaftliche Fassade stammt aus der Barockzeit und der jüngste Teil, die ehemaligen Stallungen, aus den 20er Jahren des letzten Jahrhunderts. Dieses Ensemble aus den verschiedenen Zeitepochen macht den eigentlichen Charme des Hauses aus, ein Charme, dem Gastgeberin Antoinette Funck vor fast zwanzig Jahren auf Anhieb erlegen war. Mit großem Aufwand und unendlich viel Gespür für die Seele der historischen Mauern schuf die Architektin ein geschmack- und anspruchsvolles Domizil, dessen Vorteile nicht nur vielgereiste Geschäftsleute zu schätzen wissen.

Mit nur acht Zimmern und einer großzügigen Suite gleicht Der Bornerhof eher einem Privat-

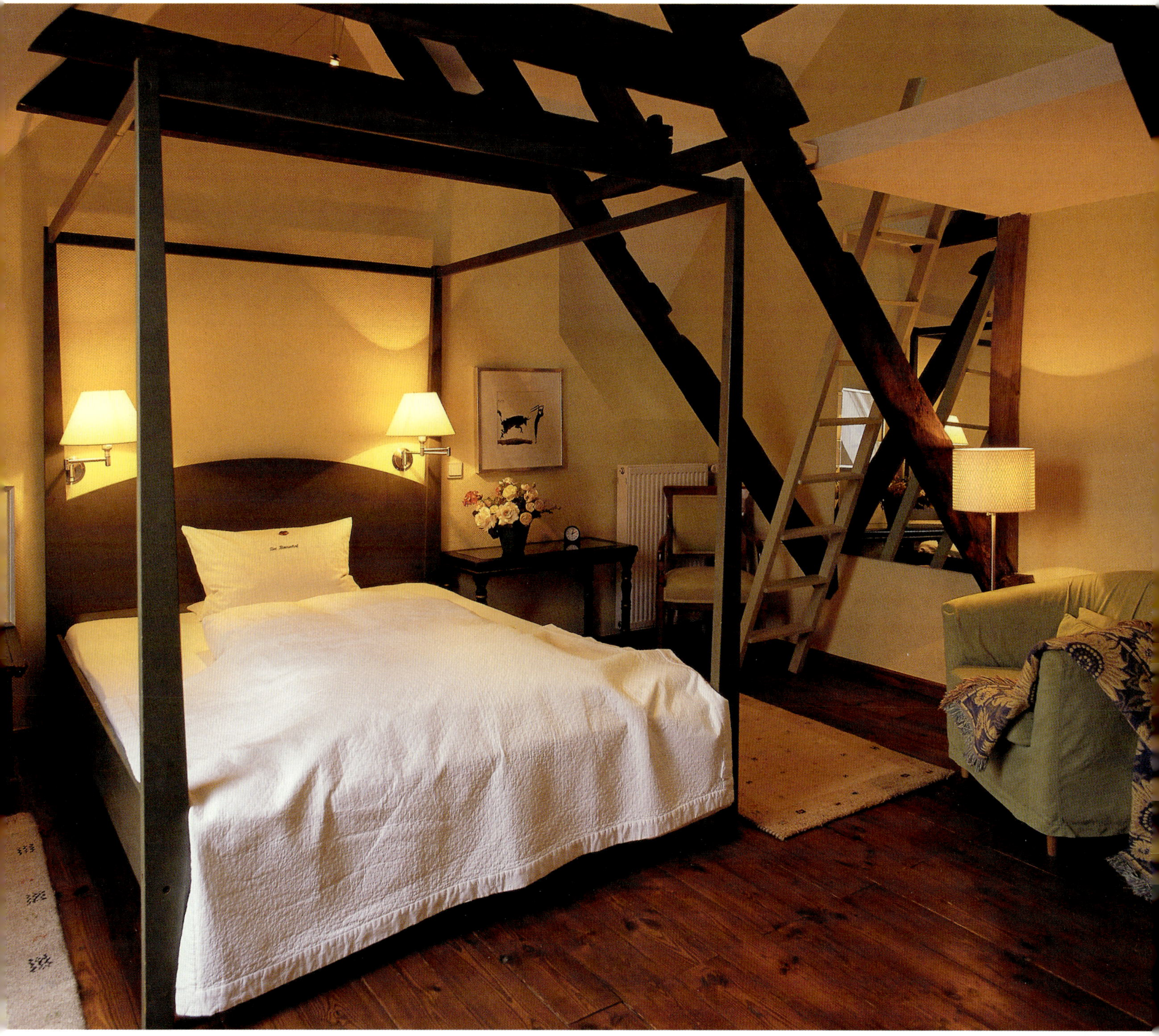

DER BORNERHOF

haus als einem Hotel. Und Antoinette Funck schafft es mit ihrem natürlichen Charme und herzlicher Gastlichkeit spielend, ihren Gästen dieses besondere Gefühl des Privaten zu vermitteln. Jedes Zimmer besticht durch ein individuelles Ambiente im ländlichen Stil. Frische Farben und liebevolle Details unterstreichen den Wohlfühlcharakter, bestens ausgestattete Bäder, Telefon, modernste Hi-Fi-und TV-Geräte bieten Komfort. Wohin man auch schaut, all die Aufmerksamkeiten und Details lassen die Liebe zum Metier erkennen und festigen die Philosophie des Hauses, die den Kontakt, die persönliche Betreuung und das Gespräch von Mensch zu Mensch in den Mittelpunkt stellt. „Bei uns fühlt man sich eher wie bei guten Freunden zu Besuch – vorbildlicher Service natürlich inklusive", erzählt Direktionsassistent Tomas Gerecht-Steinfurth, der sich mit großem Engagement um die individuellen Wünsche der Gäste kümmert. Und so beginnt der Tag mit einem Schlemmerfrühstück, das, ganz nach den persönlichen Vorlieben zusammengestellt, im Kaminzimmer stilvoll am Tisch serviert wird. Wer lieber ganz für sich sein möchte, der kann das Frühstück auch gerne in der Bibliothek oder irgendwo im romantischen Bauerngarten zu sich nehmen. Für einen kulinarischen Abend weiß Tomas Gerecht-Steinfurth natürlich immer genau die richtige Adresse, doch ein Großteil der Gäste bleibt lieber im Haus, genießt den Garten, die anheimelnde Atmosphäre im Kaminzimmer oder in der Bibliothek und lässt sich eine leckere Auswahl an Schinken- und Käsespezialitäten und einen edlen Tropfen aus dem exzellent bestückten Weinkeller schmecken. Die private und sehr intime Atmosphäre des Hauses und der individuelle Service werden auch sehr gerne für exklusive Meetings und kleinen Feierlichkeiten bis 14 Personen in Anspruch genommen.

*Der Bornerhof
Gastgeberin:
Antoinette Funck
Bornerweg 2
D-40882 Ratingen
T: 0 21 02 / 8 04 22
F: 0 21 02 / 8 32 17
mail@der-bornerhof.de
www.der-bornerhof.de
Zimmer: Doppelzimmer
ab 145 Euro inklusive
Frühstück*

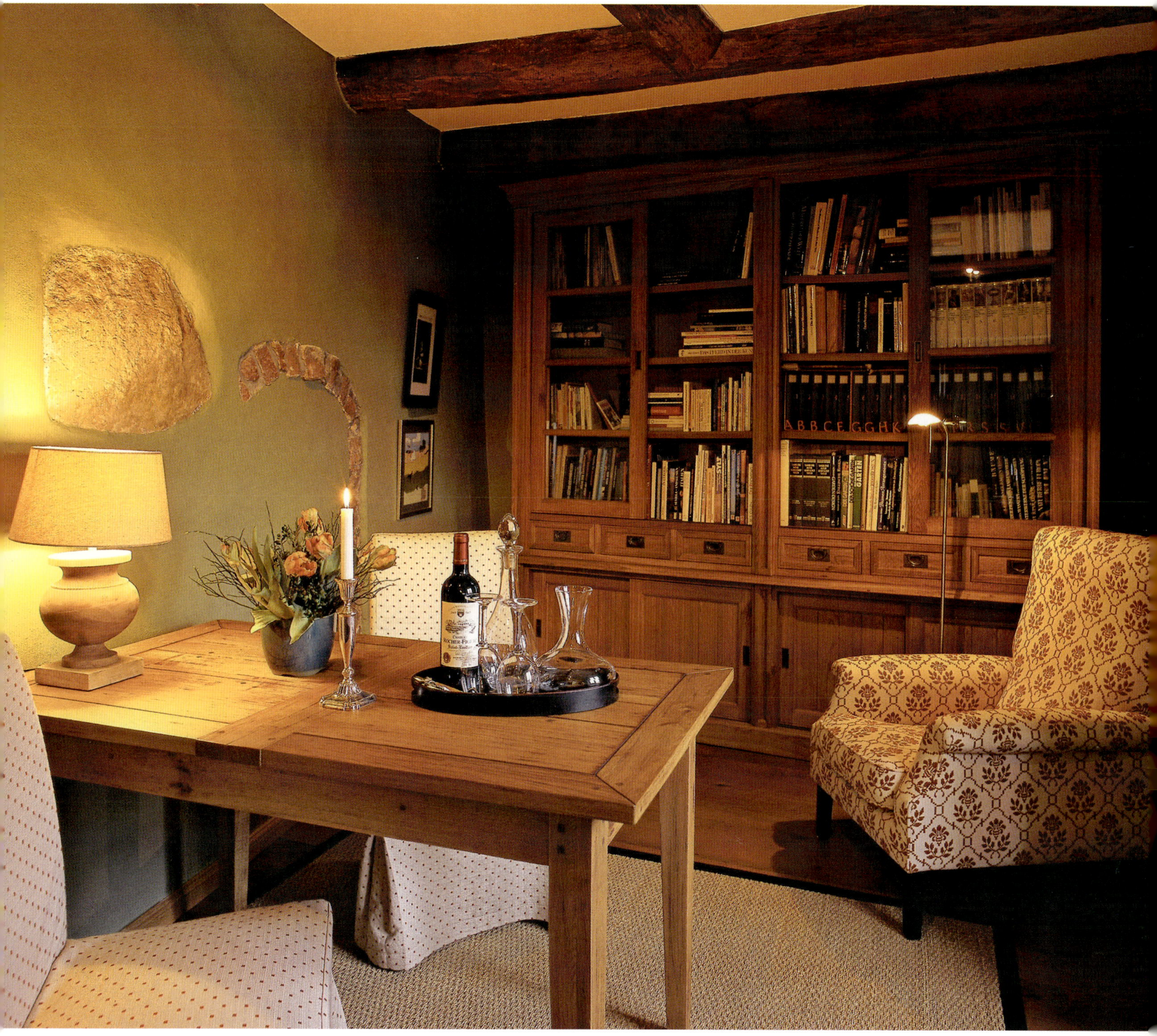

HISTORISCHES WOHNERLEBNIS ZUM WOHLFÜHLEN

WEINROMANTIKHOTEL RICHTERSHOF

Die Mosel zählt seit jeher zu einer der schönsten Flusslandschaften Europas und ist seit der Antike für ihren Wein berühmt. Geprägt von charakteristischen Weinbergen, urtümlichen Wäldern und dem sanften Glitzern des Wassers, kann der Gast sich in dieser Idylle ganz der Erholung und dem Genuss hingeben. Genau hier, im Herzen der Mittelmosel, liegt das „Weinromantikhotel Richtershof", eingebettet in eine weitläufige Parkanlage. Jutta und Manfred Preuß haben mit viel Feingefühl und Gespür für das Besondere eine Symbiose aus ehemaligem Traditionsweingut und exklusivem Hotel geschaffen. Das historische Gebäudeensemble aus Barock, Gründerzeit und Jugendstil wurde zu einem einzigartigen Refugium, das in der Region seinesgleichen sucht. Getreu der Philosophie „Ein Hotel zum Wohlfühlen, eine Gastronomie zum Genießen und Wein zum Erleben" sorgt das herzliche Richtershof-Team mit Hoteldirektorin Andrea Mereu täglich voller Hingabe dafür, dass der Gast in jeder Minute seines Aufenthaltes unbeschwerte, erholsame und kulinarisch genussvolle Momente erlebt.

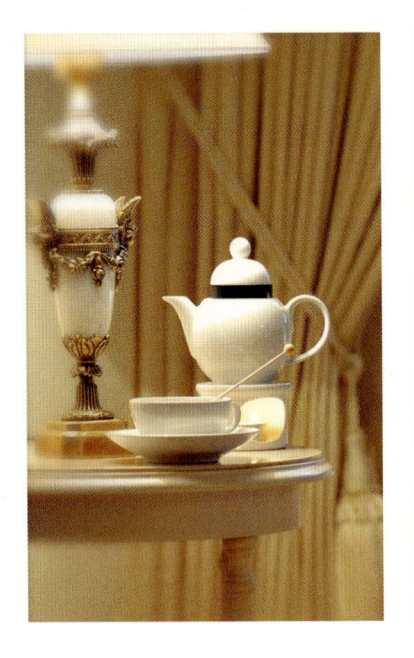

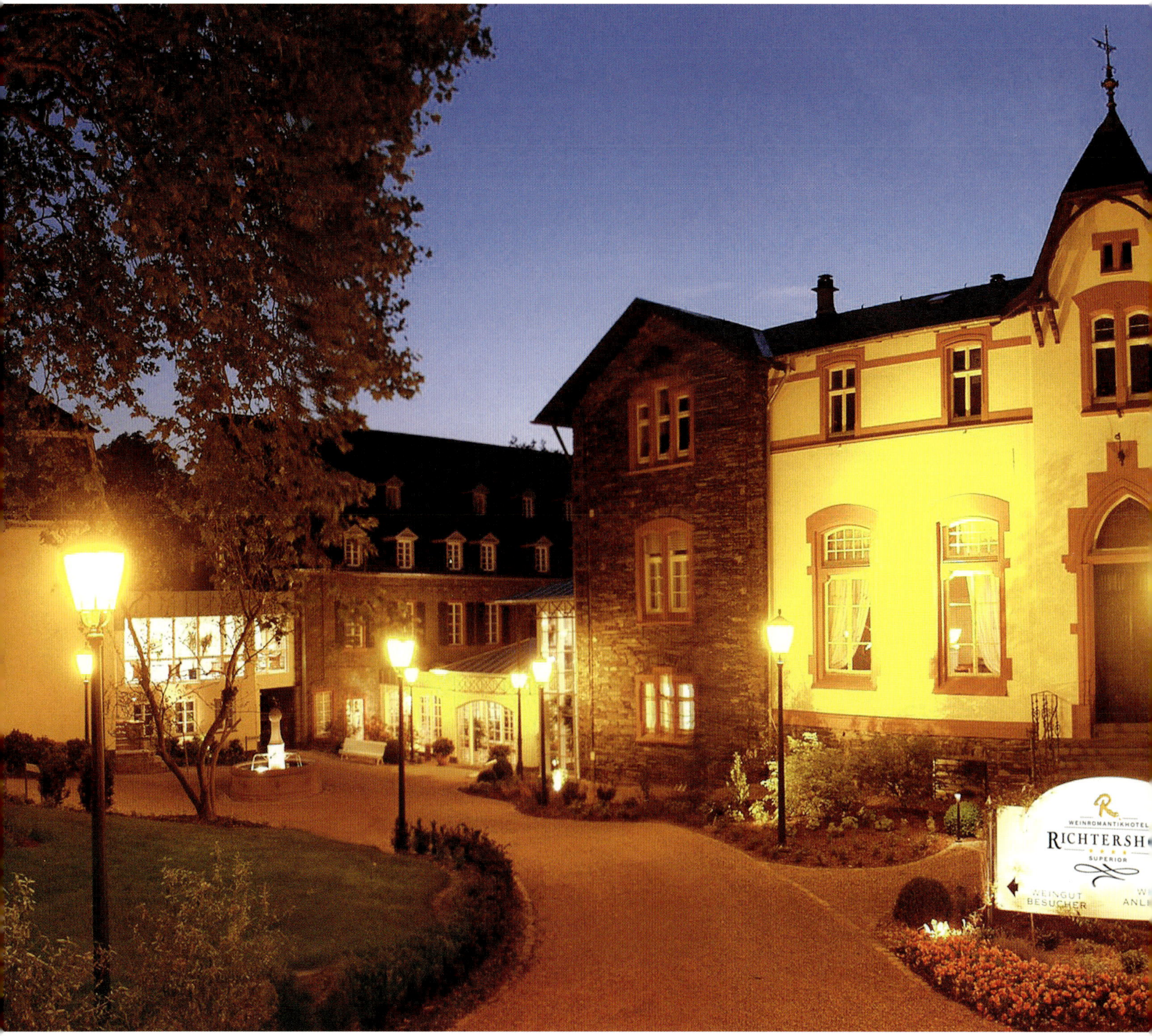
WEINROMANTIKHOTEL
RICHTERSH
SUPERIOR
BESUCHER

WEINROMANTIKHOTEL RICHTERSHOF

Mit seiner Lage ist das „Weinromantikhotel Richtershof" der ideale Ausgangspunkt, um verschiedene regionale Attraktionen wie das mittelalterliche Städtchen Bernkastel-Kues oder Trier, die älteste Stadt Deutschlands, zu entdecken. Wer es dann doch sportlicher mag, findet Abwechslung auf Golfplätzen in der näheren Umgebung oder bei ausgedehnten Radtouren und Wanderungen. Die 43 liebevoll und individuell gestalteten Zimmer erstrahlen in einer reizvollen Mischung aus Tradition und Moderne. Das hochwertige Mobiliar wurde mit viel Hingabe zum Detail mit exquisiten Stoffen, stilvollen Tapeten und vielfältigen Accessoires ergänzt. In der ehemaligen Kelterhalle des Weingutes Richtershof ist heute das Restaurant „Wintergarten Baldachin" mit der „Alten Brennerei" beheimatet, welches täglich ein reichhaltiges Frühstücksbüfett offeriert. Dieses wird in einem originalen Metzgerladen aus dem Jahr 1911 präsentiert. Abends laden diese beiden Bereiche zu raffinierten Menüfolgen im Rahmen vielfältiger Hotel-Arrangements ein. Das Herzstück der Richtershof-Gastronomie ist das Gourmetrestaurant „Culinarium R", welches, getragen von der liebenswürdigen Aufmerksamkeit seiner Gastgeber, kulinarische Genuss-Momente auf höchstem Niveau bereitet. Im Sommer sind die Terrassen im „Romantikgarten" geöffnet und versetzen den Gourmand, kerzenerleuchtet und mit Blick auf historische Schiefermauern und umgebende Weinberge, in eine ganz eigene Welt fernab des Alltages.

Die Bistro-Bar „Remise", die „Ganztages-Bar" im Richtershof, bietet eine besonders heimelige Atmosphäre. Mit der „Davidoff-Lounge", die an englische Herrenclubs erinnert, wurde eine besondere Genussinsel für Zigarrenliebhaber geschaffen.

Entspannung findet man zudem im weitläufigen „Elisenpark" mit seinem alten Baumbestand oder an den verträumten Plätzen des „Romantikgartens" mit Veranda am Seerosenteich, Wasserfall, Duft- und Kräutergarten und Teehaus. Hier zelebriert der Teamaster auf Wunsch auch einen „traditional 5 o'clock afternoon tea".

Klein und fein, edel, elegant und doch kuschelig und gemütlich. So präsentiert sich das „Beauty Atelier" mit dem exklusiven Wellnessbereich „Römisches SPA". Neben klassischen Anwendungen für Gesicht und Körper wird auch die innovative Vinotherapie angeboten. In die faszinierende Welt des Weines kann der Gast abends im „Forum Vinum" eintauchen. Im über 300 Jahre alten Fass- und Säulenkeller laden international bekannte Winzer der Region regelmäßig zu Verkostungen ihrer Weine ein und vermitteln dem Gast bei romantischem Kerzenschein viel Wissenswertes rund um den guten Tropfen.

Weinromantikhotel Richtershof
Inhaber: Jutta und Manfred Preuß
Direktorin: Andrea Mereu
Hauptstraße 81–83
D-54486 Mülheim/Mosel
T: 0 65 34 / 94 80
F: 0 65 34 / 94 81 00
E-Mail:
info@weinromantikhotel.de
Internet:
www.weinromantikhotel.de
Zimmerpreise: 95 – 375 Euro inklusive Frühstück

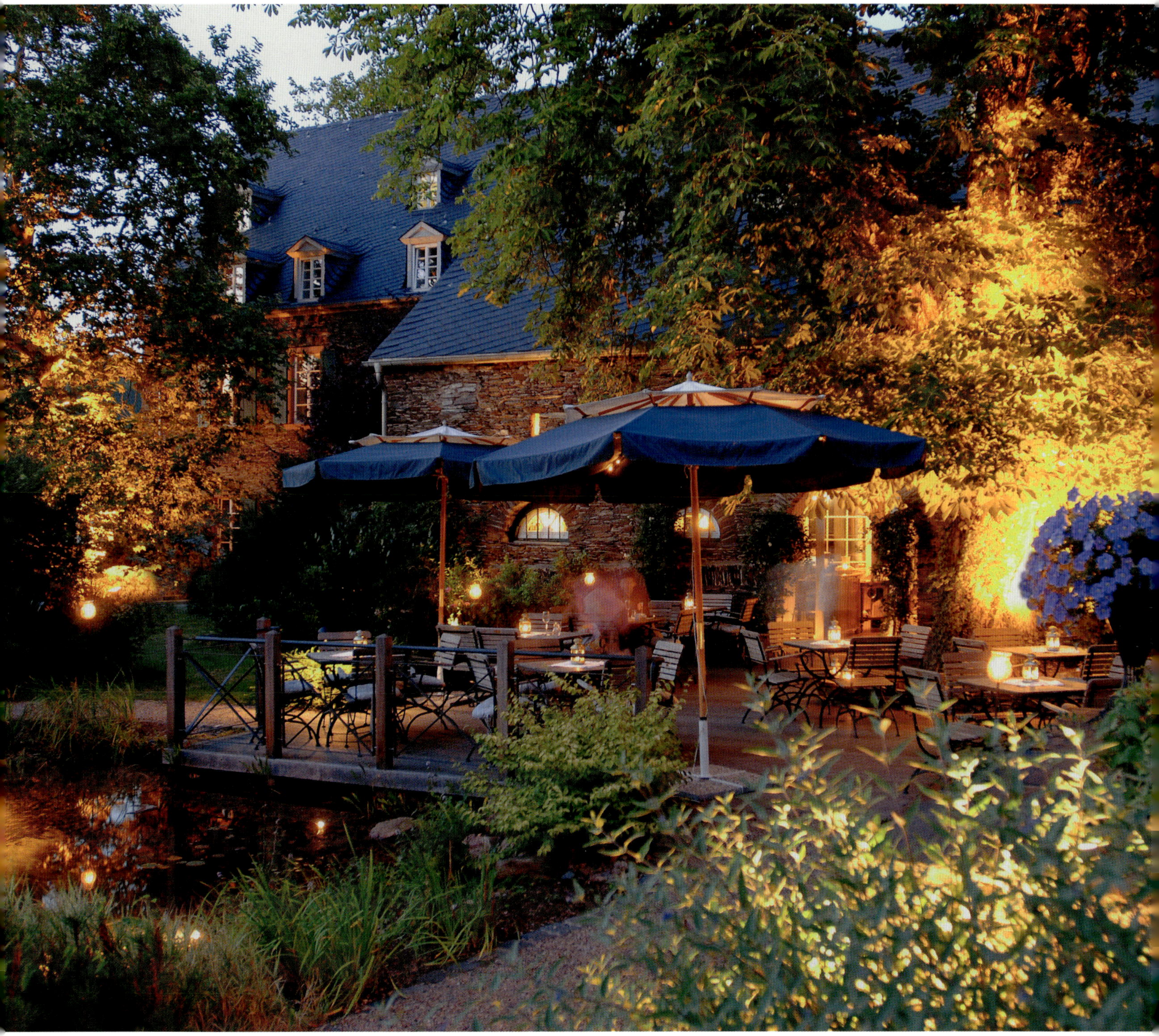

IN EXPONIERTER LAGE ÜBER DEM RHEIN

ROMANTIK HOTEL SCHLOSS RHEINFELS

*I*ch weiß nicht, was soll es bedeuten, dass ich so traurig bin, ein Märchen aus uralten Zeiten, das kommt mir nicht aus dem Sinn. Die Luft ist kühl und es dunkelt, und ruhig fließt der Rhein; der Gipfel des Berges funkelt im Abendsonnenschein." Schon Heinrich Heine konnte sich 1823 der Faszination der alten Natur- und Kulturlandschaft des Mittelrheins nicht entziehen und machte die Loreley so weltbekannt.

Heute ist der Mittelrhein als UNESCO-Weltkulturerbe anerkannt und steht für eine malerische Flusslandschaft, in der mittelalterliche Städte mit alten Fachwerkhäusern und von Burgen gekrönte Rebgärten ein romantisches und stadtfernes Fluidum vermitteln.

Die Kingsize-Betten garantieren höchsten Schlafkomfort.

Einen Traumblick auf die Loreley genießt man, sobald man das Romantik Hotel Schloss Rheinfels als Logis- und Genuss-Adresse für einen Tag oder mehrere gewählt hat. Die Lage des Refugiums könnte nicht exponierter sein: stolz thront das Schlosshotel auf einer Anhöhe in St. Goar am Rhein und offeriert alle Annehmlichkeiten eines inhabergeführten Vier-Sterne-Superior-Hotels.

Hinter den historischen Mauern erwartet den Gast besonderes Mittelalter-Flair, das seine zauberhafte Individualität nicht verleugnet. Getragen wird es durch erlesene Antiquitäten, Gemälde sowie edle Details.

Alle 64 Zimmer im Schloss als auch in der Jugendstilvilla, darunter vier Suiten, sowie die vier Appartements auf Gut Rheinfels, nur 200 Meter vom Hotel entfernt, zeigen sich mit ausgesuchten Farben und Stoffen stilvoll und individuell eingerichtet. Hinter den alten Mauern steckt modernste Technik: Das Hotel wurde als erstes in Deutschland komplett elektrosmogfrei bzw. -arm gestaltet.

Auch Anhänger feiner Genüsse brauchen im Haus auf nichts zu verzichten. Bereichert wird das attraktive gastronomische Profil durch das Fine-Dining-Restaurant „Silcher Stuben". Benannt nach dem Komponisten des berühmten Loreley-Liedes Friedrich Silcher, erwarten den

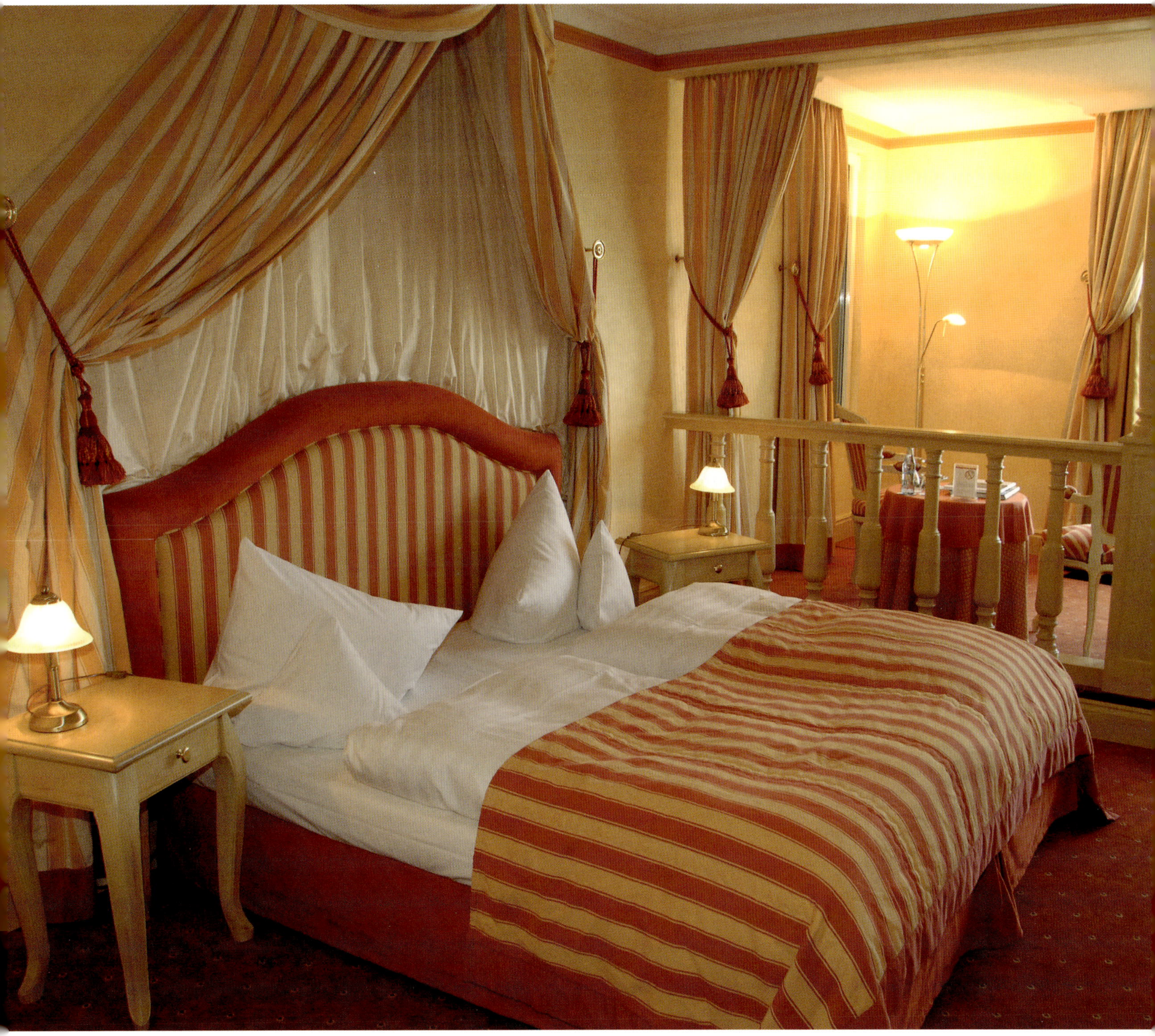

ROMANTIK HOTEL SCHLOSS RHEINFELS

Gast in den „Silcher Stuben" kulinarische Spitzenleistungen von Küchen- und Eurotoques-Chef Frank Aussem und seinem Team. Unter den Blicken Silchers, der in Form eines Ölgemäldes eine Wand des Restaurants ziert, speisen die bis zu 22 Gäste an sieben runden Tischen. Optisch bestechen die „Silcher Stuben" durch helle Farben, Parkettfußboden und eine niveauvolle Ausstattung im Landhausstil, die Bezug auf die Zeit der Rheinromantik, in der Silcher das Loreley-Lied komponierte, nimmt. Mit seinem Design hebt sich das neue Gourmetrestaurant vom sonst eher klassisch-antiken Flair des Romantik Hotels Schloss Rheinfels ab. Serviert wird eine höchst anspruchsvolle, regionale und saisonale Küche mit frischen Produkten aus dem Hunsrück, für die das Vier-Sterne-Superior-Hotel bereits als „à la région"-Betrieb zertifiziert wurde. Angeboten werden zwei Sieben-Gänge-Menüs, die individuell auf bis zu vier Gänge reduziert werden können. Jeweils korrespondierende Premium-Weine – bevorzugt aus dem Weltkulturerbetal der Loreley – stehen im Keller des historischen Schlosshotels ebenfalls bereit. „Mit den ‚Silcher-Stuben' möchten wir in eine Restaurantkategorie vorstoßen, die in dieser Form im Welterbetal Mittelrhein noch nicht besetzt ist", so Gerd Ripp, Eigentümer und Direktor des Romantik Hotels Schloss Rheinfels. Kulinarische Philosophie in den „Silcher Stuben" ist es, Bewährtes noch besser zu machen und nicht durch Exotik zu glänzen. Direktor und Küchenchef setzen dazu auf Attribute wie „Aromendichte", „Authentizität" und „Ehrlichkeit", gepaart mit Innovation. Die neuen „Silcher Stuben" ergänzen das gastronomische Angebot des Hotels zu dem bestehenden Schloss-Restaurant „Auf Scharffeneck" sowie der urigen Burgschänke „Der Landgraf" und bieten Gästen so die Wahl zwischen rustikaler, regionaler und gehobener Feinschmeckerküche.

Integriert ins alte Schlossgemäuer findet der Entspannung Suchende im Wellnessbereich „AusZeit" auf 500 Quadratmetern Ruhe und Entspannung. Zu den Einrichtungen gehören ein großer Pool mit Gegenstromanlage, Außentauchbecken, eine Finnische Sauna, Außensauna mit Rheinblick, ein Dampfbad, Tepidarium, Wellness-Lounge mit Ruheliegen, Kuschel-Kissen-Bar, Brain-Light-Oase und Solarium. Im gesamten Wellnessbereich wird energetisiertes Wasser ausgeschenkt. Für sportliche Betätigungen steht der Fitnessraum „Folterkammer" mit antiquierten Geräten aus dem frühen 20. Jahrhundert zur Verfügung. Ein umfangreiches Massage-, Beauty- und Wellnessangebot verwöhnt die Gäste mit Pflegeprodukten der Firma „Babor", bevor die Liegewiese mit Rheinblick zum Entspannen einlädt. Sportlich Ambitionierte und Naturliebhaber kommen in der direkten Umgebung auf ihre Kosten: Das Romantik Hotel Schloss Rheinfels liegt zentral an zwei bedeutsamen Wanderwegen im „UNESCO-Welterbe Mittelrhein" und grenzt unmittelbar an die Wälder des Hunsrücks. „Wondervelos" (Fahrräder mit Elektro-Nabenmotor) sowie Motorroller können gegen Gebühr ausgeliehen werden. Zwei Tennisplätze befinden sich in direkter Nähe des Hotels, zwei Golfplätze sind per Auto zu erreichen.

Fitnessraum „Folterkammer" mit antiquierten Geräten aus dem frühen 20. Jahrhundert.

*Romantik Hotel Schloss Rheinfels, Schlossberg 47
D-56239 St. Goar am Rhein
T: 0 67 41 / 80 20
F: 0 67 41 / 80 28 02
info@schloss-rheinfels.de
www.schloss-rheinfels.de*

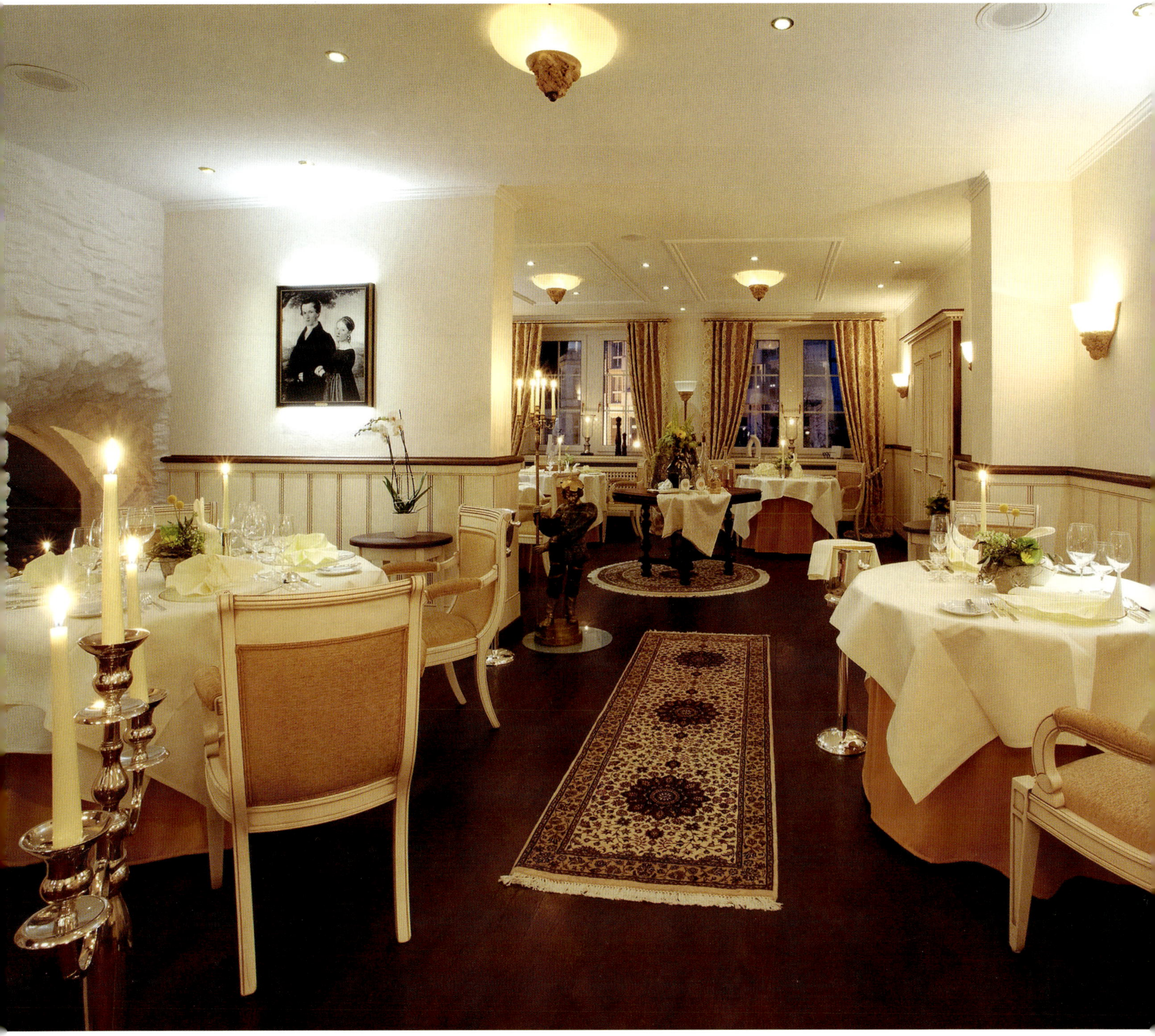

EIN HISTORISCHES REICH DER STILLE MITTEN IM WALD

LANDHAUS BÄRENMÜHLE

Eine herrliche ursprüngliche Stille, nur unterbrochen von dem Rascheln der Tiere, Singen der Waldvögel oder Plätschern des Baches. Das stilvolle Landhaus Die Bärenmühle liegt in idyllischer Alleinlage eingebettet zwischen Wald und Wiesen in einem bezaubernden Naturschutzgebiet am Rande des Nationalparks Kellerwald. Unweit der Kurstadt Bad Wildungen in der wunderschönen Naturlandschaft der Edersee-Region besinnt man sich hier auf die Ursprünglichkeit, auf das Wesentliche und wohnt in einem liebevoll restaurierten Gehöft, das unter Denkmalschutz steht. Bereits im 16. Jahrhundert wurde die Mühle in Urkunden erwähnt, heute beherbergt das Fachwerkgehöft ein kleines, aber feines Landhotel. Die Zimmer, Suiten und Wohnungen im gemütlichen Landhausstil verteilen sich auf das Wohnhaus von 1850, das historische Scheunenhaus und das Hugenottenhaus. Alle Räumlichkeiten sind individuell nach Themen und Personen benannt und eingerichtet, die in der Geschichte des Tales und seiner Umgebung eine Rolle gespielt haben. Der elegante Stil der ein Dutzend Doppelzimmer, Suiten und Wohnungen entsteht durch eine Mischung aus Antiquitäten, Biedermeiermöbeln, Eichenparkettböden, raffiniert ausgewählten Accessoires sowie restaurierten Bauernbetten. Das historische Scheunenhaus beherbergt eine gemütliche Kachelofenhalle mit kleiner Hausbibliothek für alle Gäste sowie zwei Seminar- bzw. Festräume. Überall finden sich kleine Nischen und Rückzugsräume, in denen man erholsame Stunden verbringen kann, so dass der Alltag in weite Ferne rückt. Der Küchenchef zaubert kulinarische Köstlichkeiten mit nordhessisch-französischem Esprit auf den Tisch – eine Hommage an die Hugenotten, die im 17. Jahrhundert als französische Glaubensflüchtlinge in die Region kamen, mit passenden Weinen aus der Region der Mühlen-Vorfahren. Das alles ist hausgemacht aus frischen, vorwiegend regionalen Zutaten – und das schmeckt man. Auch das Wellnessprogramm Der Bärenmühle ist die reinste Natur: Wanderwege, die direkt vor der Haustür beginnen, und Radtouren, deren Wege sich durch liebliche Wiesentäler, vorbei an alten Mühlen, Burgen, Kirchenruinen und verträumten

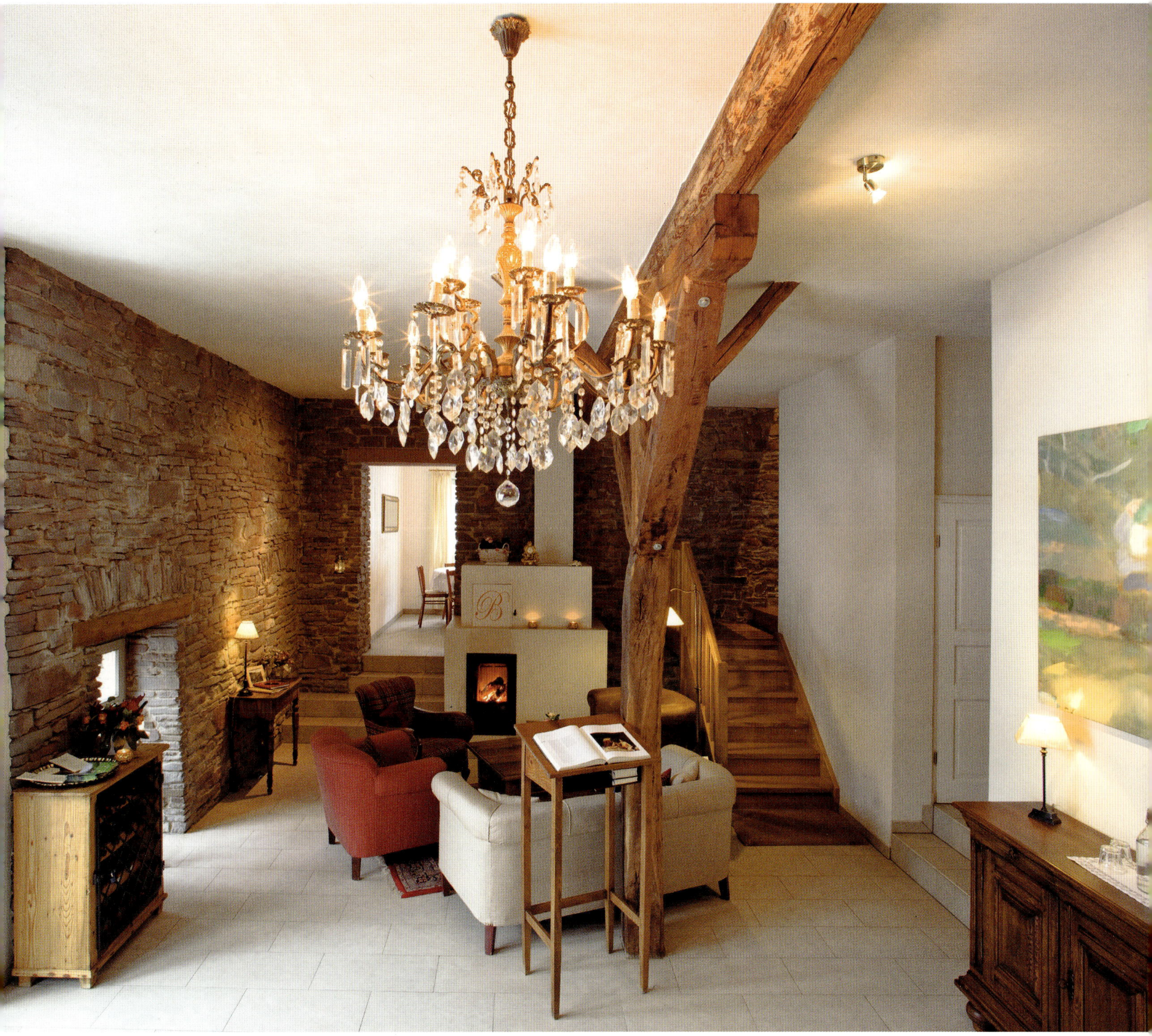

LANDHAUS BÄRENMÜHLE

Dörfern schlängeln. Nach einer ruhig durchschlafenen Nacht beginnt der sportive Tag mit einem Sprung in den großen Schwimmteich hinterm Haus. Danach lohnt der Weg zum „Wellnest" beim alten Hühnerhaus mit einem Saunahaus mit kaminbeheiztem Ruheraum sowie Massageangeboten. Bei Pilates-Übungen oder Ayurveda-Anwendungen kommt der Körper entspannt zur Ruhe. Nur wenige Autominuten entfernt, warten auf Golf-Liebhaber zwei landschaftlich sehr schön gelegene Golfplätze. Die Gastgeberinnen arrangieren auch gerne spezielle Angebote wie Lesedinner und andere Kulturveranstaltungen im Rahmen des „Cultur-Clubs Bärenmühle". Im alten Pferdestall ist passend dazu der „Bärenladen" untergebracht, in dem Gäste geschmackvolle Kleinigkeiten, Wohnaccessoires und ausgesuchte Lebensmittel aus dem Lengeltal mit nach Hause nehmen können. Zugleich dient der Stall als Atelier für Bettina Kohl, die unter ihrem Künstlernamen Mensch stilvolle Lederkleidung und nützliche Lederaccessoires entwirft. Dieses Konzept spricht sich herum: Auf der Plattform „Brigitte.de" gilt Die Bärenmühle als einer der 50 Geheimtipps für Kurzreisen in Europa und wird zudem für Urlaub mit Kindern empfohlen. Sanfte Hügel, bewaldete Lagen im Wechsel mit blumenbunten Wiesen und Äckern, durchzogen von weitverzweigten Bachtälern – der Naturpark Kellerwald-Edersee liegt mitten in einer einzigartigen Mittelgebirgslandschaft mit idyllischen Walddörfern. Das saubere Gewässer des Edersees ist mittlerweile zu einem beliebten Ferien- und Badeziel geworden. Besonders im Ostteil des Sees wird gesurft, gesegelt und geangelt. Historische Städte wie Bad Wildungen, Frankenberg oder Bad Arolsen bilden den kulturellen Rahmen dieser noch nicht überlaufenen Urlaubsregion.

Die charmant-persönlichen Zimmer sind im modernen Landhausstil gehalten und verbreiten in dem denkmalgeschützten Anwesen eine liebevolle Atmosphäre.

*Die Bärenmühle GmbH
Geschäftsführung:
Ilse Kohl
Bärenmühle
D-35110 Frankenau
T: 0 64 55 / 75 90 40
F: 0 64 55 / 75 90 422
info@baerenmuehle.de
www.baerenmuehle.de
Zimmerpreise:
je nach Kategorie
87 – 247 Euro*

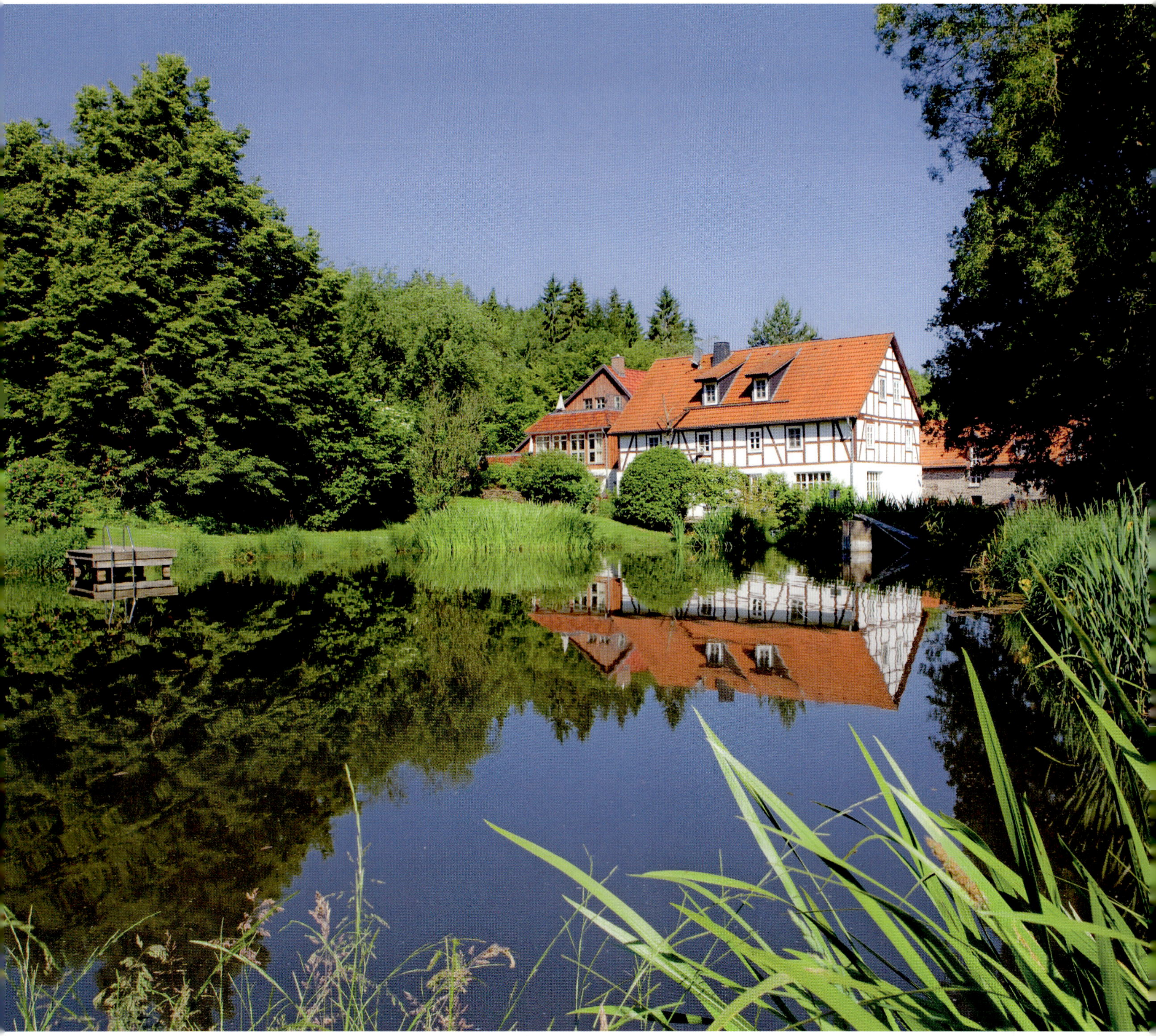

MÄRCHENHAFTES WOHN- UND GENUSSERLEBNIS

KRONENSCHLÖSSCHEN

Der Rheingau mit seinen Weinbergen, alten Schlössern und Burgen sowie verträumten Ortschaften lädt zum Erholen, Genießen und Entdecken ein. Im malerischen Winzerörtchen Hattenheim, zwischen Weinbergen und Rhein, erhebt sich das Kronenschlösschen. Inmitten eines wunderschönen üppigen Privatparks mit altem Baumbestand liegt eines der schönsten Landhotels Deutschlands. Mit viel Fantasie erweckte Hans B. Ullrich nach dem Kauf im Jahr 1990 das Anwesen, seinerzeit baufällig und einsturzgefährdet, aus dem Dornröschenschlaf, als er erkannte, welches Juwel er vor Augen hatte. Mitte des 19. Jahrhunderts von einem Frankfurter Galeristen errichtet, nutzten Künstler das prachtvolle Gebäude zum Wohnen wie auch zum Ausstellen ihrer kreativen Arbeit. Rund hundert Jahre später, in den Jahren 1947/48, konferierten Konrad Adenauer und Theodor Heuss wochenlang in der heutigen „Turmsuite", um das deutsche Grundgesetz vorzubereiten. Zwei Jahre lang sanierte Hans B. Ullrich mit viel Liebe zum Detail das Anwesen, indem er die historische Substanz des Anwesens erhielt und gleichzeitig mit Komfort und Technik der modernen Zeit ausstattete. Dieser feine Drahtseilakt ist hervorragend gelungen. Die 18 Zimmer und Suiten erhalten ihren romantisch-stilvollen Charme durch eben diese raffinierte Mischung aus Historie und heutigem Zeitgeist. Inmitten von hochwertigem Mobiliar, kombiniert mit Antiquitäten, prächtigen Farben und edlen Stoffen, fühlt man sich wie eine Hoheit in einer anderen Zeit. Wahrhaft luxuriös und buchstäblich auf die Spitze getrieben wird dieses Wohnerlebnis in der Turmsuite, in der man wie ein König wohnt. Das Bett mit Baldachin im Schlafzimmer verspricht himmlische Träume. Ein begehbarer Kleiderschrank, das stilvoll eingerichtete Wohnzimmer mit offenem Kamin, ein Marmorbad mit Whirlpool und Dusche sowie höchster technischer Komfort laden zum Entspannen und Verweilen ein. Vom Turmzimmer aus genießt der Gast einen wunderbaren Ausblick auf den Rhein, auf dem Balkon kann man herrlich in den Tag träumen oder ihn ausklingen lassen. Ein engagiertes freundliches Team sorgt dafür, dass

Wer hier logiert, der erlebt hohe Wohnkultur.

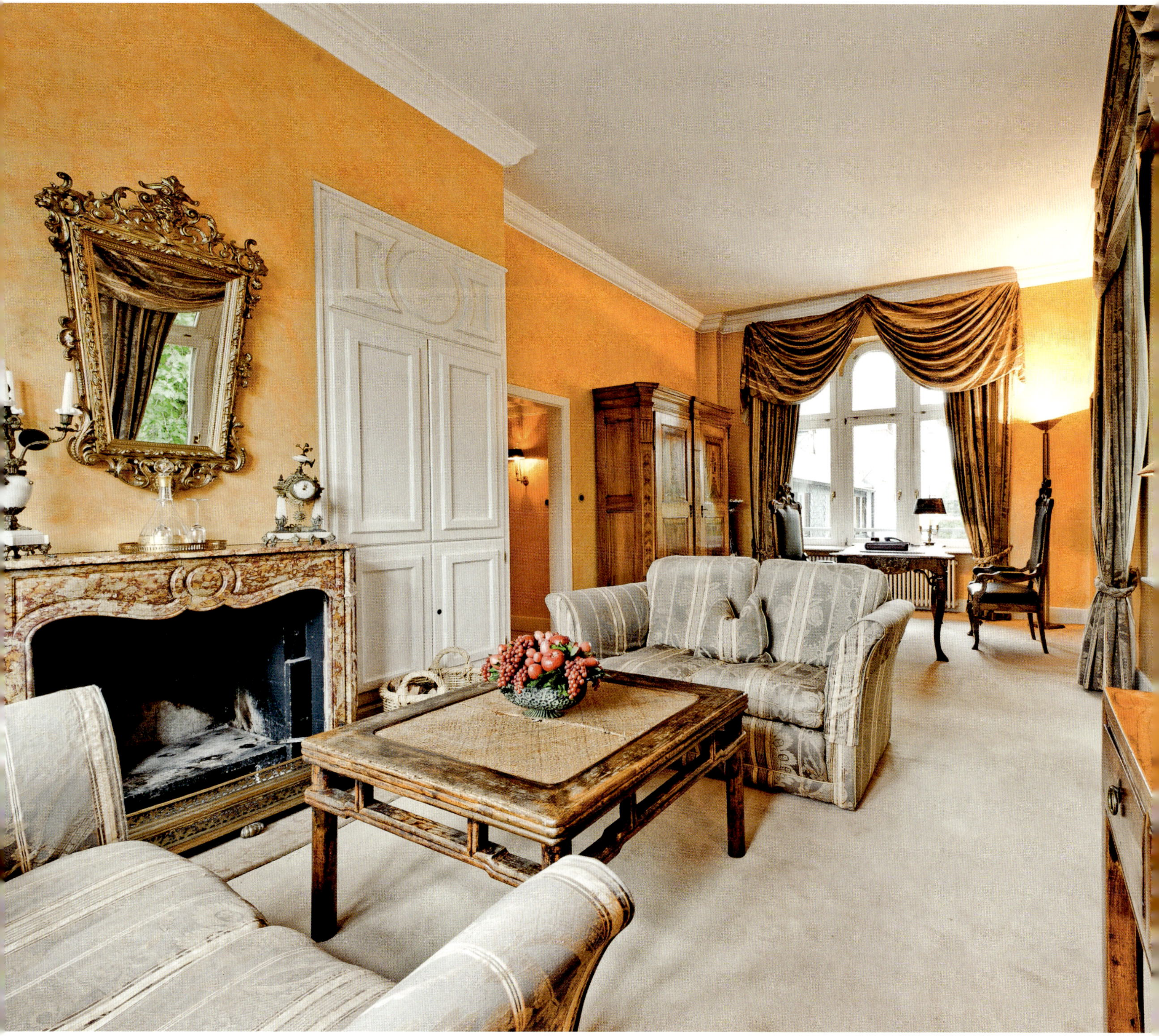

KRONENSCHLÖSSCHEN

sich die Gäste einfach rundum wohlfühlen können. Sternekoch Patrik Kimpel verwöhnt seine Gäste mit modern interpretierten, raffinierten Kreationen. Seine Devise lautet: „Kochkunst und Weingenuss gehören zusammen." So bezieht der Küchenchef auch die Weine der Region, Rieslinge und Spätburgunder, in seine Menükreationen ein. Zu den Speisen bedient sich die Kronenschlösschen-Küche aus einem der renommiertesten Weinkeller Deutschlands, gepflegt vom Inhaber Hans B. Ullrich. Mehr als 1000 Positionen zieren die Weinkarte, die bereits vielfach ausgezeichnet wurde, u.a. als „Beste Weinkarte Deutschlands" (Gault Millau) und als „Beste Riesling-Weinkarte in Deutschland" (Metternich). Das elegant herrschaftliche Anwesen mit seinen königlichen Räumlichkeiten bietet sich ideal für Feiern jeglicher Art und Tagungen an. Einmal pro Jahr – immer im Frühjahr – tummeln sich Drei-Sterne-Köche aus aller Welt im königlichen Ambiente des Kronenschlösschens: Bereits zum 16. Mal wird vom 23. Februar bis 7. März 2012 das RHEINGAU GOURMET & WEIN FESTIVAL stattfinden: eine große Show für den Rheingau – und für die Gäste.

Das Kronenschlösschen empfängt den Gast mit feiner Gourmandise, edlen Tropfen und herzlicher Gastfreundschaft. Perfekter Rahmen für die Cuisine von Patrik Kimpel: das stilvolle Restaurant.

*Kronenschlösschen
Inhaber: Hans B. Ullrich
Rheinallee
D-65347 Eltville-Hattenheim
T: 067 23 / 64 - 0
F: 067 23 / 76 63
info@kronenschloesschen.de
www.kronenschloesschen.de
Zimmerpreise:
130 – 390 Euro*

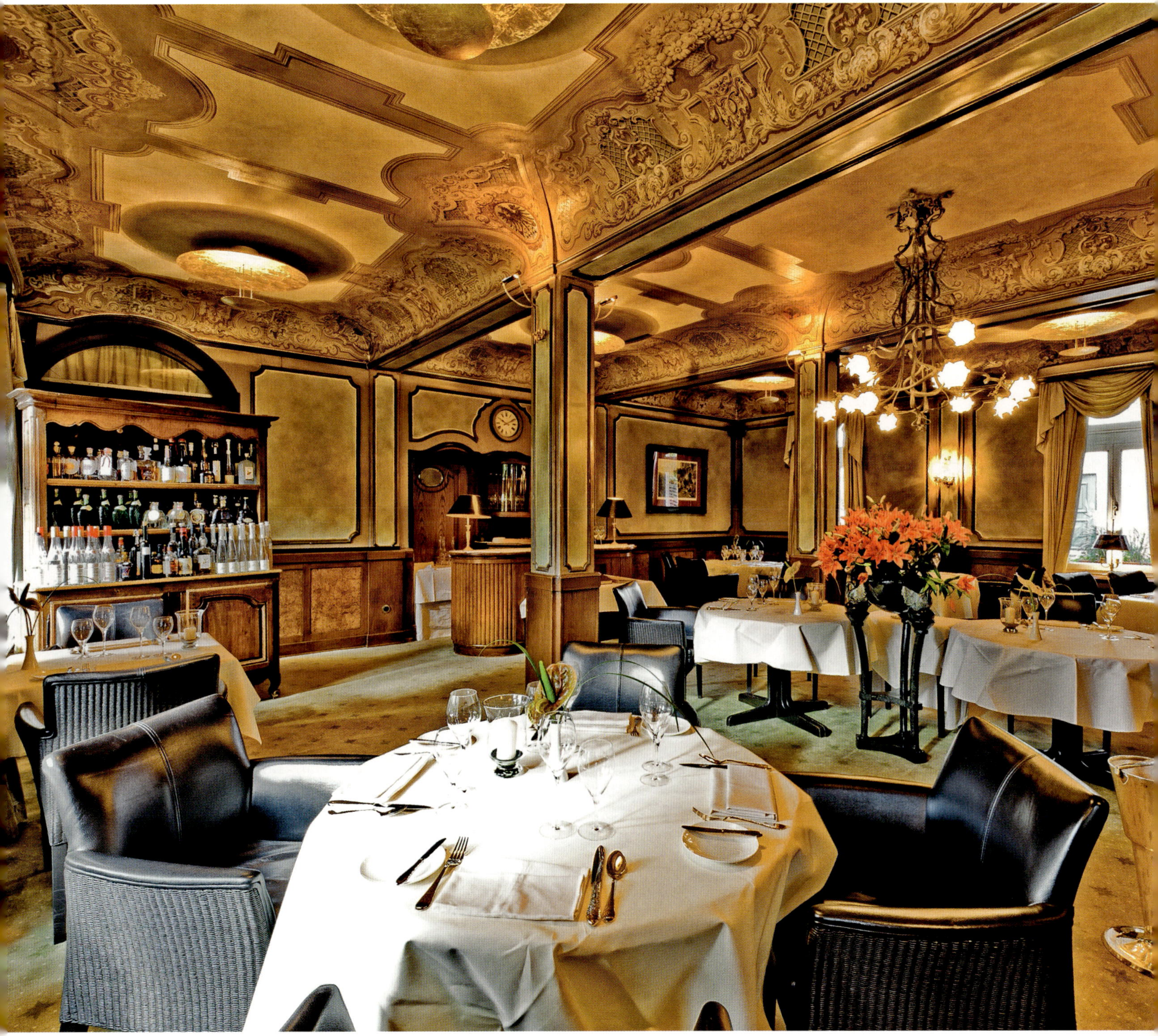

GENUSSREISE INS HERZ DES FRÄNKISCHEN WEINLANDES

HOTEL VIER JAHRESZEITEN

Wie beschwingt vom Wein ändert der Main immer wieder seine Richtung, wenn er an den Weinbergen zwischen Spessart, Rhön und Steigerwald vorbeiströmt. Das magische Dreieck, das er dabei bildet, ist das Fränkische Weinland. Ein liebenswertes Fleckchen Erde, das seinen ganz besonderen Reiz hat. Zum einen wegen der Vielfalt an Freizeit- und Erholungsmöglichkeiten und dem sonnenreichen Klima. Vor allem ist es aber die inspirierende Verbindung von Wein und Kultur, die Urlaub im Fränkischen Weinland so einzigartig macht. Eine Verbindung, die sich im Hotel Vier Jahreszeiten von ihrer sinnenfreudigsten Seite zeigt. Mitten im historischen Ortskern von Volkach, der zauberhaften Weinstadt an der Mainschleife, entpuppt sich das im Jahr 1605 als repräsentative Residenz für Valentin Echter, dem Bruder des damaligen Fürstbischofs von Würzburg, errichtete Anwesen als architektonisches Juwel im Stil der Renaissance. Nach einer wechselvollen Geschichte als fürstbischöflicher Amtssitz, Landgerichtssitz und Amtsgericht nahm Antje Schmelke-Sachs 2006 die Geschicke des Hauses in die Hand und schuf ein Kleinod individueller Gastlichkeit und entspannender Ruhe. Mit viel Gespür für die Seele des Anwesens und einem ausgeprägten Sinn für schöne Kleinigkeiten hat die Hotelfachfrau jedem Raum einen eigenen Stil gegeben. Antike Möbel aus Sammlerhand unterstreichen die individuelle Atmosphäre, ohne dabei den Komfort von heute zu vernachlässigen. Liebevoll arrangierte Feinheiten wie handgemachte Seifen, hausgemachtes Gebäck und Annehmlichkeiten wie ein À-la-carte-Langschläferfrühstück bis in die frühen Abendstunden, Selbstverständlichkeiten wie W-LAN im ganzen Haus und verfügbare Laptop-Stationen und zu guter Letzt ein Brett feinster Käsekreationen als Betthupferl für jeden Gast unterstreichen die besondere Wohlfühlatmosphäre. Mit großem Engagement kümmert sich die Gastgeberin persönlich um das Wohl ihrer Gäste: „Ich wünsche mir, dass meine Gäste entspannt sind, sobald sie das Haus betreten. Sie sollen die Ruhe, die das Haus bis in den kleinsten Winkel ausstrahlt, ausgiebig auf sich wirken lassen und ihren

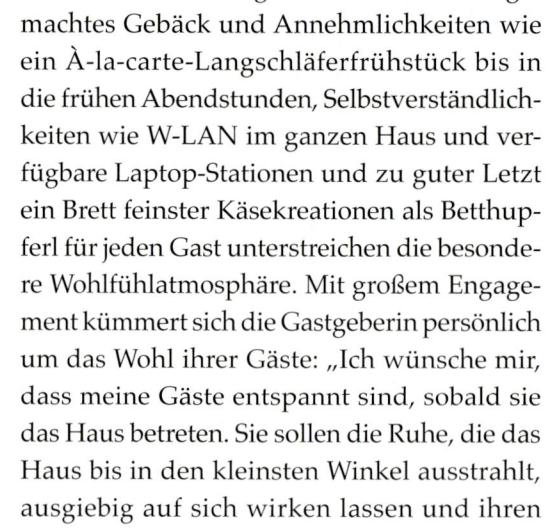

Der Geschichte des Hauses begegnet man auf Schritt und Tritt.

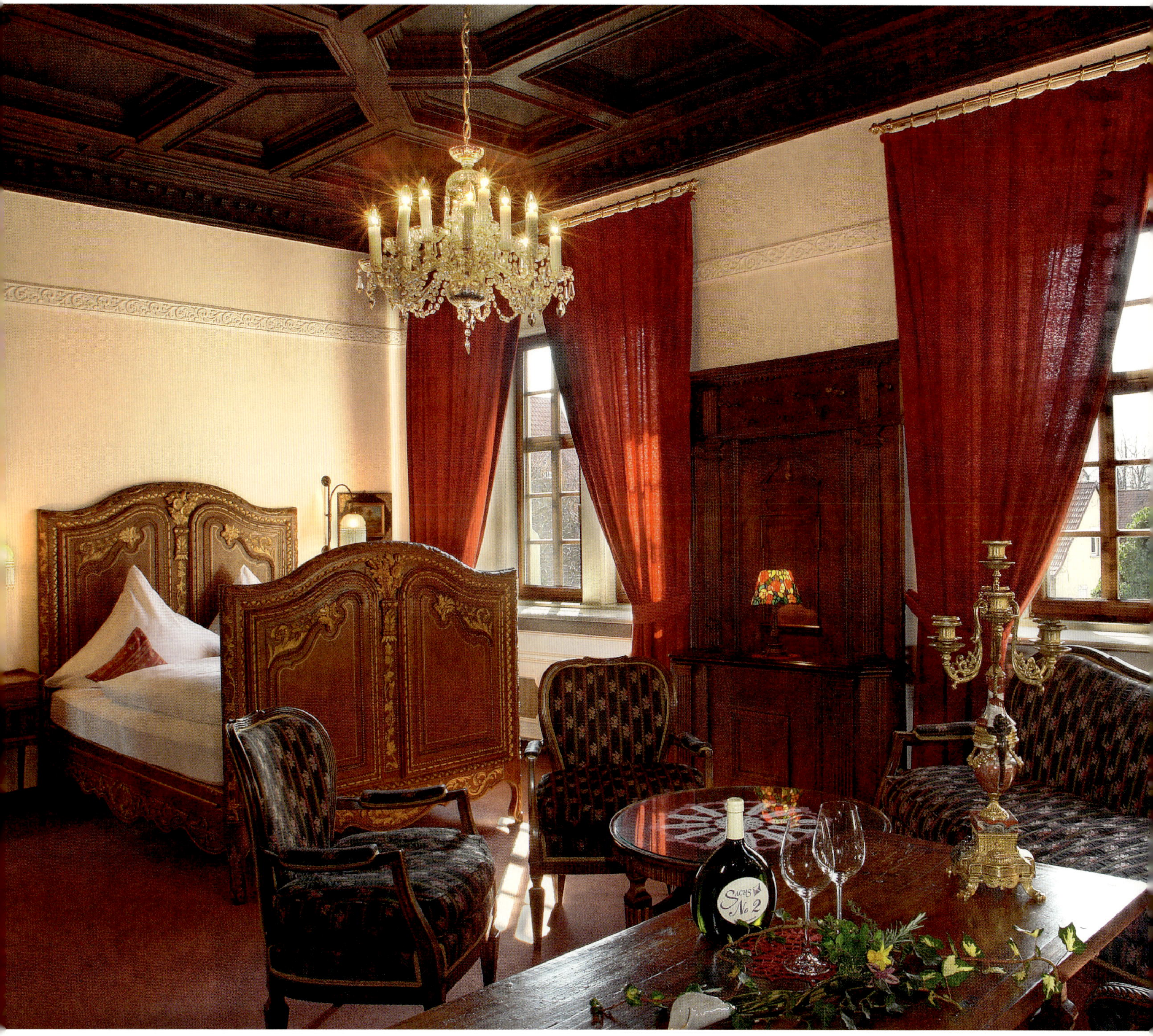
SACHS
No 2

HOTEL VIER JAHRESZEITEN

Aufenthalt von der ersten bis zur letzten Minute dem Genuss verschreiben." Dem Genuss der entspannten Atmosphäre der Zimmer, der Natur und der Kultur des Fränkischen Weinlands, für dessen Entdeckung Antje Schmelke-Sachs jede Menge Insider-Tipps parat hat, und natürlich des Kreativ-Frühstücks, das die Herzen selbst anspruchsvollster Frühstücksfans höher schlagen lässt. Denn der Zusatz „kreativ" ist bei der ersten Mahlzeit des Tages wörtlich zu nehmen. Neben ausgefallenen Marmeladen, die die Gastgeberin aus eigens gesammelten Früchten mit raffinierten Gewürzen selbst herstellt, ausgesuchten Schinken- und Salamisorten, feinsten Rohmilchkäsen, frischem, voll gereiftem Obst werden die Gäste zusätzlich jeden Tag mit einer raffinierten Leckerei überrascht. Das kulinarische Geheimnis von Jakobsmuscheln oder einer Entenbrust liegt immer in dem aromatischen Zusammenspiel ausgefallener Gewürze, die in dem hauseigenen Genuss-Shop auch verkauft werden. Am Abend sollte man nicht versäumen, sich in der bezaubernden Weinlounge oder im idyllischen Innenhof einen guten Tropfen schmecken zu lassen. Die Auswahl ist vielfältig und eine weitere Leidenschaft von Antje Schmelke-Sachs, die auch professionell mit den Gästen auf Weinreise durch Franken geht und jährlich eine eigene Weinkollektion herausbringt.

Ein erlebnisreicher Urlaubstag findet bei einem guten Glas Wein im romantischen Innenhof den passenden Abschluss.

*Hotel
Vier Jahreszeiten
Gastgeberin:
Antje Schmelke-Sachs
Hauptstraße 31
D-97332 Volkach
T: 0 93 81 / 84 84 - 0
F: 0 93 81 / 84 84 - 44
info@vier-jahreszeiten-volkach.de
www.vier-jahreszeiten-volkach.de
Zimmerpreise: DZ je nach Aufenthaltsdauer ab 105 Euro*

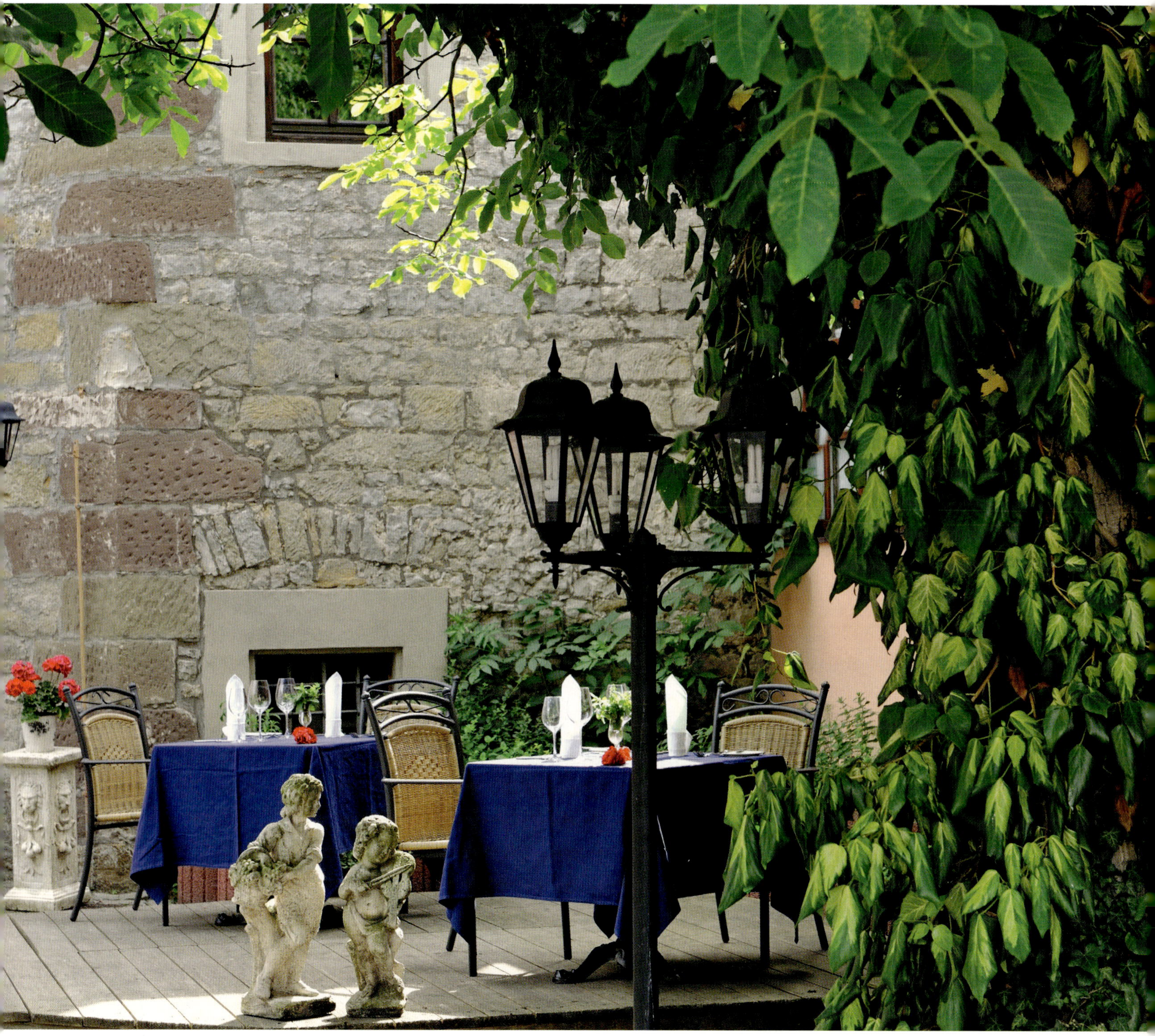

IM ZEICHEN VON WELLNESS UND GENUSS

ENGEL OBERTAL
WELLNESS & GENUSS RESORT

In einem der schönsten Hochtäler des Schwarzwaldes, im heilklimatischen Kurort Baiersbronn-Obertal, schmiegt sich das Fünf Sterne Wellness & Genuss Resort Engel Obertal in die lieblich-hügelige Landschaft aus Tannen und Bergwiesen. Herzlich und dabei ungezwungen, lässt sich die Atmosphäre in diesem schönen Schwarzwald-Hotel am besten beschreiben. Vom ersten Augenblick an entführt das gastliche Refugium in eine Welt, in der Entspannung, Wohlgefühl und die Wärme Schwarzwälder Gastlichkeit den Aufenthalt bestimmen: in den romantischen Zimmern und Suiten, in der Genussatmosphäre der Restaurantstuben und ganz besonders im neuen Vital-Center und natürlich auf „Wolke 7", dem Beauty- und Wellnessparadies des Hauses. Seit Juli 2011 präsentiert sich der „Engel" in Obertal noch attraktiver für alle „Engel-Fans" und solche, die es noch werden wollen: mit einem Vital-Center und dem erweiterten SPA-Paradies „Wolke 7" in neuem Gewand. Auf mehr als 5000 Quadratmetern lockt im Innern des Hauses als auch im Garten eine richtig schöne und vor allem noch großzügigere Wohlfühloase für die kostbare Auszeit vom Alltag.

Ohne innenarchitektonisch kurzlebige Wellnesstrends umzusetzen, wurden die zusätzlichen Ruhe- und Relaxzonen so gestaltet, dass die Gäste „ihren" Engel wiedererkennen und gleichzeitig Neues entdecken können. Die Hanglage, das Spiel mit dem Licht, die Verwendung von passenden Farben und Materialien helfen, Emotionen aufzugreifen, die sich bereits durch das bestehende Haus ziehen. Eine atmosphärische Geschichte wird weitererzählt und zugleich auf neue – moderne – Weise interpretiert. Man kann sogar den Engel in sich selbst entdecken: Von Raum zu Raum tauchen die Gäste immer tiefer in Ruhe und Erholung ein. Dominieren zu Beginn des neuen Bereichs noch helle Farben und bequeme Liegebetten, so nimmt in den nächsten Räumen sanft das Tageslicht ab. Ganz langsam gelingt es, loszulassen. Es herrschen wohlig warme Natur-, erdige Rot- und Goldtöne vor. Und auch die kuscheligen Wasserbetten laden immer mehr zum Schweben

Sechshundert Meter über dem Alltag schmiegt sich der „Engel Obertal" in Baiersbronn-Obertal in die idyllische Schwarzwald-Landschaft ein.

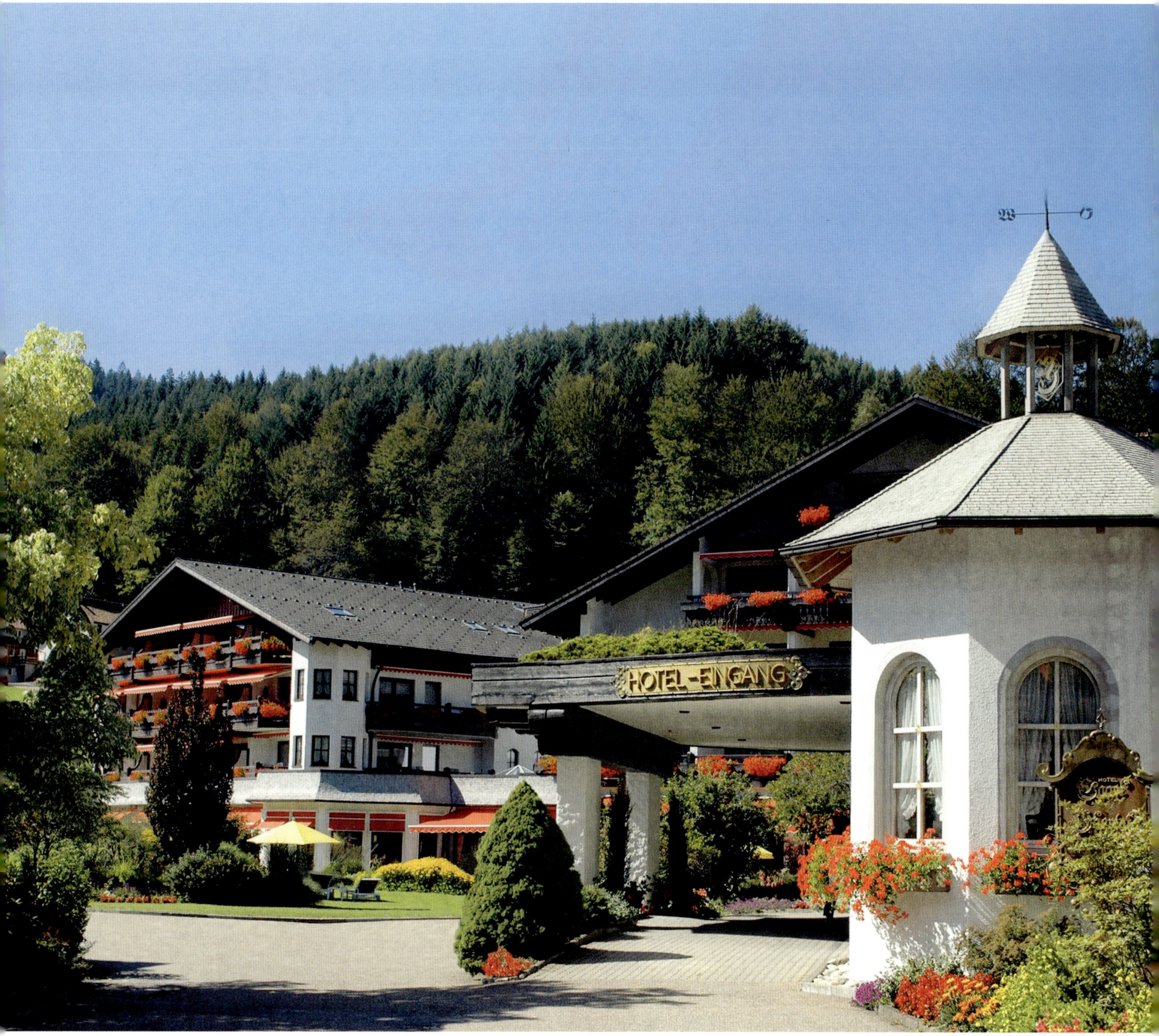
HOTEL-EINGANG

WELLNESS & GENUSS RESORT ENGEL OBERTAL

ein, bis man am Ende der neuen Räume zu wahrer Stille und Tiefenentspannung findet – in der Salzlounge mit hinterleuchteten Wänden aus blauem persischem Salzstein. Auf dem Weg dorthin hat man immer den gläsernen Eingang zum Floatingpool im Blick und nimmt sein Spiegelbild wahr. Und je weiter man geht, je näher man (sich selbst) kommt, löst sich die eigene Silhouette auf: Man erkennt in sich einen Engel. Über dem Floatingpool mit hochprozentiger Sole schwebt eine goldene Engelsfigur – genauso wie man selbst losgelöst und leicht im Salzwasser wie im Toten Meer. Dies ist einfach Genuss für die Seele! Über den neuen Floatingpool mit 34 Grad warmer hochprozentiger Sole hinaus kann sich der Gast im „Engel" nun über „Sieben mal Wasser" freuen. Neben dem vorhandenen 30 Grad warmen Süßwasserbecken zum Bahnen-Schwimmen, einem Innen- und einem Außenpool mit 32 Grad warmem Meersalzwasser begeistern ein neuer Naturbadeteich mit 25-Meter-Bahnen sowie ein Indoor- und ein weiterer Whirlpool im Garten. Zwei Saunahäuser am See bieten eine neue Dimension des gesunden Schwitzens. Nach dem Saunieren lädt der Wasserfall zum Abkühlen ein, genauso wie ein neuer Eisbrunnen und das erfrischende Bad im See. Entspannt abschalten lässt es sich dann im Whirlpool am Teich. Wer es aktiver mag, findet Freude an der Bewegung im neuen Fitness-Pavillon. Auf nahezu 120 Quadratmeter genießt man vom Fitness- und vom Gymnastikraum den herrlichen Ausblick in die Weite des Buhlbachtals. Alle neuen Bereiche schließen die Arme wie zwei „Engelsflügel" um das Haus und runden das außergewöhnliche Angebot des „Engel" in einzigartiger Weise ab.

Dem hohen Niveau der Wellnesseinrichtungen passt sich auch die feine Kulinarik des Hauses an. Der Genussbogen spannt sich von feinen Genießer-Menüs für die Hotelgäste über eine abwechslungsreiche À-la-carte-Küche bis zu französisch-badischen Kreationen im Gourmetrestaurant „Andrea-Stube". Wie es sich für ein Wellness & Genuss Resort gehört, kann der Besucher rundherum wohltuende Gastlichkeit durch die herzlich umsorgenden Mitarbeiter genießen, denn die Gäste sollen in „ihrem Engel" immer ein Zuhause finden, in dem sie Mensch sein können – etwas Kostbares in der heutigen Zeit.

„Wie auf Wolke 7" schwebt der Gast im neuen Beauty- und Wellnessbereich.

Engel Obertal
Wellness & Genuss Resort
Eigentümer und Leitung:
Familie Möhrle
D-72270 Baiersbronn-Obertal
T: 0 74 49 / 8 50
F: 0 74 49 / 8 52 00
himmlisch@engel-obertal.de
www.engel-obertal.de

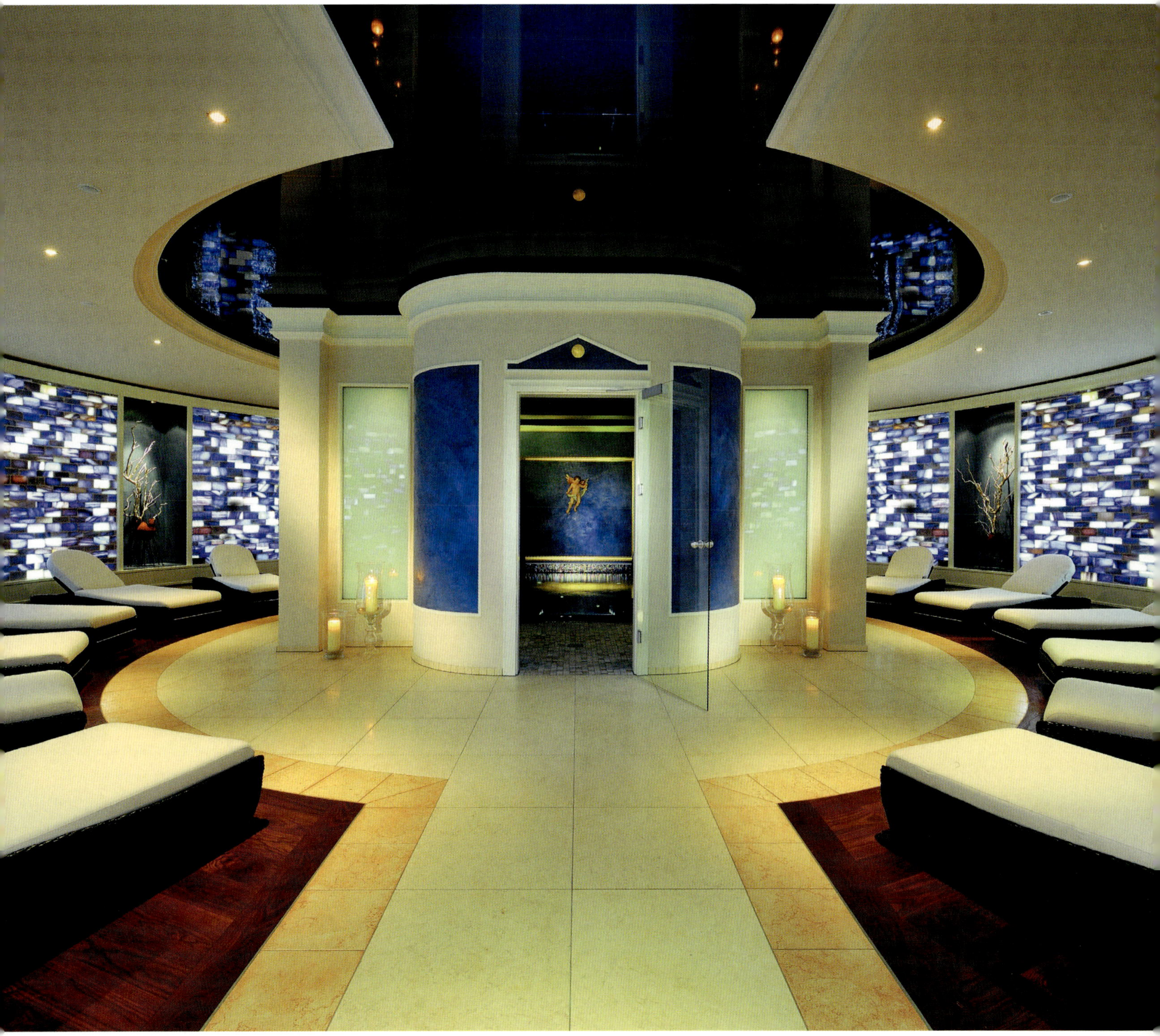

WOHNEN IM PRIVAT GEFÜHRTEN LANDHAUS

LÖSCH FÜR FREUNDE

Individueller lässt sich kaum noch eine hinreißend inszenierte Genuss- und Wohnkultur erleben: Mit Lösch für Freunde eröffnete im Frühjahr 2011 ein Hotel, das keines ist. Den Gast erwartet ein privat geführtes Landhaus, das unmittelbar an das Gelände des Klosters Hornbach nahe Zweibrücken grenzt. Architektonisch vereint das gastliche Domizil das ehemalige Wohngebäude der Inhaber und Bauherren, Christiane und Edelbert Lösch, mit einem benachbarten historischen Haus aus dem 18. Jahrhundert. Ein moderner Mittelbau verbindet den Komplex.

In der Sauna-Oase auf dem Dach des Hauses genießen Gäste einen Panoramablick auf die malerische Landschaft der Südwestpfalz.

Wer im Lösch für Freunde logiert, der checkt ein in eine andere Welt. Der Gast betritt ein Haus mit großem Wohnzimmer, einer großen, offenen, professionell betriebenen Küche, einem genauso großzügigen wie einladenden gemeinsamen Esszimmer und den vielen kleinen Annehmlichkeiten, die man oft zu Hause schätzt und doch immer wieder in der Fremde vermisst. Das gesamte Haus als privater Rückzugsraum? Ein Plausch zwischen Tür und Angel? Eine kleine Pause bei Kaffee, Tee und frischem Kuchen in geselliger Runde? Kein Thema – Lösch für Freunde gibt solchen Wohlfühl-Szenarien klare Konturen.

Eine Rezeption, eine Lobby oder ein Restaurant sucht man hier vergebens. Stattdessen punkten die Gastgeber mit persönlichem Service, der diesen Namen auch verdient. Mit einem herzlichen „Willkommen" wird der Besucher von Olivier Fabing und Stefanie Welsch persönlich begrüßt und fortan mit allen individuellen Annehmlichkeiten eines Hauses dieser Kategorie verwöhnt.

„Alle Bereiche unseres Gebäudes sind für jedermann frei zugänglich. Das gilt für die Küche ebenso wie für das gemeinschaftliche ‚Wohnzimmer' mit Kamin und den begehbaren Weinkeller", erklärt Stefanie Welsch das attraktive Konzept.

Die fünfzehn grundverschiedenen großen Zimmer beziehungsweise Suiten verdanken ihren individuellen Charakter individuellen Paten: Mitgliedern der Familie, Stammgästen und langjährigen Freunden mit besonderen Leidenschaften oder auch liebenswerten Spleens, was sich in den jeweiligen Zimmern widerspiegelt. 15 Wohnwelten, geschaffen durch die Kreativität ihrer Paten, und so individuell, wie die Menschen, die sich in ihnen wohlfühlen sollen.

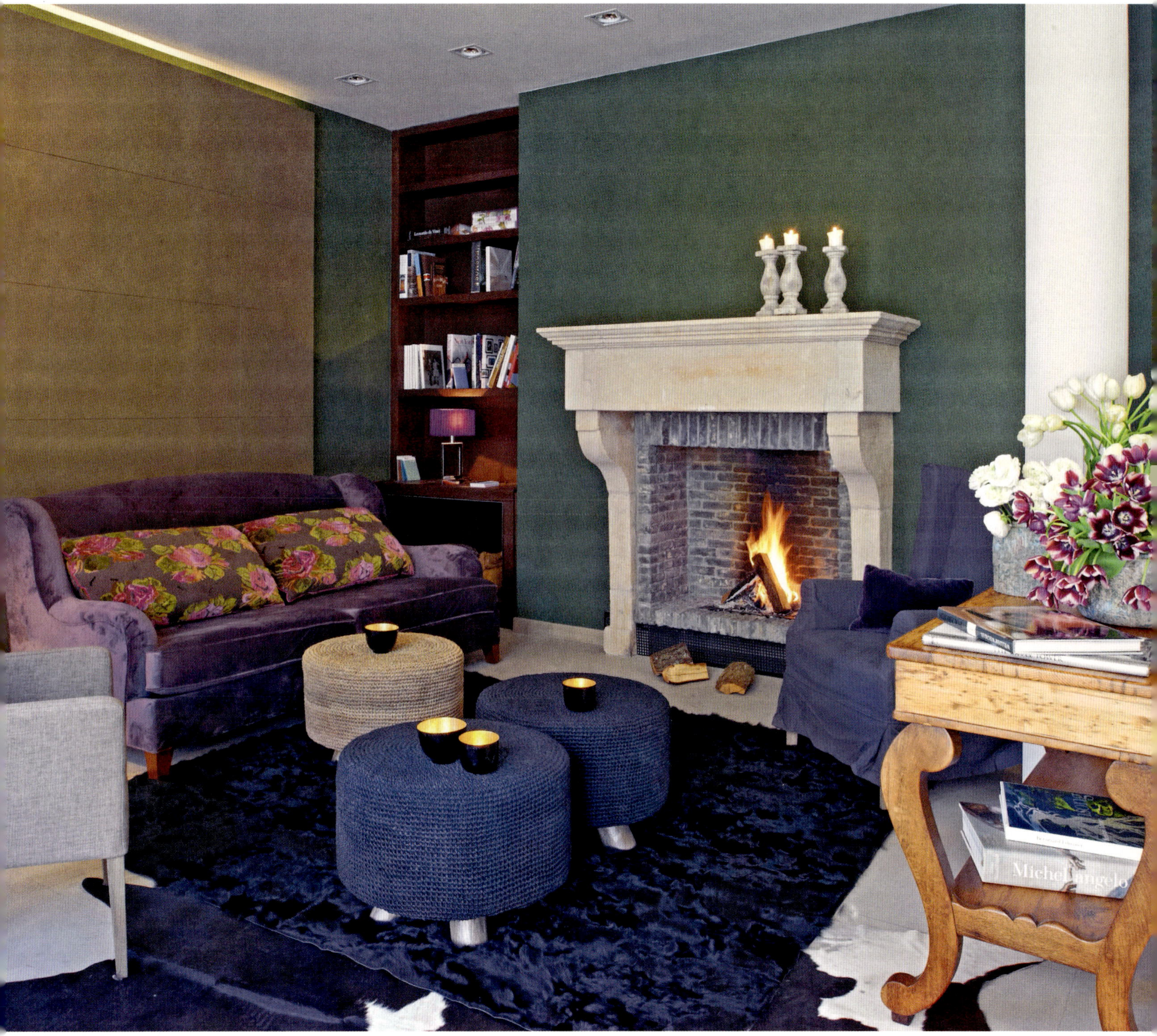
Michelangelo

LÖSCH FÜR FREUNDE

Die individuell gestalteten Zimmer schmücken klanghafte Namen wie Literarium, Kunstsinn oder Traumfabrik. Das Besondere daran: Die Dekoration und Einrichtung spiegeln die mit dem Namen verbundenen Assoziationen bis ins kleinste Detail wider.

Cineasten werden sich für die Traumfabrik entscheiden. Hier finden sie zahllose Hollywood-Klassiker und Literatur zum Thema „Film" sowie einen übergroßen Flachbildschirm für ihr privates Kinoerlebnis. Kunstfans können sich im Kunstsinn von regelmäßig wechselnden Gemälden und Plastiken inspirieren lassen. Unter anderem gibt es auch Liebhaber-Zimmer zu den Themen „Garten", „Jagd", „Musik", „Land und Meer", „Harmonie", „Genuss Pur", „Großmamas Stube" und „Weltenbummler". Jede Wohnwelt wartet mit einer modernen Einrichtung und großzügigen, edel ausgestatteten Bädern auf.

Olivier Fabing und Stefanie Welsch verstehen sich nicht als nüchterne Hotelmanager, sondern vielmehr als Gastgeber traditionellen Stils, die ihre Gäste wie Familienmitglieder behandeln. Wer einmal im Lösch für Freunde abgestiegen ist, der kommt gerne wieder. Schon am Morgen wird er am hübsch eingedeckten Frühstückstisch mit allerlei kleinen kulinarischen Träumen, die auch Bezug auf individuelle kulinarische Vorlieben nehmen, verwöhnt. Am Nachmittag lockt hausgemachter Kuchen und später ein mehrgängiges Abendessen zum geselligen Wine & Dine. Angelehnt an das Konzept des im nahen Frankreich geselligen „Table de hôte", wird in Lösch für Freunde ein vor den Augen der Gäste zubereitetes Menü an einer gemeinschaftlichen Tafel im Speisezimmer des Hauses serviert. Wer möchte, kann alternativ in der Klosterschänke oder im Gourmetrestaurant Refugium des Klosters Hornbach in den Genuss feinster Kulinarien kommen.

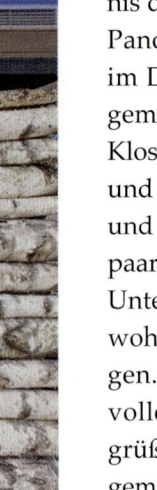

Abgerundet wird das neuartige Wohnerlebnis durch die Sauna-Oase auf dem Dach mit Panoramaaussicht. Hier entspannen Gäste im Dampfbad, in der Sauna und in einem gemütlichen Ruhebereich mit Blick auf das Klostergelände und die umliegenden Wiesen und Felder. „Lösch ist ein Haus für Freunde und die, die es werden wollen", so das Ehepaar Lösch. „Wir wollten eine andere Art von Unterkunft schaffen, eine, in der sich Gäste wohlfühlen und gesellige Stunden verbringen. Lösch für Freunde ist ein anspruchsvolles Gästehaus, das Individualisten begrüßt und Gemeinschaften für eine Zeit ein gemeinsames Zuhause gibt."

Lösch für Freunde bietet 15 individuell gestaltete Liebhaber-Zimmer.

*Lösch für Freunde
Hauptstraße 19–21
D-66500 Hornbach
T: 0 63 38 / 9 10 10 - 2 00
info@loesch-fuer-freunde.de
www.loesch-fuer-freunde.de*

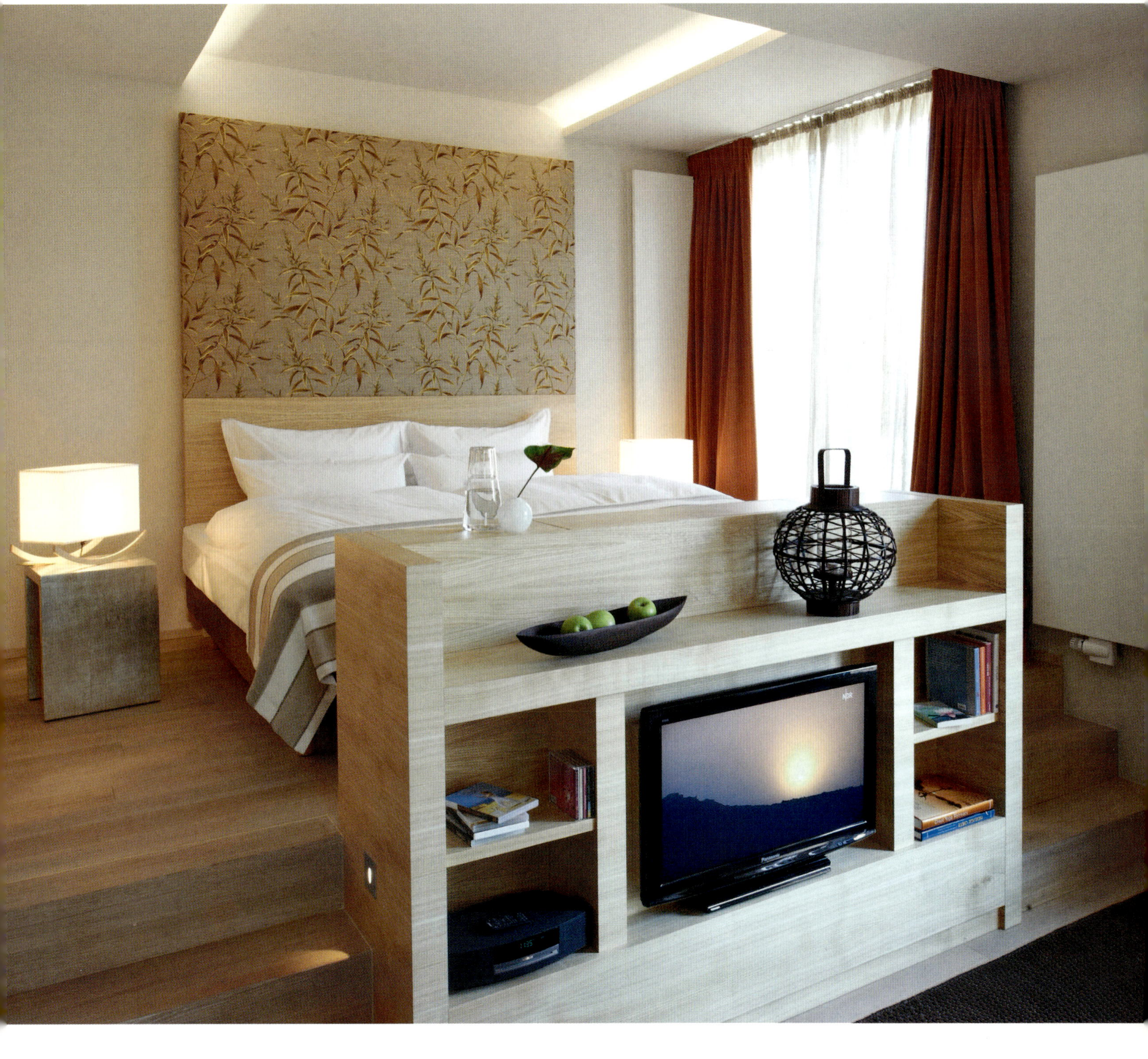

EINE IDYLLE ZUM WOHLFÜHLEN

VICTOR'S RESIDENZ-HOTEL SCHLOSS BERG

*D*as Leben mit allen Sinnen genießen, sich rundherum wohlfühlen und sich königlich amüsieren, wer bricht da nicht gleich in Verzückung aus? An der Obermosel, um genau zu sein in Perl-Nennig, gibt es ein himmlisches Fleckchen Erde, das diesen hohen Ansprüchen durchaus gerecht wird: Schloss Berg. Dieser einzigartige Ort der hehren Gastlichkeit ist in der Tat ideal für einen märchenhaften Aufenthalt, fernab von großstädtischer Betriebsamkeit und Hektik.
Idyllisch schmiegt sich das Victor's Residenz-Hotel Schloss Berg sanft in die umliegenden Weinberge – wie geschaffen für Genuss und Luxus pur! Fünf Sterne der Luxus-Kategorie leuchten an der landschaftlich so reizvollen Obermosel über dem Ensemble der italienisch-mediterranen Villa und des trutzigen Renaissance-Schlosses mit insgesamt 106 Zimmern und Suiten, drei verschiedenen Restaurants, Helikopter-Landeplätzen und kostenlosen Parkplätzen. Schloss Berg ist das einzige Fünf-Sterne-Haus im Saarland.
Neu auf Schloss Berg sind in der Villa die sieben römischen Götter-Suiten, jeweils mit großzügigem Wohn- und Schlaftrakt sowie zwei Bädern und zwei Flachbildfernsehern ausgestattet. Von ihrer Gesamtkonzeption her stellen diese exklusiven Räumlichkeiten kleine Kunstwerke dar. Jede Suite ist farblich anders gestaltet und mit edelstem Mobiliar im italienisch-mediterranen Stil eingerichtet worden. Teppichböden, Stoffe, Vorhänge, Lampen, Fresken und die Dekorationsgegenstände sind liebevoll aufeinander abgestimmt. Zudem versprechen die 70 Zentimeter hohen Kingsize-Betten einen besonders hohen Schlafkomfort.
Wer sich auf Schloss Berg kulinarisch verwöhnen lassen möchte, hat die Qual der Wahl. Passionierte Feinschmecker schätzen das im Renaissance-Schloss untergebrachte Victor's Gourmet-Restaurant Schloss Berg. Dort genießen die Gäste die edelsten und köstlichsten Kreationen des Drei-Sterne-

Die exklusiven Götter-Suiten: luxuriös, stilvoll und ausgestattet mit allem Komfort.

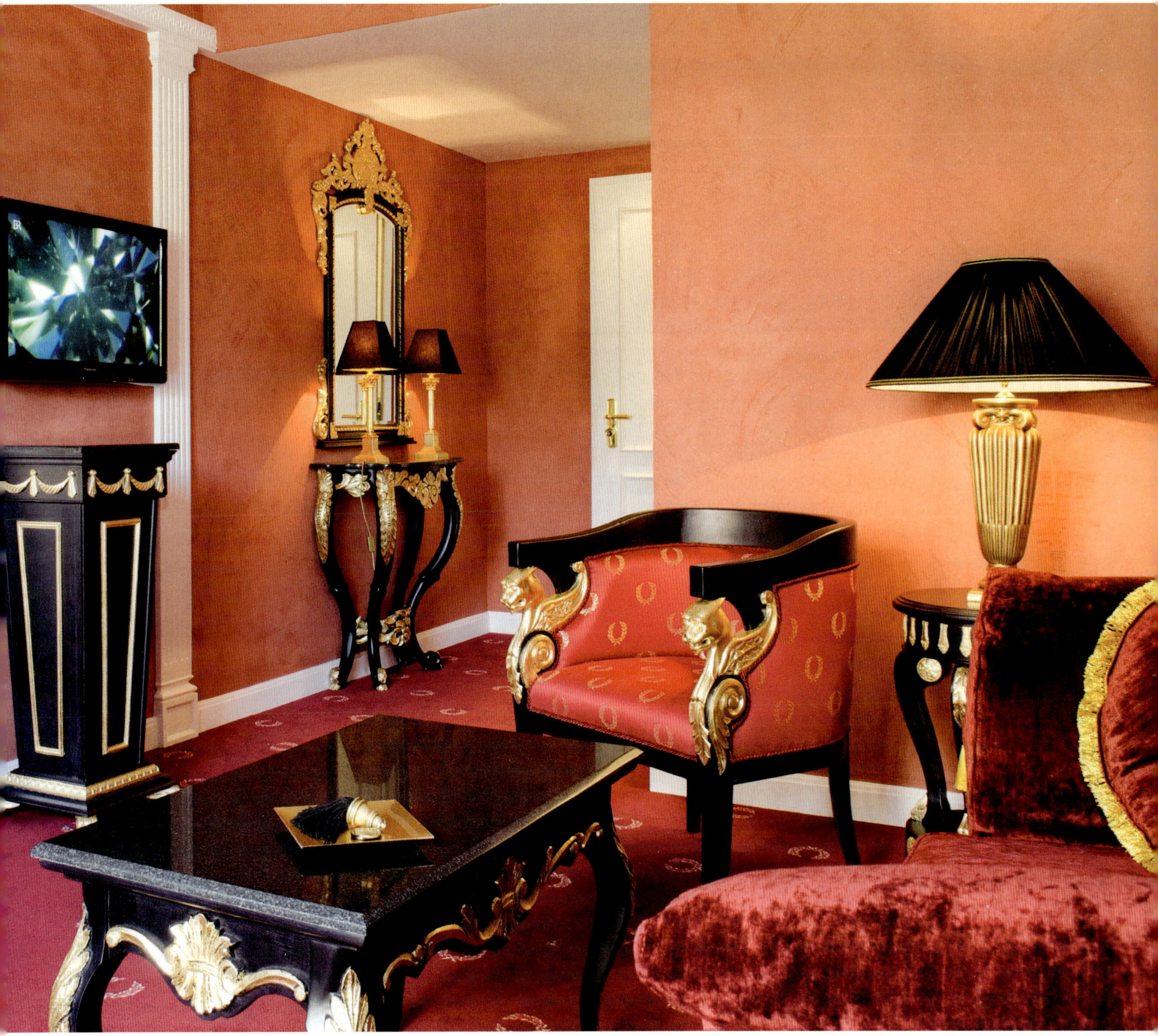

VICTOR'S RESIDENZ-HOTEL SCHLOSS BERG

Kochs Christian Bau und dazu edle Tropfen aus dem erstklassig sortierten Weinkeller. Das Gourmet-Restaurant zählt zu den absoluten Top-Adressen in Deutschland und Christian Bau zu den besten Köchen in der Bundesrepublik.

Gut speisen kann man auch im Restaurant „Bacchus", das sich besonders durch seine mediterrane Küche auszuzeichnen weiß. Kaffee und feinste Kuchen sorgen auf der Terrasse oder in der großzügig konzipierten Lobby für süße Gaumenfreuden.

Mit internationalen Drinks oder Cocktails kann man an Caesar's Bar oder an der Lobby-Bar anstoßen. Wer herzhafte Gerichte bevorzugt, spaziert einfach in das benachbarte Landgasthaus „Die Scheune". Dort kann man zu regionalen Spezialitäten ein frisch gezapftes Pils oder feine Weine aus der Region genießen. Bei schönem Wetter lockt der Biergarten zu deftigen Schmankerln und kühlen Erfrischungen ins Freie.

Der Wellness-Bereich lässt keinerlei Wünsche offen: Schwimmbad, Whirlpool, verschiedene Saunen, Solarium, Dampfbad sowie ein eigener Fitnessraum stehen zur Verfügung. Im Victor's Vital Resort können die Hotelgäste entspannende Wellness- und Beauty-Bäder, dermakosmetische Gesichts- und innovative Körperbehandlungen sowie vielfältige Massagen wie Lymphdrainage, Wellness-Fußreflexzonenmassage oder Hot-Stone-Massage genießen.

Das Victor's Residenz-Hotel Schloss Berg empfiehlt sich aber nicht nur als Wellness-Hotel. Das vielseitige Haus ist auch für die Sparte Business und private Feiern ideal. Tagungen, Seminare oder Kongresse können in perfektem Rahmen abgehalten werden. Vier Tagungs- und Veranstaltungsräume – von 26 bis 360 Quadratmeter für bis zu 260 Personen – können mit dem modernsten technischen Equipment von Firmen, Vereinen, Verbänden, Institutionen oder privat gebucht werden. Hervorzuheben ist auch, dass die Tagungsräume Kfz-Befahrbarkeit besitzen. Surfen und mailen können die Gäste kostenfrei mit Victor's W-LAN. Das Victor's Residenz-Hotel Schloss Berg ist nicht zuletzt ein herrliches Refugium für Wochenendgäste und Kurzurlauber, die sich gerne an der Obermosel ein paar Tage etwas Besonderes gönnen möchten. Viele schöne Ausflüge in die nähere Umgebung an die Saarschleife oder zum einzigartigen Aussichtspunkt Cloef, nach Mettlach zur Besichtigung der Keravision von Villeroy & Boch oder zu den beiden attraktiven Golfplätzen Kikuoka im luxemburgischen Canach (18 Loch) und Château de Preisch im französischen Basse-Rentgen (27 Loch) sind lohnenswerte Ziele. Das pulsierende Luxemburg liegt nur einen Steinwurf weit entfernt und das nahe Trier mit seiner über 2000 Jahre alten Historie ist immer einen Abstecher wert.

Aber auch eine Weinprobe direkt beim Winzer, eine Wanderung oder eine Kutschfahrt in die Weinberge, eine Ballonfahrt über das Dreiländereck oder eine Schiffsfahrt auf der Mosel lassen sich problemlos arrangieren.

Im Wellness-Bereich mit Pool fällt abschalten ganz leicht.

Victor's Residenz-Hotel Schloss Berg
Geschäftsführerin:
Susanne Kleehaas
Schlossstraße 27–29
D-66706 Perl-Nennig/Mosel
T: 0 68 66 / 79 - 0
F: 0 68 66 / 79 - 1 00
info.nennig@victors.de
www.victors.de
Öffnungszeiten Küche:
Gourmet-Restaurant: Mi. – Fr. 19.00 – 21.30 Uhr, Samstag, Sonntag u. feiertags 12.00 – 14.00 Uhr, 19.00 – 21.30 Uhr
Ruhetage: Montag, Dienstag
Zimmer und Suiten von 129 – 450 Euro
Kreditkarten: American Express, Diners Club, Mastercard, Visa

© Victor's Residenz Hotel/Spans

LÄNDLICHE IDYLLE VOR DEN TOREN WÜRZBURGS

WALD- UND SPORTHOTEL POLISINA

Umgeben von prächtigen Wäldern und Wiesen huschen Wildtiere durch die Naturparkanlage, liegt im Ambiente eines fränkischen Landsitzes das Wald- und Sporthotel Polisina direkt an einem Vogel- und Landschaftsschutzgebiet. Die 93 komfortablen Zimmer und Studios sind fränkisch-rustikal oder im klassisch-modernen Stil eingerichtet. Hier fühlt sich der Gast ganz wie zu Hause und kann die Seele baumeln lassen. Seit November 2010 weht ein frischer Wind durch die altehrwürdigen Mauern. Denn mit Silke Schäfer leitet eine dynamische Hessin das idyllische Refugium. „Ist der Blick auf das Maintal nicht herrlich? Wer bei uns eincheckt, der hat Ruhe und Entspannung gleich mitgebucht", sagt die sympathische Hoteldirektorin, die engagiert von ihrer Stellvertreterin Sabine Bach unterstützt wird. Dass manchmal ein Hirsch oder ein Rudel Rehe vorbeiziehen, ist in dieser grünen Oase nichts Ungewöhnliches. Deshalb lässt es sich hier auch so wunderbar tagen. Das Tagungs- und Kreativzentrum, ausgestattet mit einer Technik, die vom DSL/ISDN-Anschluss bis zur LCD-Projektion keine Wünsche

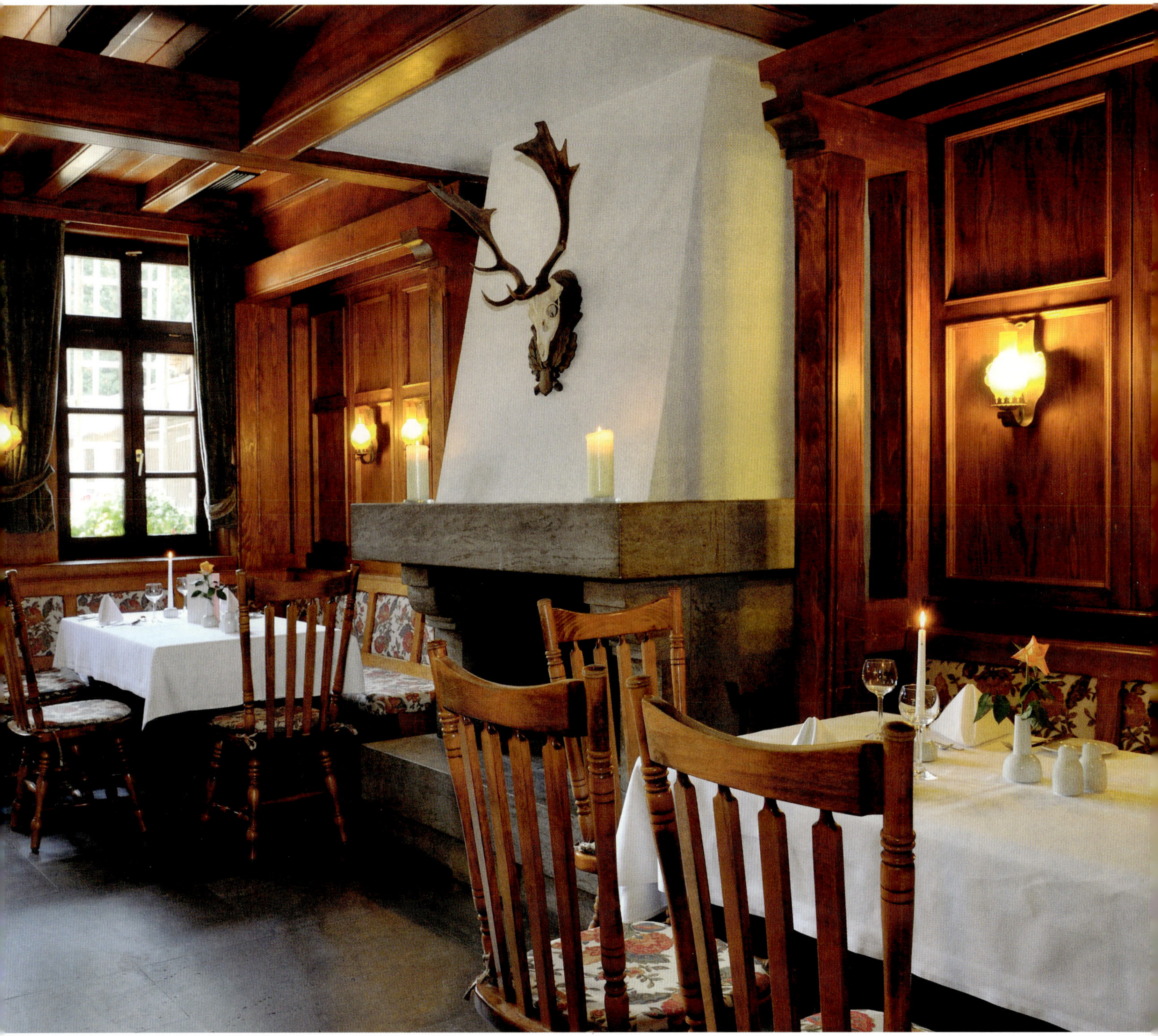

WALD- UND SPORTHOTEL POLISINA

offen lässt, bietet bis zu 200 Personen Platz. Der kreative Küchenchef Michael Werner bietet eine typisch fränkische Küche, überrascht aber auch mit internationalen Spezialitäten und „Experimenten" am Herd. Michael Werner zelebriert seine Küche mit viel Mut zu Neuem. Zum Beispiel macht er Ausflüge in die Molekularküche, setzt auch mal Straußenfleisch auf die Speisekarte, lässt Dorade Royal in der Salzkruste am Tisch filetieren. Seine zarten Rinderfiletspitzen werden vor den Augen des Gastes flambiert. Außerdem ist er ein ausgezeichneter Lehrmeister. „Unser Auszubildender Robert Schmidt hat seine Kochlehre letztes Jahr als einer der Besten in Bayern abgeschlossen und wurde dafür ausgezeichnet. Wir fördern junge, motivierte Menschen", erzählt Silke Schäfer. Ihre Produkte bezieht die Küchencrew fast ausschließlich von regionalen Erzeugern. „Wir möchten damit die heimische Wirtschaft stärken", so die Hoteldirektorin. Auch im Service gibt es ein neues Gesicht: Steffen Schuster ist nicht nur Restaurantleiter, sondern darüber hinaus ein fulminanter Kenner edler Tropfen, die die Kochkunst von Michael Werner begleiten. Die Kalorien lassen sich auf wunderbare Weise wieder abtrainieren. Herrliche Wander- und Fahrradwege laden direkt vor dem Hotel zu ausgedehnten Touren ein; das Hotel verleiht auch Fahrräder. Sand-Tennisplätze, Beach-Volleyball, nahe gelegene Golfplätze oder der eigene Fitnessraum lassen Sportlerherzen höher schlagen, Kinder können sich auf dem Spielplatz austoben. Entspannung pur versprechen das Hallenbad, Finnische Sauna, Dampfbad, Massagen und Ayurveda, bei denen man herrlich abschalten kann. Aber auch für Ausflüge in die Umgebung bietet sich das Wald- und Sporthotel Polisina mit seiner Lage an, ob man die Mainmetropole Würzburg erkunden möchte mit seinen Museen und urfränkischen Kabarett-Theatern und Kleinkunstbühnen, sich auf Schlössertour begeben oder das romantische Rothenburg ob der Tauber besichtigen möchte. Unter dem Motto „Würzburg goes Hollywood" können sich Besucher auf die Spuren des Kinofilms „Die Drei Musketiere" begeben, der 2010 zum großen Teil in Würzburg und Umgebung gedreht wurde. Wieder zurück im First-Class-Hotel, kann der Tag in ruhiger Atmosphäre entspannt im Kaminzimmer, in der Kamin-Bar oder im Wintergarten ausklingen.

Wald- und Sporthotel Polisina Hoteldirektor: Silke Schäfer
Marktbreiter Straße 265
D-97199 Ochsenfurt
T: 0 93 31 / 84 40
F: 0 93 31 / 76 03
info@polisina.ade
www.polisina.de
Zimmer und Studios:
99 – 190 Euro, inkl. Frühstücksbüfett, Hallenbad- und Saunanutzung

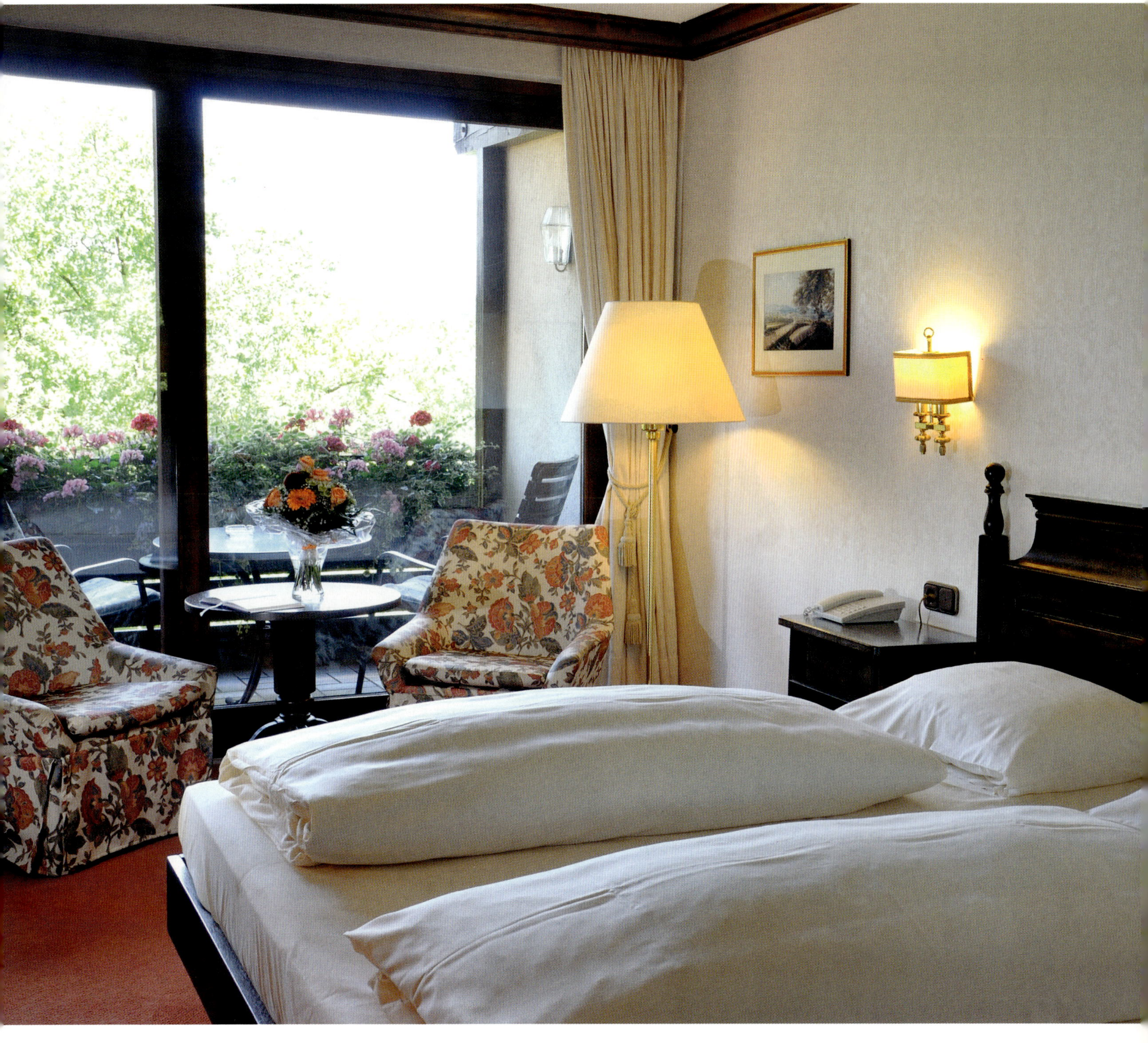

ÜBER GENERATIONEN IN DEN BESTEN HÄNDEN

BURGUNDERHOF

*U*mgeben von Obstgärten und Weinbergen, die sich von den sanften Hügeln bis hinunter zum Seeufer erstrecken, liegt das idyllische Winzer- und Fischerdorf Hagnau direkt am Bodensee. Aufgrund der optimalen klimatischen Bedingungen und der besten Bodenverhältnisse entwickelte sich Hagnau schon früh zu einem bemerkenswerten Weinbaugebiet, das heute für seine ausgezeichneten Rebsorten wie Müller-Thurgau, Ruländer, Kerner und Spätburgunder bekannt ist. Als Sohn einer Winzerfamilie mit über 300 Jahren Erfahrung hat sich auch Obstbauer und Distillateur Heiner Renn vom Burgunderhof schon früh den Traditionen seines Berufes verpflichtet. „Das Geheimnis edler Brände und fantastischer Weine besteht aus 1000 Feinheiten und lässt sich trotzdem in einem Satz zusammenfassen: Es werden nur die besten Früchte aus unseren Gärten verwendet, denn Qualität ist eine Leidenschaft, die wir kompromisslos leben." So verwundert es nicht, dass der heutige Burgunderhof ein Juwel und Geheimtipp ist und von zahlreichen Gästen aus nah und fern besucht wird. Hotel, Weingut und Distillerie sind seit Jahren internationale Aushängeschilder der baden-württembergischen Wein- und Edelbrandproduktion sowie Garant für badische Herzlichkeit durch Familie Renn. Das Anwesen mitten in den eigenen Wein- und Obstgärten ist das erste ökologisch arbeitende Weingut am Bodensee. Mehrfach ausgezeichnet und preisgekrönt. Als Bio-Pioniere, Querdenker und leidenschaftliche Innovatoren sind die Renn's offen für außergewöhnliche Ideen und Wegbereiter für die neue Generation. Denn hier gilt es, rechtzeitig vorzusorgen, dass Langgehegtes mit viel Leidenschaft und Wissen weitergetragen wird. So tritt Julica Renn bereits in ganz jungen Jahren in die großen Fußstapfen der Eltern. Von frühauf in alle Geschehnisse am Hof involviert, wird Julica im Jahr 2006 Badische Weinprinzessin, unternimmt Reisen, um den internationalen Weinbau und die Hotellerie kennenzulernen. Eine fundierte Ausbildung zu vermitteln ist

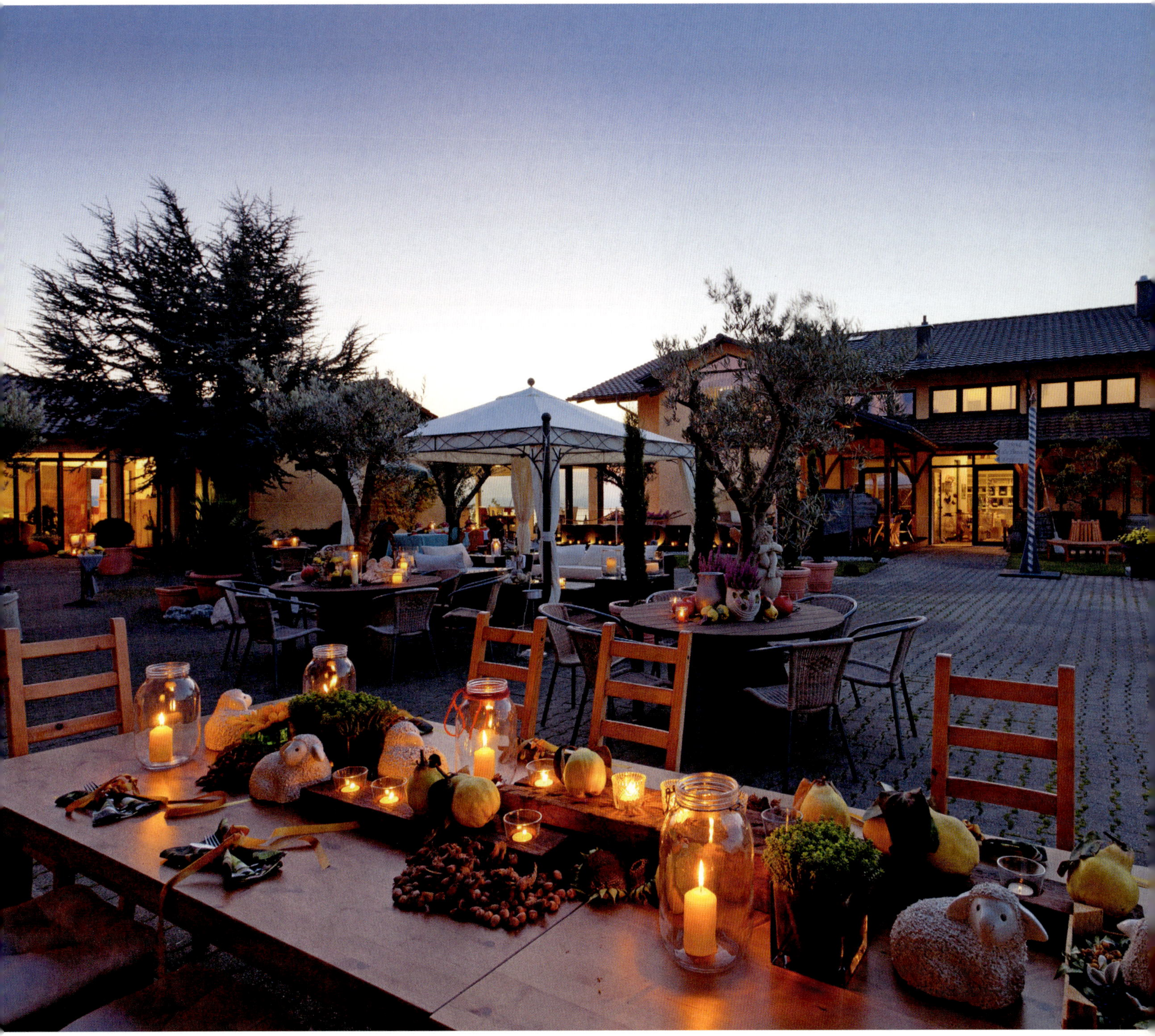

BURGUNDERHOF

Familie Renn hält ihren Burgunderhof stets am Puls der Zeit.

auch zentrales Thema der Daniel Renn Stiftung. Unter der Schirmherrschaft des damaligen Ministerpräsidenten des Landes, Erwin Teufel, wurde der Daniel Renn Scholarship Fund im August 1999 ins Leben gerufen. Die Winzerfamilie verbindet mit der Stiftung die Idee, im Gedenken an ihren Sohn Daniel, jungen Fachkräften aus dem Weinbausektor die Chance zu geben, sich international fortzubilden.

„Der sorgsame Umgang mit der Natur, das Bewahren von Werten, Kostbarkeiten mit Herz und Verstand selbst zu schaffen, vor allem diese Leidenschaft möchten wir den jungen Leuten mitgeben", sagt Andrea Renn, 1. Vorstand der Stiftung.

Das Herzstück des gastlichen Refugiums bildet das exklusive Hotel mit zehn außergewöhnlichen Zimmern und Suiten, einem Frühstücksraum mit Seeblick, Ruhegarten mit Pool und Liegewiese. Der Gast in diesem zauberhaften Domizil logiert in individuell und mit viel Liebe zum Detail gestalteten Zimmern. Gartenzimmer, Superiorzimmer, SPA-Suiten mit Whirlpool zeigen sich als Wohlfühlräume, die mit viel Gespür für die Wünsche der Gäste einen angenehmen Rückzugsraum offerieren. Schon am Morgen geht der herrliche Ausblick von der Frühstücks-Lounge über das Winzerdorf Hagnau, der Blick über die Wein- und Obstgärten wird nur noch von der Panoramaaussicht auf den Bodensee übertroffen. Genau das Richtige für Frühstücksfans sind die schmackhaften regionalen Zutaten, eine frische Auswahl, sowie Produkte vom eigenen Hof und aus den Obstgärten. Erklärter Lieblingsplatz der Gäste während der warmen Jahreszeit ist der ruhige Blumengarten als Kraftraum und Ruheoase – ein Paradies am Bodensee. Auch für allerlei Möglichkeiten zur Freizeitgestaltung ist gesorgt. Ab dem Burgunderhof führen zahlreiche Radwege durch die Weinberge, Obstgärten, durch die idyllischen Winzerdörfer und am See entlang. Auch Freunde des „grünen Sports" kommen bei Familie Renn auf ihre Kosten. Weitab von Verkehr und Lärm, liegt der Golfclub Rochushof in einer der schönsten Landschaften Deutschlands, dem Deggenhausertal, ca. 20 Kilometer vom Bodensee entfernt.

Burgunderhof
Hotel. Weingut. Distillerie
Familie Andrea, Julica
und Heiner Renn
Am Sonnenbühl 70
D-88709 Hagnau
T: 0 75 32 / 80 76 80
F: 0 75 32 / 80 7 68 - 55
info@burgunderhof.de
www.burgunderhof.de

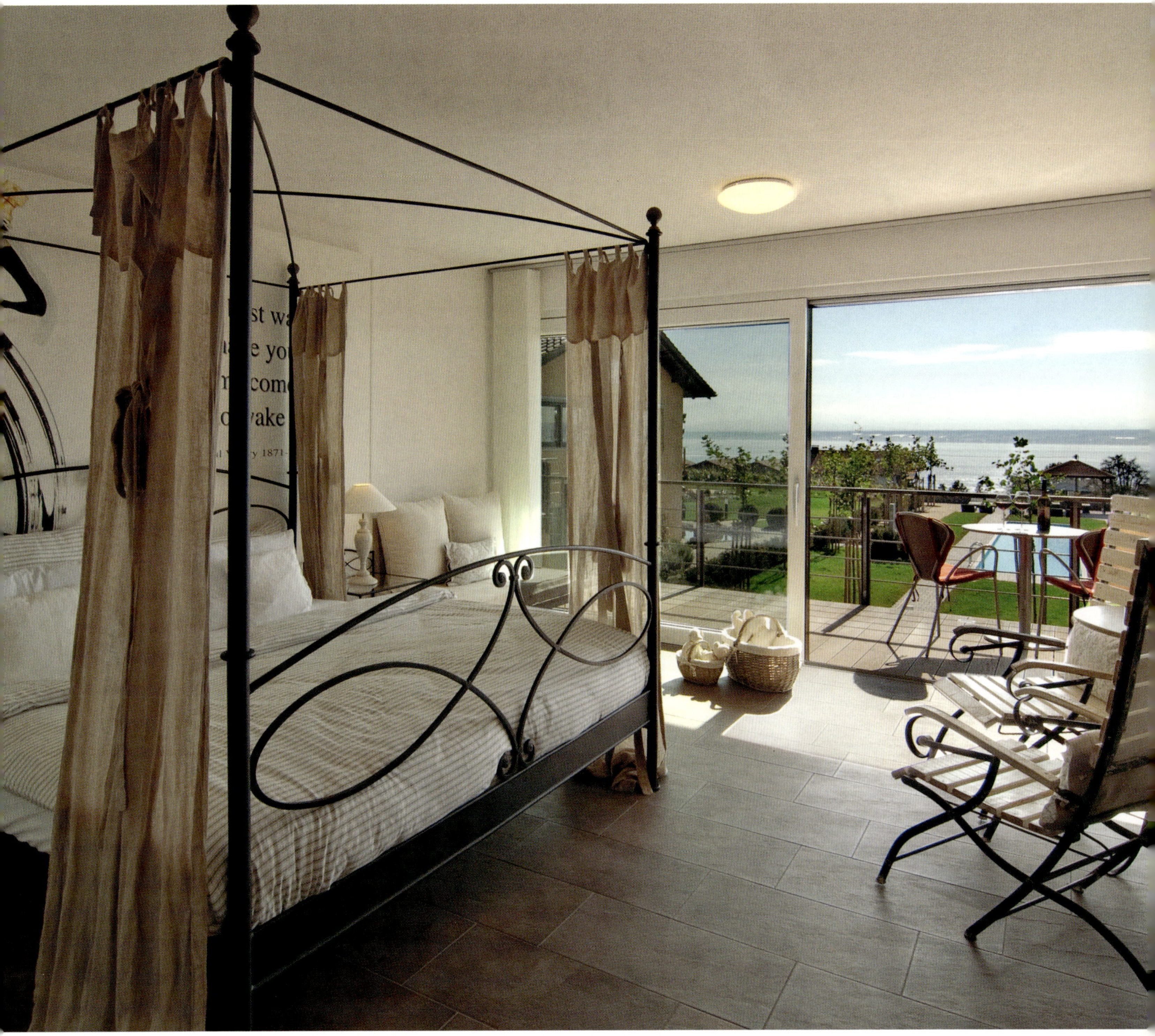

TRADITIONSHAUS MIT UNVERWECHSELBAREM FLAIR

ALTE POST HOLZKIRCHEN

Bayerische Gasttradition im besten Sinne wird in der Alten Post Holzkirchen seit nunmehr 190 Jahren gepflegt. Mehr denn je ist die einstige „Königlich-Bayerische Poststallhaltung" ein Ort, der Geschichte lebendig macht und liebevoll mit den Anforderungen der modernen Zeit in Einklang bringt. Die engagierten Wirtsleute, Gabriele und Udo Hieber-Falke, verstehen sich vorbildlich auf den Spagat zwischen Tradition und Moderne. Mit viel Gespür für ihr historisches Haus haben sie Lebensräume geschaffen, die rundum Freude machen. Schon zu Beginn des Tages können Gäste sich davon persönlich überzeugen. Denn die vier hinreißenden Frühstücksstuben, die sich um einen Wohnflur gruppieren, in dessen Mitte das üppig gefüllte Büfett den mor-

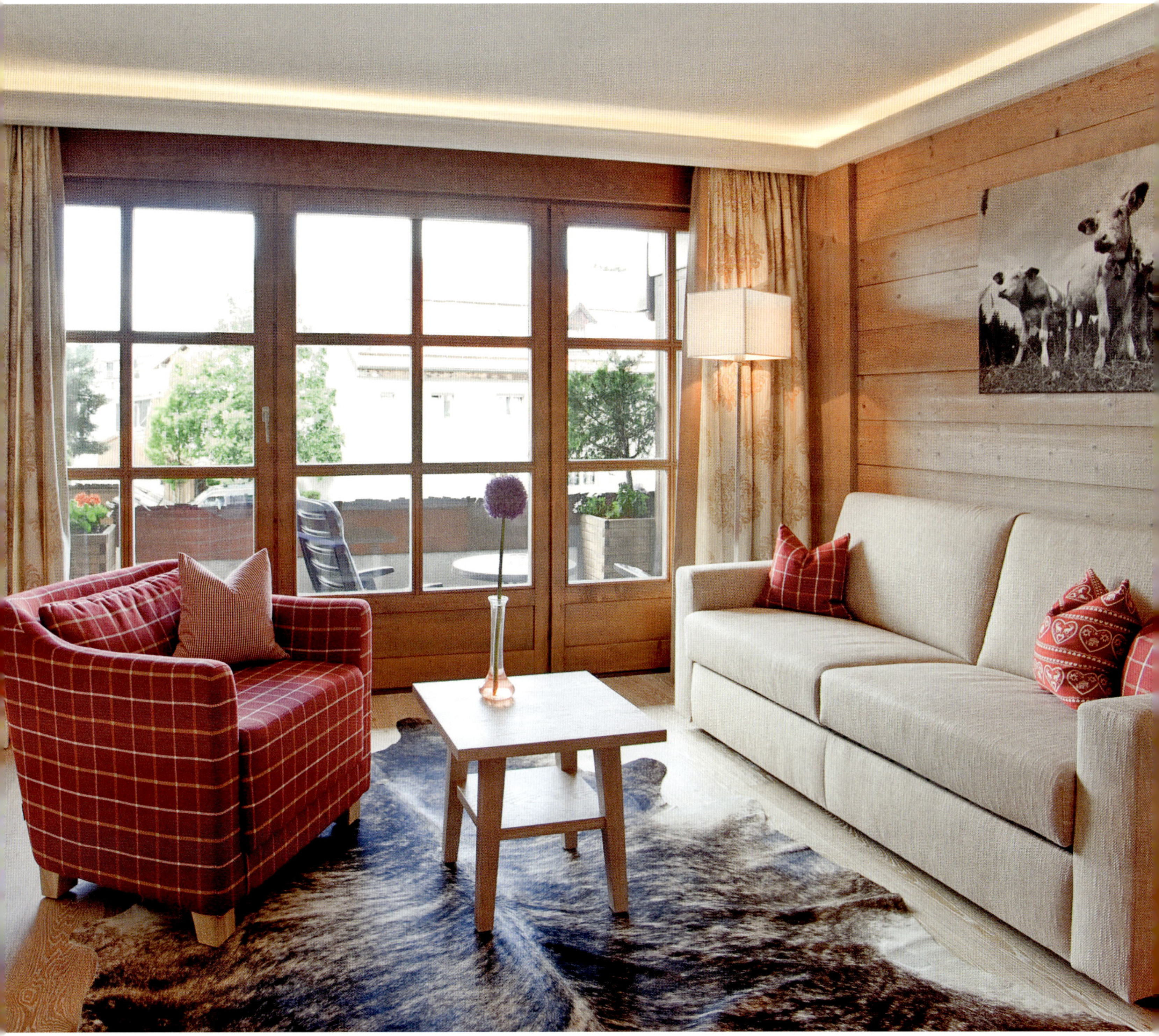

ALTE POST HOLZKIRCHEN

gendlichen Appetit so richtig anregt, geben einen Einblick in wohnlich-behagliche bayerische Wirtshauskultur – stilistisch von rustikal bis Biedermeier. Sehr einladend präsentiert sich die Frühstücksauswahl mit hausgemachten Salaten, diversen Müslisorten, Eierspeisen à la minute, Früchten, Säften, frischer Milch, verschiedensten Aufschnitt- und Käsesorten, Lachs, Sekt, einer beeindruckenden Brot- und Brötchenauswahl und vielem mehr. Hungern braucht hier wirklich niemand.

Mittags und abends genießt ein bunt gemischtes Publikum aus internationalen Geschäftsleuten, Einheimischen, Urlaubern und Münchnern die ehrliche bayerische Küche in den zwei urigen Wirtshausstuben im Erdgeschoss der Alten Post. Vor eineinhalb Jahren übernahm Matthias Jentsch das Küchenzepter am Herd und erfreut seitdem seine Gäste mit den heißgeliebten wie begehrten herzhaften und/oder traditionellen Schmankerln (geschmorte Ochsenbackerl in Rotweinsauce, Bayerischer Surbraten mit Semmelknödel) sowie fantasievollen Weiterentwicklungen bajuwarischer Kochkunst (Lammlendchen in der Kräuterkruste an Ratatouillegemüse, Hirschlendchen vom Grill mit Rahmpfifferlingen). Dass man in der Alten Post auch vorzüglich logieren kann, ist kein Geheimnis. Trotz der zentralen Lage mitten in Holzkirchen lässt es sich in den 45 gemütlichen Zimmern ruhig nächtigen. In erster Linie sorgt die behagliche Einrichtung im modernen Landhausstil mit viel Holz und warmen Farben für den Wohlfühlfaktor. Besonders gelungen sind die Themenzimmer, die einmal mehr vom Talent der Gastgeber zeugen, Atmosphäre zu schaffen. Decken und Wände wurden zum Teil aus altem Holz gebaut, die Böden bestehen aus breiten Holzdielen, die exklusiven Stoffe schmücken sich mit Motiven aus dem jeweiligen Themenbereich z.B. aus dem Golf- oder Polosport und die komfortablen Bäder präsentieren sich in edlem Naturstein. Sämtliche Zimmer sind mit Dusche/WC, Telefon, TV sowie mit Minibar und teilweise mit Balkon ausgestattet. Alles in allem: eine überaus gelungene Symbiose zwischen Tradition und Moderne. Geschmackvolle Behaglichkeit genießt man jedoch nicht nur im anheimelnden Ambiente der Zimmer und Gaststuben, sondern auch im Tagungsraum sowie im großen Festsaal.

Schaffen perfekt die Verbindung zwischen Tradition und Moderne: die Wirtsleute der Alten Post Holzkirchen Gabriele und Udo Hieber-Falke.

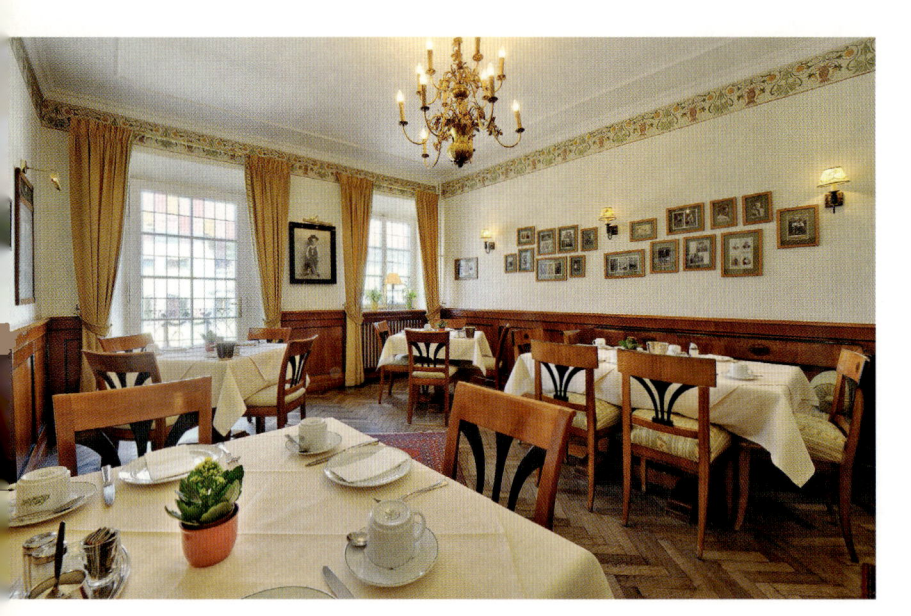

Gastgeber:
Familie Hieber-Falke
Marktplatz 10 a
D-83607 Holzkirchen
T: 0 80 24 / 30 05 - 0
F: 0 80 24 / 30 05 - 555
info@alte-post-holzkirchen.de
www.alte-post-holzkirchen.de
Öffnungszeiten Wirtshaus:
8.30 – 24.00 Uhr
Ruhetag: Dienstag
Zimmerpreise: je nach Kategorie 80 – 165 Euro inkl. Frühstück
Kreditkarten: Mastercard, Visa

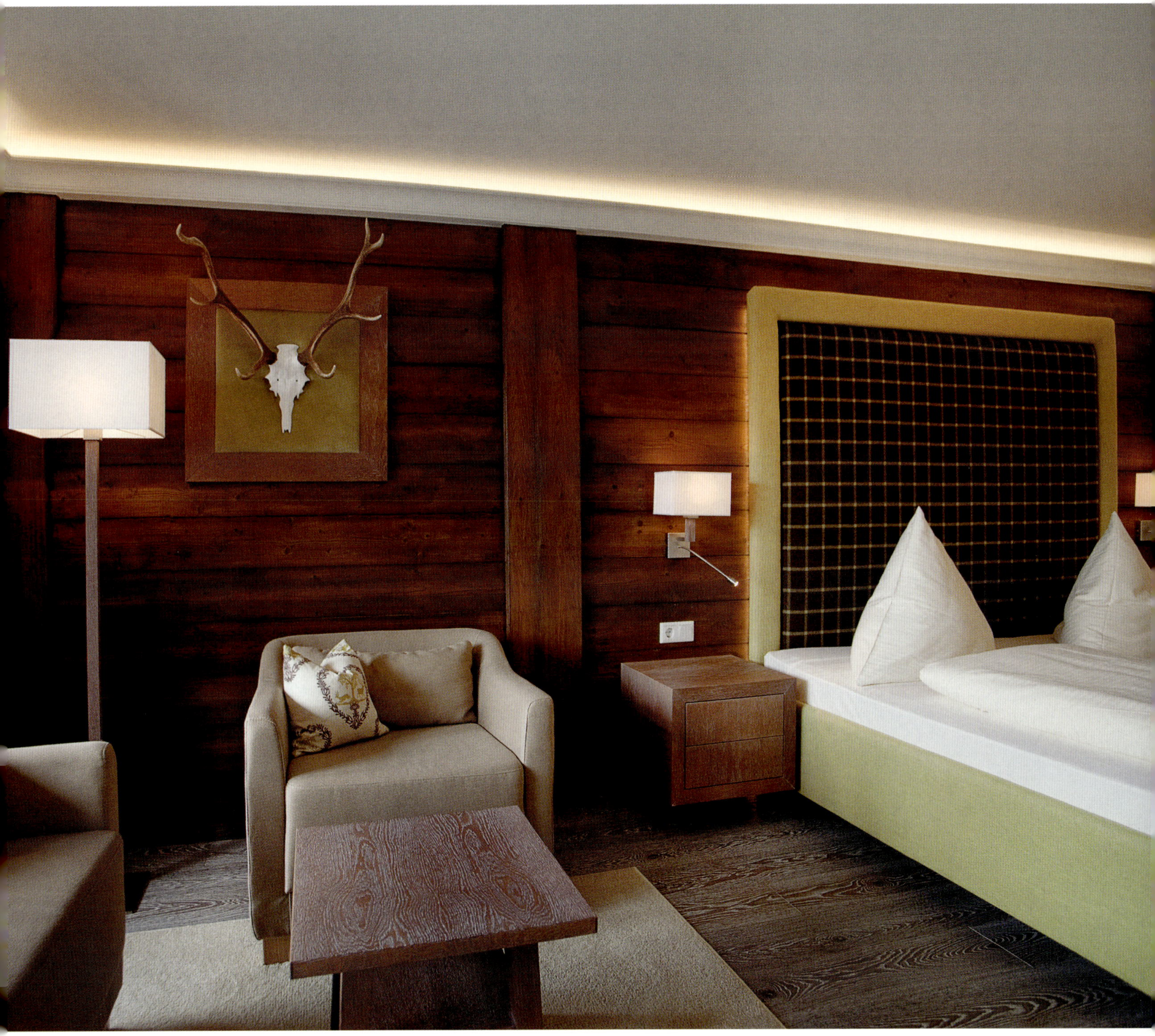

URBANER BAYERISCHER COUNTRY CLUB

HOTEL BACHMAIR WEISSACH

Urbaner bayerischer Country Club – was zunächst widersprüchlich klingen mag, bringt jedoch wunderbar passend die ungezwungene Atmosphäre des Luxusdomizils im Tegernseer Tal auf den Punkt. Mit viel Platz, bayerischer Herzenswärme und einem gelungenen Mix aus alpinen und modernen Designelementen präsentiert es sich weit weg von gängigen Hotelstandards wie ein exklusiver Country Club mit ländlich-coolem Charme und internationalen Inspirationen. Als der gebürtige Tegernseer Korbinian Kohler im August 2010 das Hotel Bachmair Weissach übernahm, hatte er eine klare Vision: das Beste erhalten und mit Stil, Eleganz und Persönlichkeit verfeinern. Seitdem ist gut ein Jahr vergangen und es hat sich viel ereignet. In vielen Bereichen hat das Hotel nicht nur ein Facelifting erfahren, sondern wurde komplett neu gestaltet. Doch es ist auch ein Jahr gewesen, in dem der weitgereiste Unternehmer und sein international erfahrenes Team Beträchtliches geschafft haben. So erhielten nicht nur die Lobby, die Tagesbar und der Frühstückspavillon ein frisches, zeitgemäßes Facelifting. Nach und nach wurden alle zehn Event-Räume renoviert und mit neuester Kongresstechnik ausgestattet. Damit verfügt das Hotel inzwischen nicht nur über die größten und modernsten Tagungskapazitäten im Raum südlich von München, sondern es bietet für jeden Anlass den perfekten Rahmen – vom Familienfest im kleinen Kreis über effektive Tagungen oder Produktpräsentationen bis hin zum rauschenden Galaball. Bedingt durch die hauseigene Barockkapelle (in der auch kirchliche Trauungen stattfinden können), das weitläufige Parkgelände und die Möglichkeiten der hoteleigenen Tennisanlage mit einer großen Indoor-Halle, kann das erfahrene Bankett-Team auch ausgefallene Event-Wünsche für bis zu 2000 Personen erfüllen. Bei der Neukonzipierung des Hotels kam der

Die verschiedenen Hotelgebäude gruppieren sich rund um den weitläufigen Park mit rauschendem Mühlbach und historischer Kapelle.

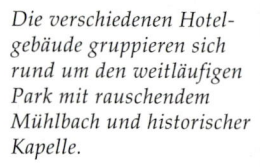

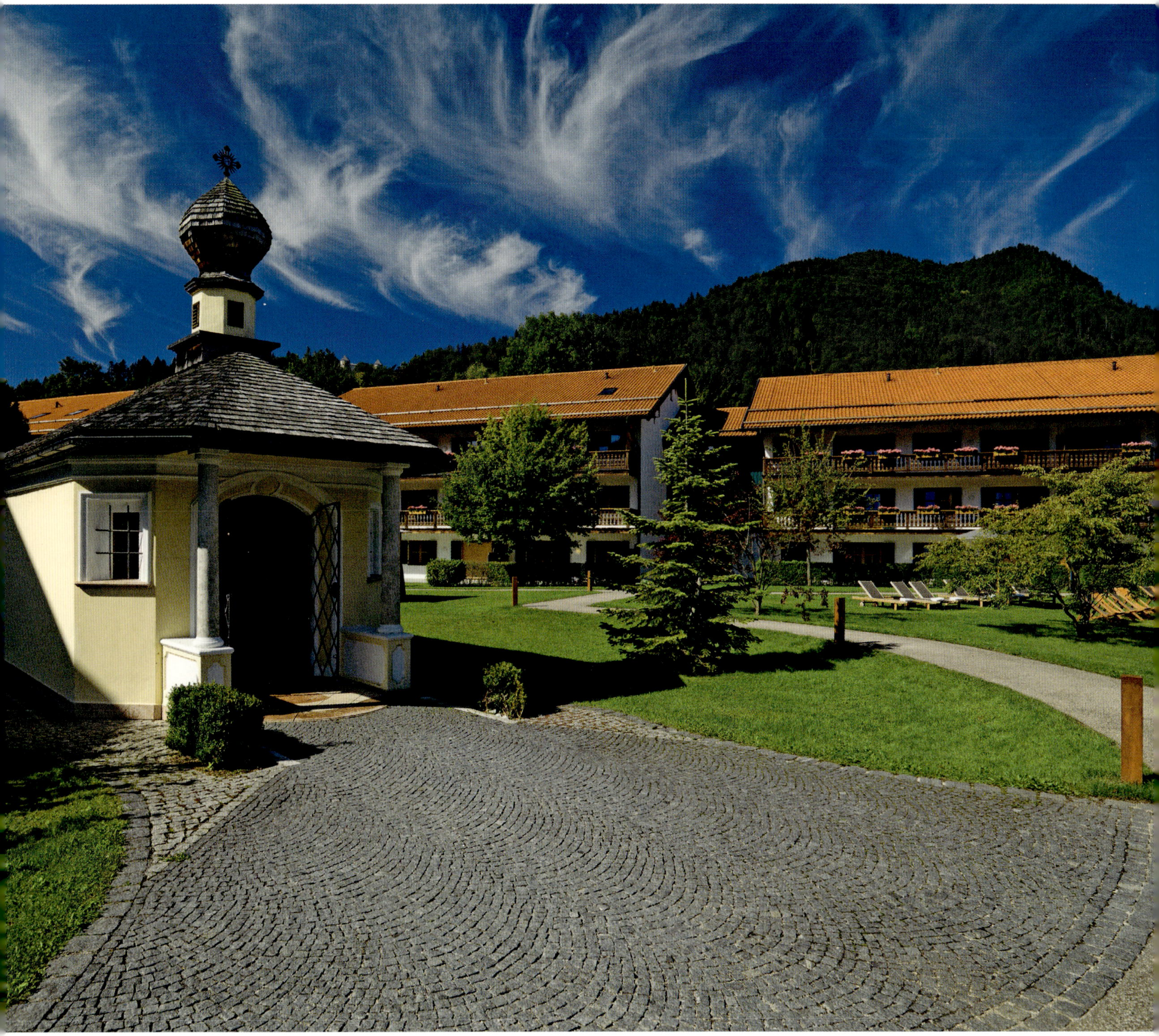

HOTEL BACHMAIR WEISSACH

neu entstandenen Bachmair Kamin-Lounge eine besondere Bedeutung zu. Die stilvolle Lounge hat sich mit ihrem hochkarätigen Bar-Angebot, den freitäglichen DJ-Sessions und den monatlich stattfindenden Jazzkonzerten sehr schnell zum In-Treff für Hotelgäste und Anwohner entwickelt. Das liegt nicht zuletzt an der ländlich-coolen Atmosphäre, die, wie alle renovierten Bereiche des Hauses, geprägt ist durch ein gekonntes Spiel mit Strukturen, Licht, sanften Tönen, Naturmaterialien und alpinen Elementen – weit weg von verstaubter Rustikalität, immer mit einem Hauch „großer weiter Welt" und einer dezenten Portion Bayern. Das gilt insbesondere auch für das Interieur der Zimmer und Suiten, die sich ab Dezember 2011 in komplett neuem Outfit präsentieren. Warme und dezente Farben, Holzfußböden, exklusiv für das Bachmair Weissach entworfene Möbel, ausgeklügelte Beleuchtungskonzepte, modernster Komfort mit kostenlosem W-LAN, Flatscreen-TVs und Musikanlagen der neuesten Generation, Kaffee- und Teestation, zwischen 35 und 100 Quadratmeter Platz für Privatsphäre (mit einem oder zwei Schlafzimmern) und ein eigener Balkon oder eine Terrasse sind dabei die „Zutaten", aus denen die neuen Bachmair-Weissach-Wohnwelten gemacht sind. Wem der Sinn mehr nach Entspannung steht, den begleiten im 700 Quadratmeter großen Spa bestens geschulte Therapeutinnen und die rein pflanzlichen Produkte von Susanne Kaufmann auf der „Reise zum inneren Ich". Wie die Produkte von Susanne Kaufmann setzt auch das breitgefächerte Massageprogramm ganz bewusst auf die Heilkraft alpiner Pflanzen und Kräuter. Darüber hinaus verfügt die Bachmair-Weissach-Wellnesslandschaft über einen lichtdurchfluteten Fitnessraum, eine Saunalandschaft, Whirlpool und einen geräumigen Innenpool mit direktem Zugang zur großzügigen Spa-Terrasse. Und wer noch mehr für seine Gesundheit und sein Wohlbefinden tun möchte, der freut sich besonders über die Kooperation mit drei renommierten Spezialisten für den Bereich der Präventivmedizin, ästhetische Chirurgie und Orthopädie (Dr. Claus Martin, Dr. Nicolas Martin und Dr. Hubert Hörterer).

In den anheimelnd authentischen Stuben, deren Gasthoftradition bis ins Jahr 1863 zurückreicht, wird eine ehrliche, gehobene, leichte bayerische Küche serviert. Und für die Kids gibt es natürlich eine eigene Karte. Überhaupt sind Familien im Hotel Bachmair Weissach gern gesehen. Hier findet jedes Familienmitglied das passende Angebot und Familienfreundlichkeit hört für Korbinian Kohler, selbst Vater von vier Kindern, bei großzügigen Suiten mit zwei Schlafzimmern, professioneller Betreuung und Babysitterdienst noch lange nicht auf.

Zur großzügig angelegten Wellnessabteilung gehören eine Beautyfarm, ein bestens ausgestattetes Fitness-Studio sowie eine Sauna- und Poollandschaft.

Bachmair Weissach
Korbinian Kohler
Wiesseer Straße 1
D-83700 Weißach
(Rottach-Egern)
T: 00 49 / (0) 80 22 / 2 78 - 0
F: 00 49 / (0) 80 22 / 27 85 50
hello@bachmair-weissach.com
www.bachmair-weissach.com

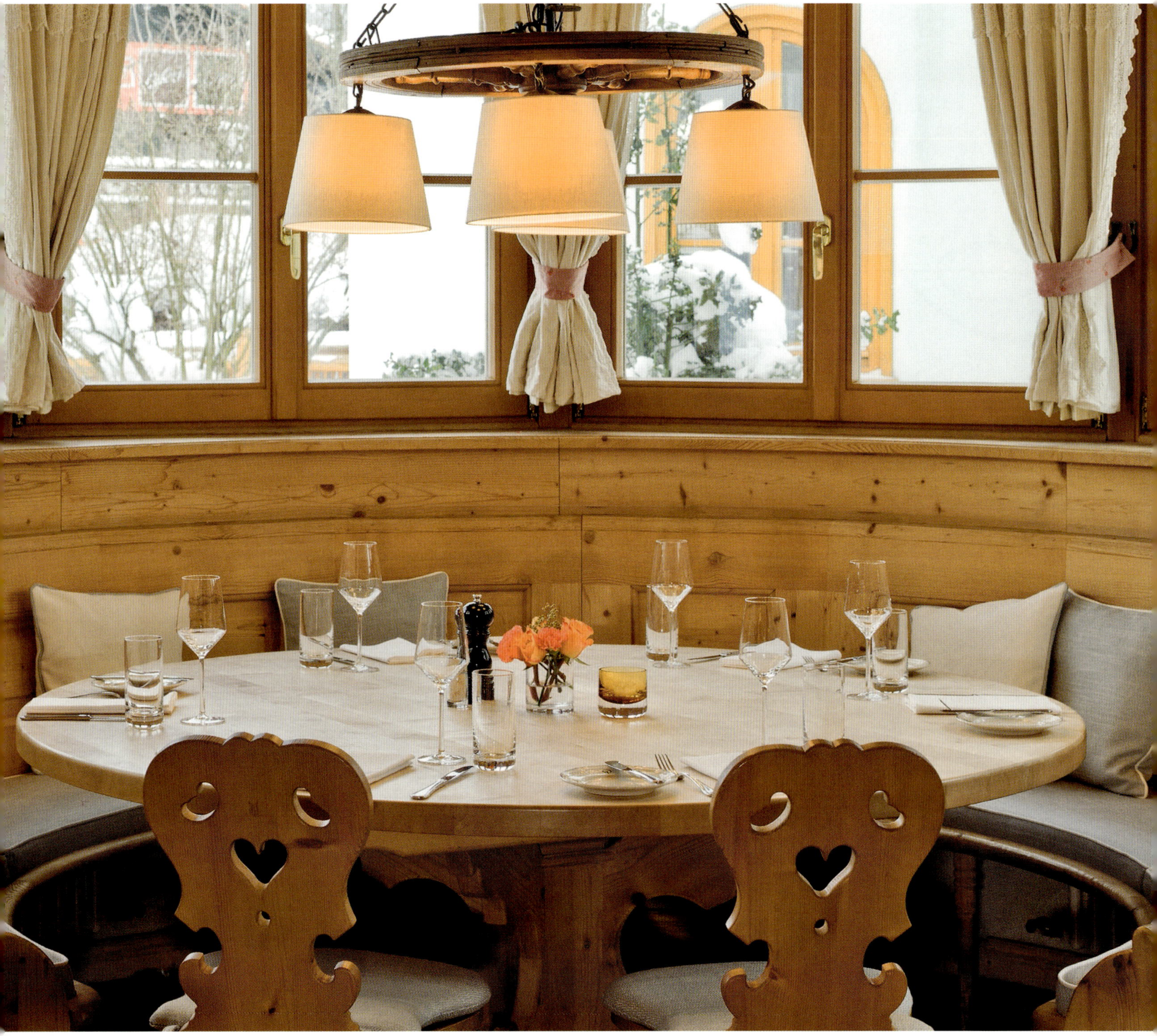

CHALET-ROMANTIK AUF DEM HOCHPLATEAU

BERGDORF PRIESTEREGG

*A*uf einer Almwiese im österreichischen Leogang entstand vor zwei Jahren das malerische Bergdorf Priesteregg. Mit seinen romantischen Chalets, seiner Privatsphäre und luxuriösen Dienstleistungen erfüllt es Urlaubsträume von Wärme und Geborgenheit.

Gemütlich sitzt man hier abends auf der traditionellen Eckbank um den Küchentisch in der heimeligen Almstube und lässt einen erlebnisreichen Tag auf den Pisten des Skicircus Leogang-Saalbach-Hinterglemm Revue passieren. Dort, im Herzen der Salzburger Bergwelt, erwartet den Wintersportler alles, was das Herz begehrt: 200 Kilometer bestens präparierte Pisten für jedes Niveau, 60 Liftanlagen, perfekt gespurte Loipen für Langläufer, zahlreiche geräumte Wanderwege für alle Nichtskiläufer und Naturliebhaber, Schneebars, Après-Ski und Hüttenzauber. Die wildromantische Bergwelt des Pinzgaus mit ihren zerklüfteten Steinbergen gehört zu den beliebtesten Wintersportregionen Österreichs. Und vor dieser grandiosen Natur-

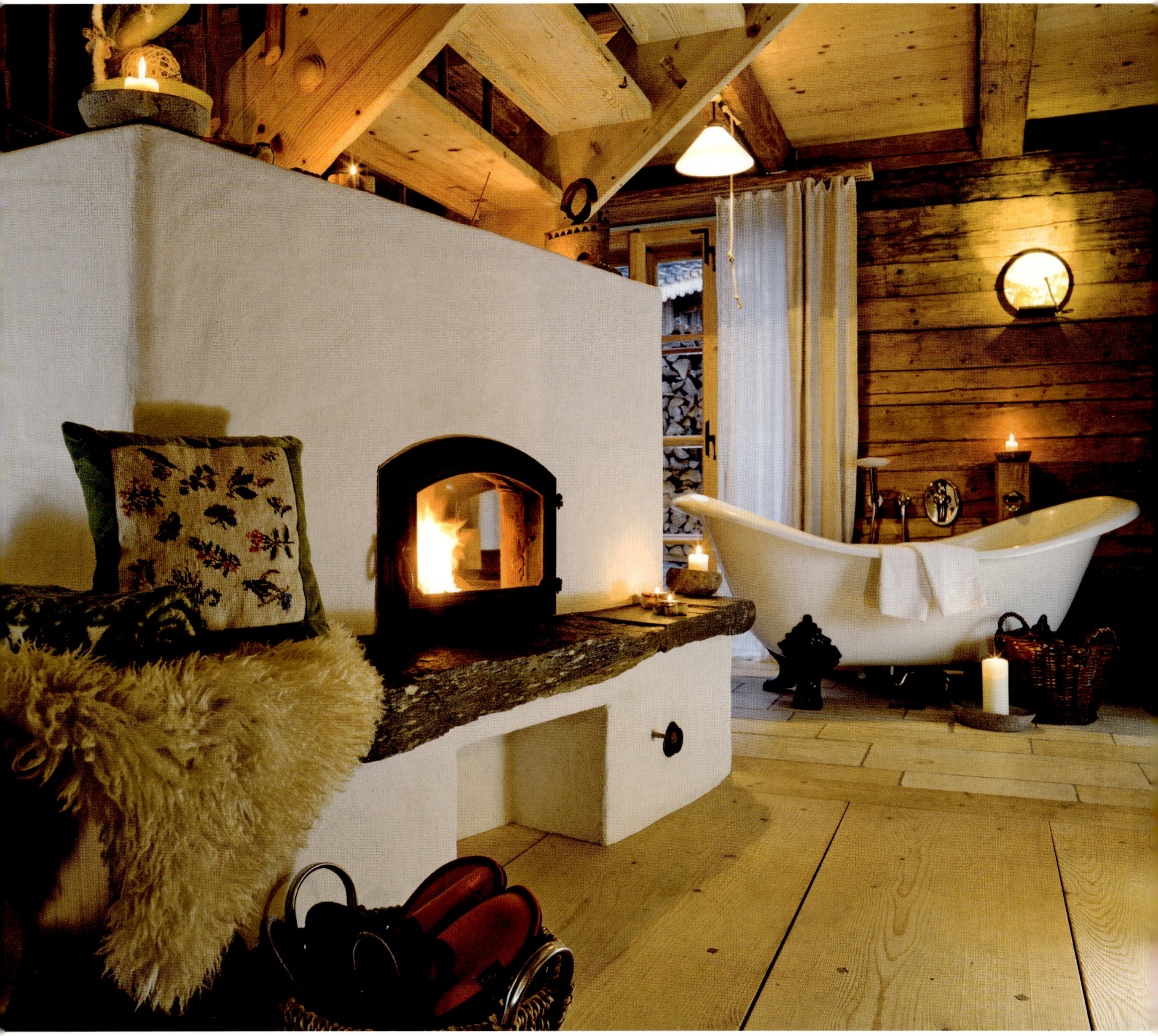

BERGDORF PRIESTEREGG

Neues Highlight im Bergdorf ist eine romantische Jause im „Hochstand".

Das neue Restaurant „Brugg" verwöhnt mit köstlicher regionaler Küche.

kulisse mit sechs Dreitausendern drumherum schmiegt sich das Bergdorf Priesteregg an ein Hochplateau, gewährt von diesem 1100 Meter hoch gelegenen Standort einen fantastischen Blick ins Tal und über die Leoganger Gipfel. Entspannter und relaxter als im Priesteregg kann kein Urlaubstag beginnen: Leise schleicht sich der morgendliche Frühstücksservice ins Chalet, bestückt den Tisch liebevoll mit all den Köstlichkeiten, die den Gute-Laune-Start in den Tag erst so richtig ausmachen: knackige Brötchen und frisch gebackenes Brot, leckere Almbutter, hausgemachte Marmeladen und Honig, angemachtes Müsli, Milch und Eier von glücklichem Vieh, Bergkäse, Schinken, Obstsalat und vieles mehr. Dazu diverse Teesorten nach Wahl – sehr zu empfehlen ist der Bergkräutertee – und frisch gebrühter Kaffee aus der Espressomaschine in der komplett ausgestatteten Chalet-Küche. Das ist perfekter Urlaub vom Alltag, man frühstückt, wann und wie lange man möchte.

Erst vor zwei Jahren haben Renate und Hubert „Huwi" Oberlader ihr Bergdorf Priesteregg eröffnet und sich damit einen langgehegten Traum erfüllt. Bereits seit zwei Jahrzehnten betreibt das sympathische Paar eine gutgehende Almgastronomie im ehemaligen Bergbauernhof von „Huwis" Eltern. Die Ideen für ihr Bergdorf haben Renate und „Huwi" von zahlreichen Reisen mitgebracht. „Wir haben das Beste aus aller Welt zusammengetragen und auf unsere Bergwelt adaptiert. Alles steht im Einklang mit unserer schönen Natur. Wir bieten unseren Gästen größten Luxus an Komfort, Ausstattung und Service, jedoch immer mit einer gehörigen Portion Understatement. Bei uns soll es locker und leger zugehen. Das ist unser Selbstverständnis von einem perfekten Urlaubsort. Deshalb duzen wir uns auch hier alle im Bergdorf", erklärt „Huwi" Oberlader seine Philosophie.

Wer gerne bei einer entspannenden Massage eine kleine Auszeit für Körper und Seele nehmen möchte, braucht dafür sein Chalet nicht zu verlassen, die Wellnesstherapeutin kommt direkt ins Haus. Und natürlich verfügt jedes Chalet auch über seine eigene Finnische Privatsauna, die man ganz nach Bedarf auch auf Dampf umstellen kann. Wer einmal einen Urlaub im Bergdorf Priesteregg erlebt hat, der kann nachvollziehen, warum dieses Kleinod die teuersten Luxusresorts auf den Malediven, auf Mauritius und anderen exotischen Destinationen bei der Wahl zum „Hideaway of the Year 2010" hinter sich gelassen hat. Denn hier ist die Philosophie nicht nur eine Werbebotschaft, hier wird sie tagtäglich erlebt: „Einfach leben. Einfach Mensch sein."

Bergdorf Priesteregg
Inhaber: Renate und Hubert Oberlader
Sonnberg 22
A-5771 Leogang
T: 00 43 / (0) 65 83 / 82 55
F: 00 43 / (0) 65 83 / 82 55-4
bergdorf@priesteregg.at
www.priesteregg.at

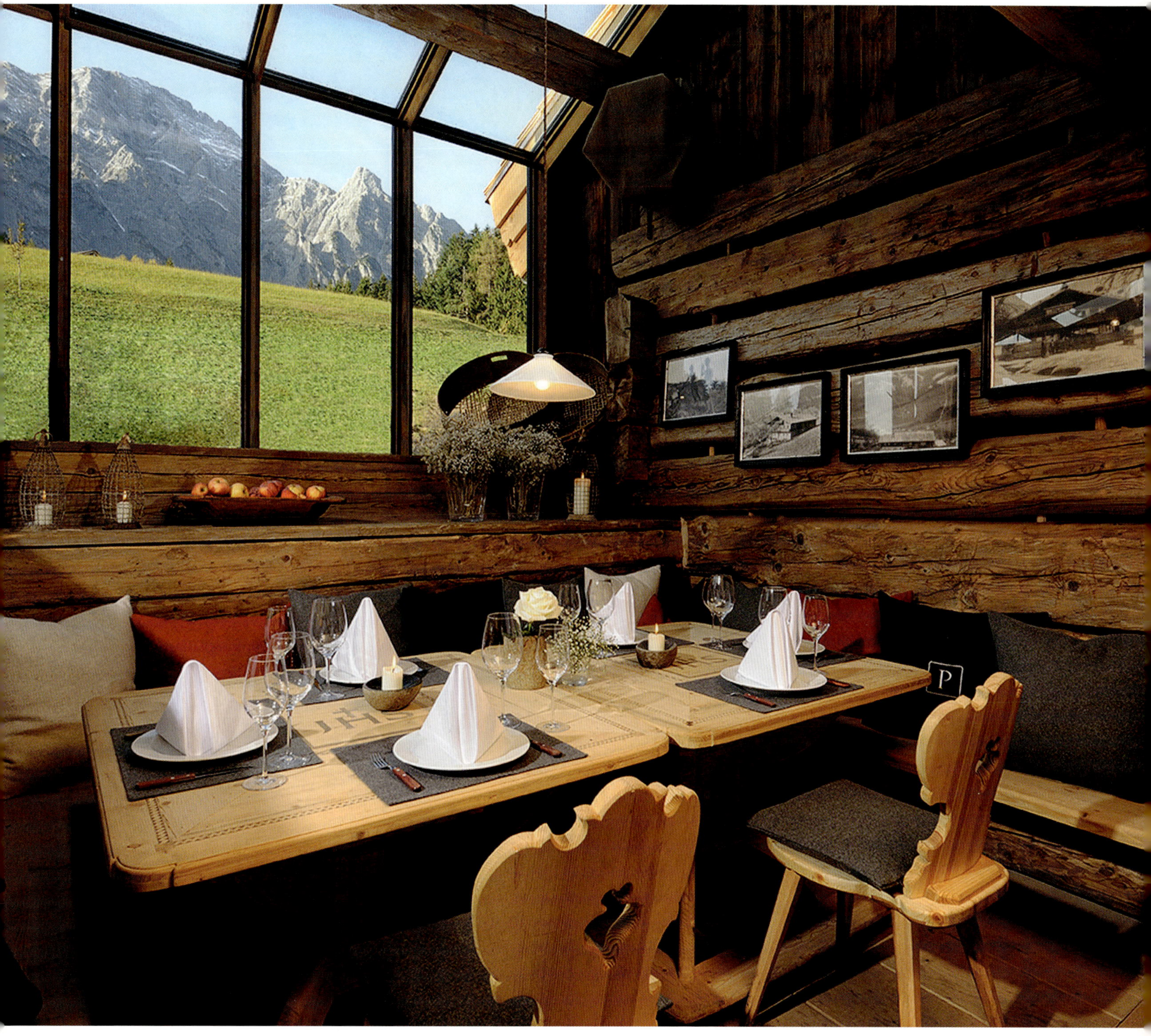

LEGENDÄR IN JEDER HINSICHT

ARLBERG HOSPIZ HOTEL

Klein, fein, ursprünglich – das ist St. Christoph am Arlberg, mit 1 800 Metern einer der höchstgelegenen Alpen-Skiorte Österreichs. Berühmt geworden ist er durch ein im 14. Jahrhundert erbautes Hospiz: Ein Hirte, Heinrich Findelkind von Kempten, baute es als schützenden Platz gegen die Unbilden der Natur. Heute ist das Arlberg Hospiz Hotel ein Luxushotel, welches auf wunderbare Weise seine Traditionen bewahrt hat, ohne den Anschluss an die Zukunft zu verpassen.

Logenplatz an der Sonnenseite des Arlbergs.

625 Jahre nach seiner Gründung, ist das Arlberg Hospiz Hotel noch immer ein Ort der besonderen Gastlichkeit: ein luxuriöses Fünf-Sterne-Hotel mit einem anspruchsvollen Ambiente, welches Historie, Tradition und Zukunft in sehr gelungener Art und Weise verbindet. Seit Anfang der 1960er Jahre Adi und Gerda Werner die Leitung des legendären Hotels übernahmen und dessen Entwicklung mit Weitblick, Stil, unternehmerischen Qualitäten und Ideenreichtum vorantrieben, erreichte das Arlberg Hospiz Hotel einen

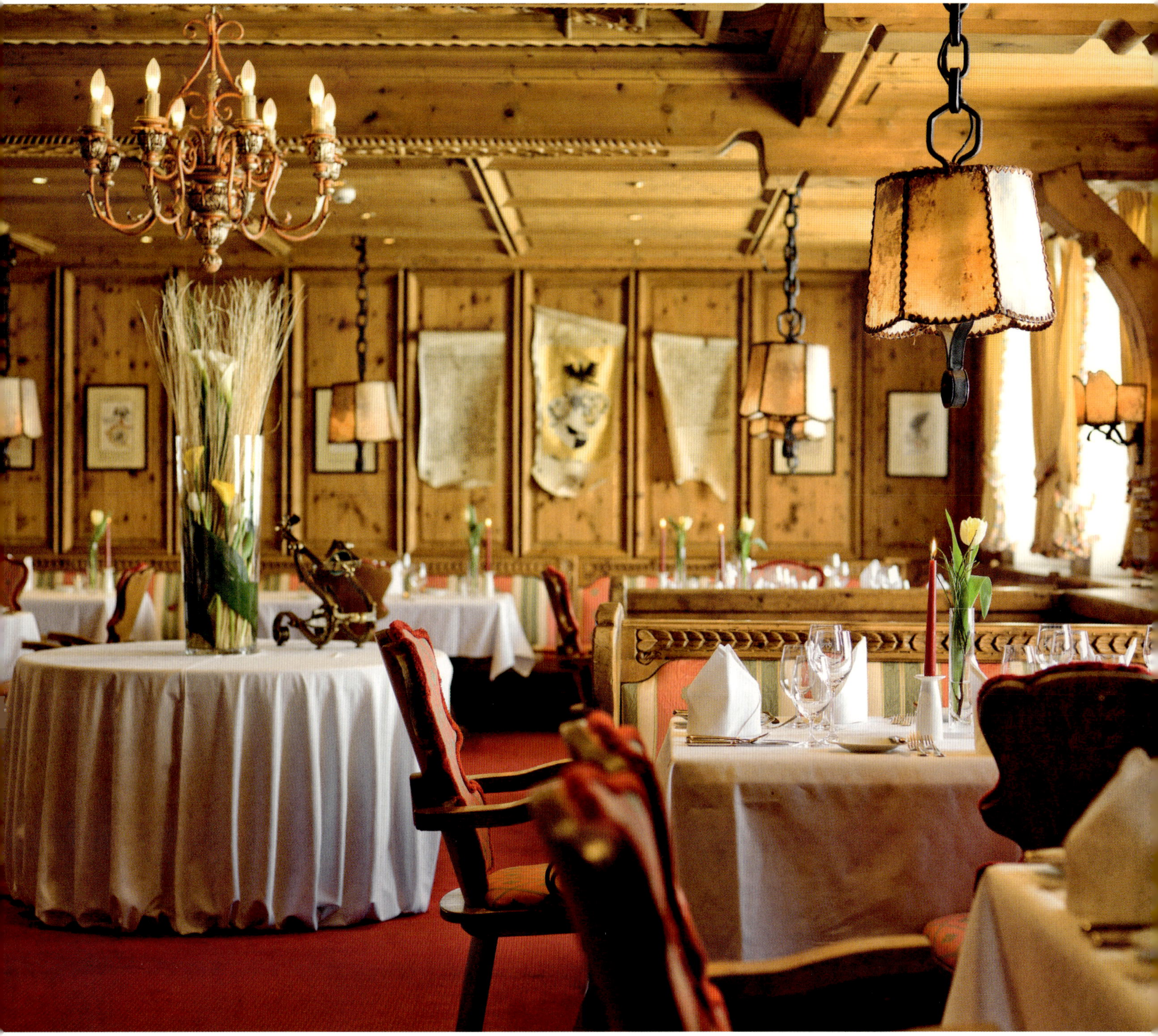

ARLBERG HOSPIZ HOTEL

Großzügig und luxuriös präsentieren sich die 88 Zimmer und Suiten.

Kneipp-Pfad im Wellnessbereich.

weiteren Gipfel in seiner langen Geschichte. Das Arlberg Hospiz Hotel ist nicht nur ein Refugium für Skifans. Bereits vor dreißig Jahren erkannte Adi Werner, dass er mehr bieten musste. Der passionierte Weinliebhaber begann damit, große Bordeaux- und Burgunderweine zu sammeln, lagerte diese in dem authentischen, mehr als 600 Jahre alten Bruderschaftskeller, ein uriger Gewölbekeller, der einst als Schlafstätte für die Zuflucht Suchenden, später als Vorratslager diente. An die 65000 erlesene Bouteillen warten nur darauf, entkorkt und genossen zu werden. Eine fast noch größere Schatzkammer befindet sich in der Hospiz Alm direkt am Skilift – nur ein paar Schritte vom Hotel entfernt. Dort lagern die Großflaschen mit 3 bis 18 Litern Inhalt. Was als kleine Liebhaberei begann, entwickelte sich zur größten privaten Großweinflaschen-Sammlung Europas. Weinkenner aus aller Welt kommen an den Arlberg, um sie zu bewundern.

Bereits vor einigen Jahren hat der Alt-Wirt die Geschäftsführung des Traditionshauses seinem Sohn Florian und dessen Frau Ursula übertragen. Und auch in dieser Generation steckt jede Menge Kreativpotenzial, um Neues zu schaffen und das Interesse einer anspruchsvollen Klientel nachhaltig zu wecken. Kulinarische Vielfalt offerieren die vier Restaurants, die im Rahmen der Dine-Around-Pauschale individuell gewählt werden können. Die Küche des À-la-carte-Restaurants „Skiclub Stube", in dem 1901 der legendäre Skiclub Arlberg gegründet wurde, ist mit einer Haube von Gault Millau ausgezeichnet und bietet feine österreichische Köstlichkeiten sowie internationale Spezialitäten. Das Hotelrestaurant offeriert den Hausgästen wechselnde Gourmetmenüs und das Tiroler Wirtshaus verführt mit regionalen, traditionellen Speisen. Und in der benachbarten Hospiz Alm kann man nicht nur den Großweinflaschen-Keller bestaunen, sondern auch vorzüglich speisen. Mal fein und mal rustikal. Das Arlberg Hospiz Hotel bietet seinen Gästen 52 individuelle, sehr komfortable Zimmer sowie 36 luxuriöse, große Suiten.

Arlberg Hospiz Hotel
Managing Director:
Florian Werner
A-6580 St. Christoph / Tirol
T: 00 43 / (0) 54 46 / 20 11 / 118
F: 00 43 / (0) 54 46 / 37 73
info@arlberghospiz.at
www.arlberghospiz.at

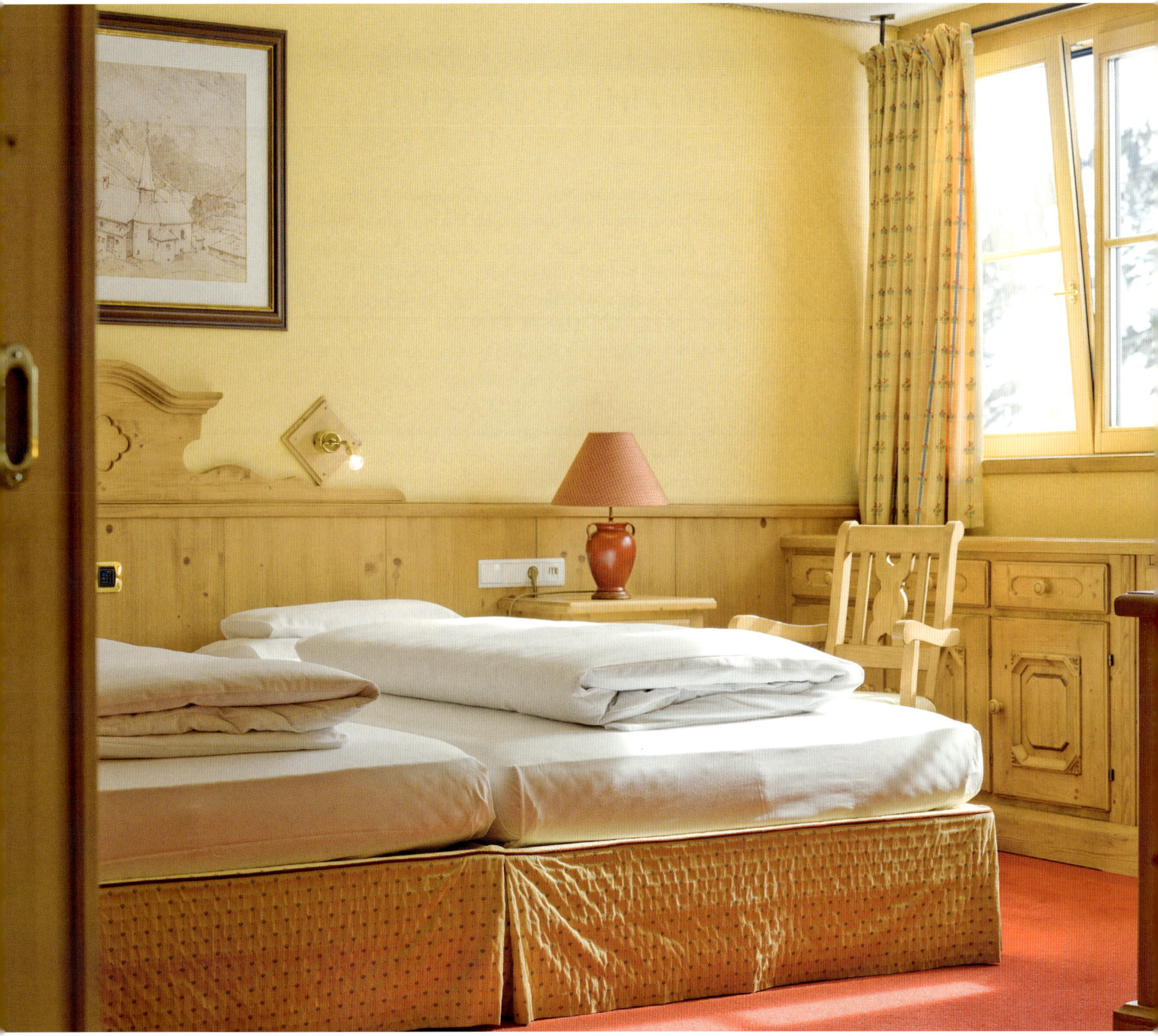

GASTGEBER AUS LEIDENSCHAFT

HOTEL ARLBERG

Wer das Glück hat, im Fünf-Sterne-Luxushotel Arlberg in Lech einzuchecken, dem stehen wahrlich traumhafte Urlaubstage bevor. Durch eine pionierhafte Aufbauarbeit legten Johann und Helga Schneider vor nunmehr über fünfzig Jahren den Grundstein für die Tradition des eleganten Hauses. Wahre Gastgeber sein, dieser Philosophie fühlen sich auch Hannes Schneider und seine charmante Frau Christiane, die dieses besondere Domizil in der zweiten Generation führen, verbunden. Schon die Lage am rauschenden Lech darf man durchaus als privilegiert bezeichnen: Ruhig und doch mittendrin im Ort mit Blick auf die faszinierende Bergwelt, erwartet die Grande Dame der Lechner Hotellerie internationale Gäste und prominente Zeitgenossen aus aller Welt. Viele Menschen sind inzwischen zu Stammgästen oder gar Freunden geworden. Wer ihm besonders ans Herz gewachsen ist, den lässt der sympathische Gastgeber vielleicht auch einen Blick auf seine geliebten Oldtimer werfen. Christiane und Hannes Schneider haben für jeden Gast ein freundliches Wort, versuchen, alle Wünsche zu erfüllen und verraten gern die neuesten Highlights der Region: So findet am Neujahrstag traditionell das Neujahrsklangfeuerwerk statt, Mitte Januar mit rund 1000 Teilnehmer das längste Volks-Skirennen der Welt, der Weiße Ring, und ein paar Wochen später,

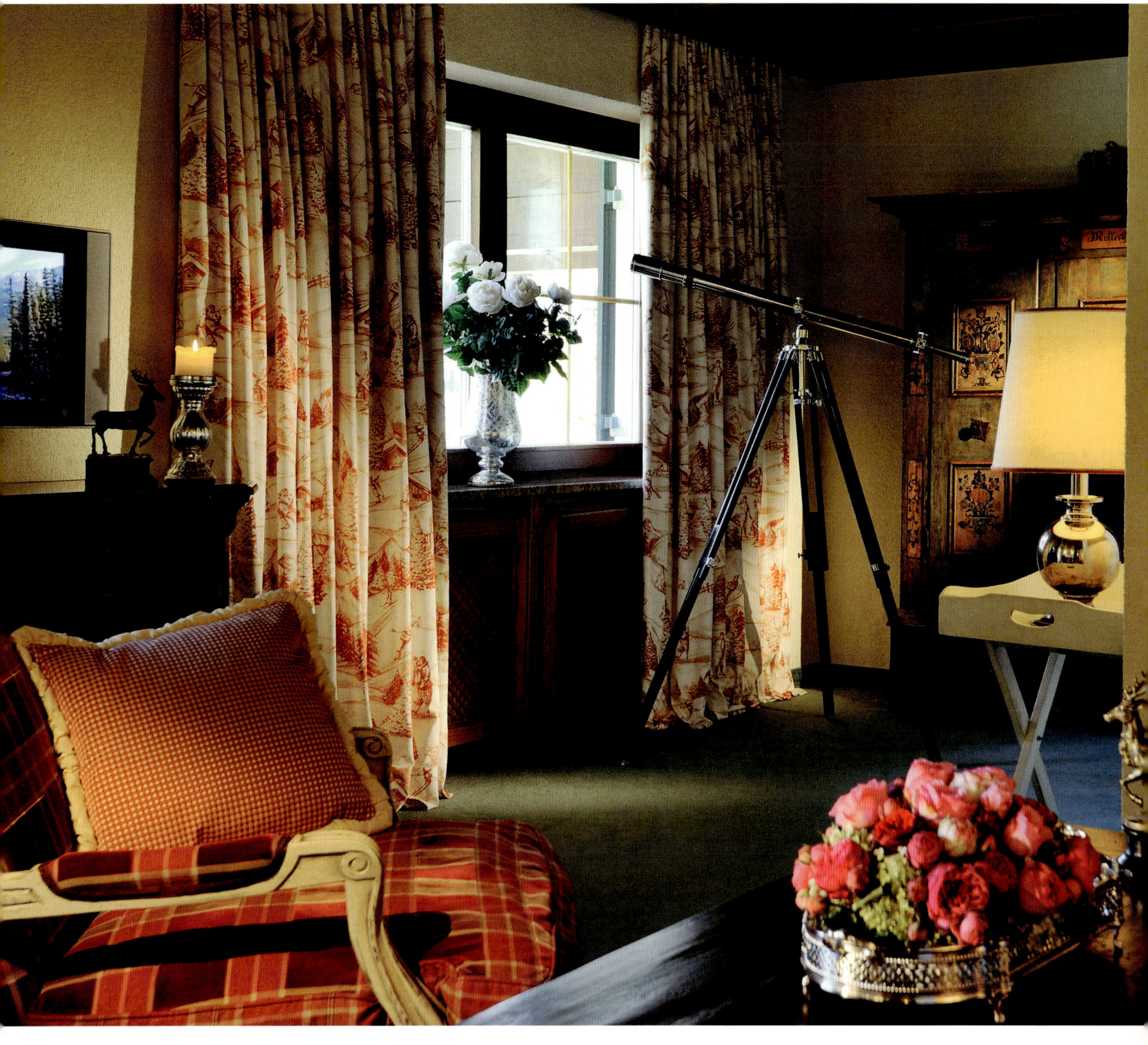

HOTEL ARLBERG

Zwei Hauben adeln die Küche von Franz Riedler.

Schönes Interieur, Tradition und moderner Komfort vereinen sich zu einer perfekten Synthese.

im März, kann man den Golfbag aus dem Keller holen. Dann laden Lech und Zürs zur Wintergolfwoche ein.

Mit natürlichen Materialien wie Holz, Stein und Glas wurde der Wellnessbereich zu einer wunderschönen, asiatisch anmutenden Senses-Spa-Wohlfühloase ausgebaut. Ein Ort der Entspannung mit Saunalandschaft und Außen-Whirlpool, an dem alle Sinne berührt werden. Geschulte Hände verwöhnen mit wohltuenden Massagen und Beauty-Treatments. Zur Anwendung kommen ausschließlich hochwertige Pflege-Labels.

Das Private Senses Spa bietet Räumlichkeiten mit eigener Dusche, Dampfbad und Sauna. Ein weiteres Highlight ist das große Hallenbad. Panoramafenster geben den Blick in die Natur frei. Wer nach einem Tag auf den Brettern zusätzlich sein Fitnessprogramm absolvieren möchte, dem steht ein Fitnessraum mit modernsten Geräten zur Verfügung. Als Trainer unterstützt auf Wunsch kein Geringerer als Fitness World Champion Bernd Österle.

Natürlich nimmt die Kulinarik in diesem Hideaway der Extraklasse einen beachtlichen Stellenwert ein. Das elegante Restaurant „La Fenice" zählt zu den besten Feinschmeckertempeln des Landes. Seinen Ruf verdankt das Gourmetrestaurant dem langjährigen, erfahrenen Küchenchef Franz Riedler. Zwei Hauben adeln seine italienischen Spezialitäten auf hohem Niveau. Hier wird ein Dinner zum „Gipfeltreffen der Genüsse". Österreichische Schmankerl werden in der „Walserstube" serviert. Ein besonderes Erlebnis ist es, im super-gemütlichen Ambiente ein Fondue zu genießen. Die Zimmer und Suiten tragen die Handschrift der Gastgeberin Christiane Schneider und wurden nach ihren Vorstellungen geräumig, gemütlich, mit opulenten Stoffen, hochwertigen Betten, edlen Bädern und viel Liebe zum Detail eingerichtet. Ganz gleich, ob man ein Doppelzimmer oder eine der luxuriösen Suiten bewohnt, ein zauberhaftes Zuhause auf Zeit ist in diesem Domizil garantiert.

*Hotel Arlberg
Gastgeber:
Familien Kommerzialrat
Johann Schneider und
Hannes Schneider
Tannberg / Haus Nr. 187
A-6764 Lech am Arlberg
T.: 00 43 / 55 83 / 21 34 - 0
F: 00 43 / 55 83 / 21 34 - 25
info@arlberghotel.at
www.arlberghotel.at*

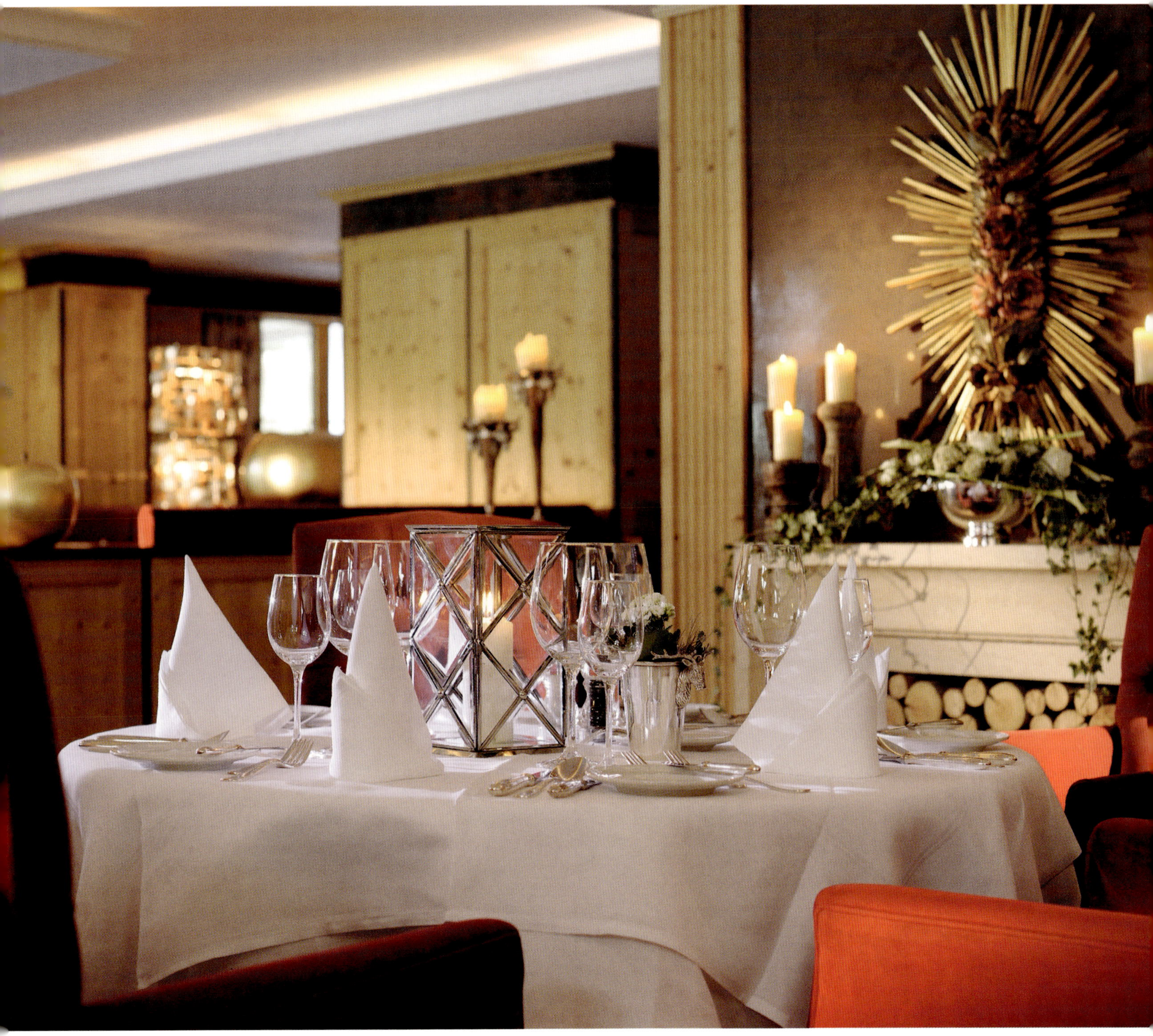

INNERE WERTE, DIE ES IN SICH HABEN

KRISTIANIA LECH

*E*in berühmter Sohn Lechs am Arlberg ist Othmar Schneider. Er gewann bei den Olympischen Winterspielen 1952 in Oslo für die Ski-Nationalmannschaft Österreichs je eine Gold- und eine Silbermedaille. Mitte der 1960er Jahre eröffnete er in seinem berühmten Heimatdorf ein Luxushotel: das Kristiania Lech. Heute leitet seine Tochter Gertrud Schneider das Small Luxury Hotel, das sich durch seine außergewöhnlichen Interieurs und den befreiend natürlichen Umgang mit Kunst in jeder Beziehung bemerkenswert abhebt.

Gertrud Schneiders Vater hatte ein gutes Auge, als er den Platz für sein Hotel Kristiania wählte. Es ist einer der schönsten Sonnenplätze am Rande des Nobelskiortes, mit einem mehr als herrlichen Panoramablick auf die umliegende Hochgebirgswelt. Auch wenn es von außen seinen eher traditionellen Charakter bewahrt hat, so überrascht das kleine feine Luxushotel innen mit jeder Menge Kreativität und außergewöhnlicher Ideen. Vor allen die Kunst ist es, die einen auf Schritt und Tritt im Hause begleitet. Wenn das Hotel Kristiania eines nicht ist, dann ist das uniform. Jeder Bereich im Hause ist ein in sich geschlossenes Universum – und das Kuriose daran: Als Ganzes betrachtet findet alles in Harmonie zueinander. Auch das ist Kunst! Selbst bei den 29 Zimmern und Suiten gleicht kein Grundriss, kein Mobiliar, kein Farbthema dem anderen. Mal gibt authentisches Holz den Grundton an, mal sind es satte, kräftige Farben, mal inspirierte die Musik eines berühmten Komponisten, ein andermal ein mächtiger Herrscher Asiens. Doch egal, wie ein Raum sich präsentiert: in jedem bleibt die Privatsphäre sichtbar und spürbar. Einfühlsam, aber innovativ eingerichtet, sind die Zimmer und Suiten einzigartig in Lech. Jeder Raum, sei es ein Einzelzimmer oder Doppelzimmer, ist ein Unikat – einmalig und unverwechselbar. Auch im Restaurant setzen die zeitgenössischen Kunstwerke aus der Schneiderschen Privatsammlung wieder wertvolle Akzente. Kuli-

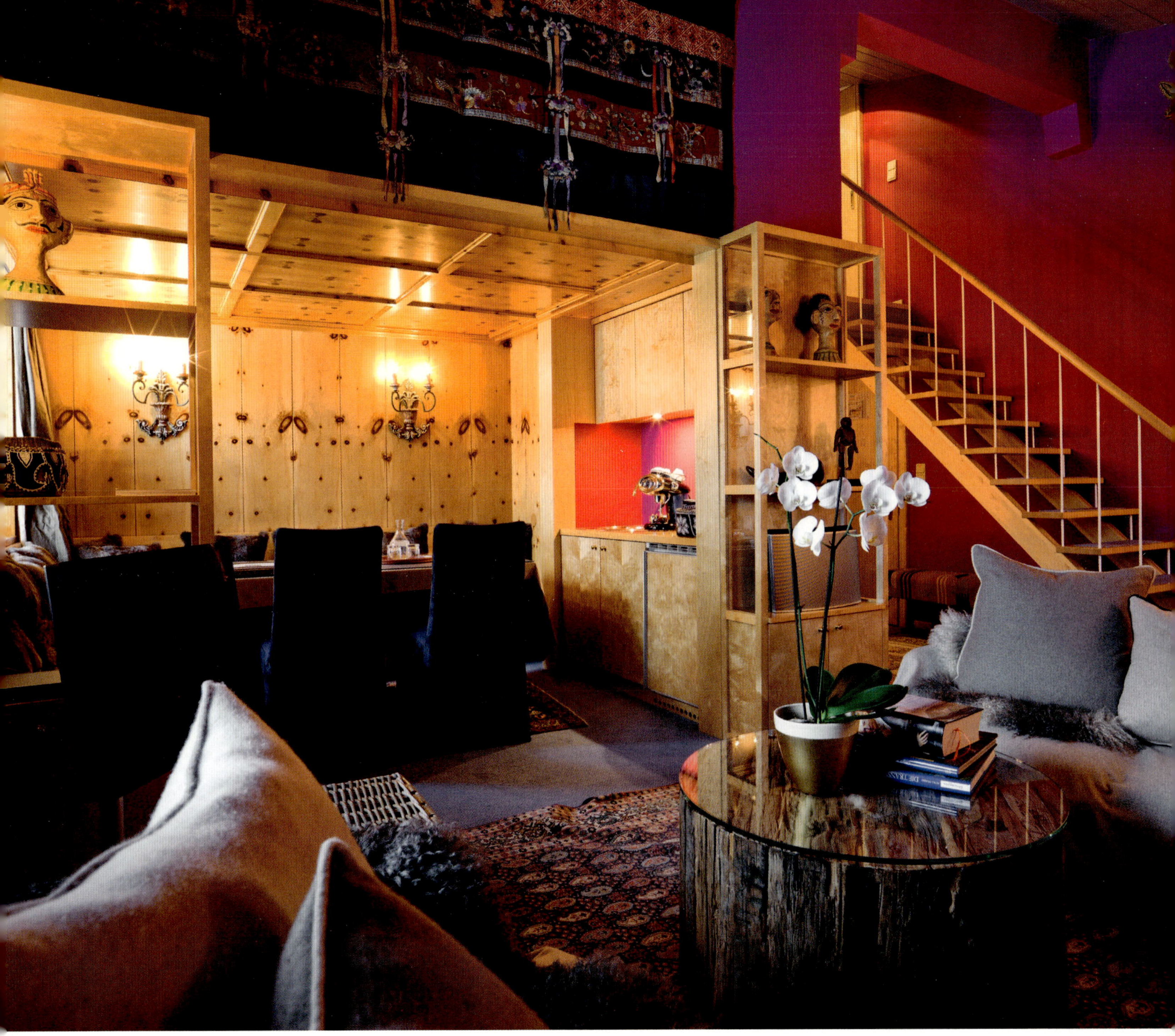

KRISTIANIA LECH

Bitte Platz nehmen und die Küche von Harald Rindler genießen.

Gemütliche Oasen zum Lesen oder einfach, um die Seele baumeln zu lassen.

narisch pflegt der junge, ambitionierte Küchenchef Harald Rindler, ein Johann-Lafer-Schüler, im Hotelrestaurant eine gehobene österreichische Küche, die er bisweilen mit internationalen Akzenten bereichert. Rundum stimmig wird seine Kochkunst durch die wundervollen Kreationen des leidenschaftlichen Chocolatiers und Patissiers Thomas Naderer, denen man einfach nicht widerstehen kann. Gault Millau vergab für die Küchenleistungen 15 Punkte sowie zwei Hauben. Bereits im vergangenen Jahr neu eröffnet wurde das À-la-carte-Restaurant „Otto Wagner" mit seiner kostbaren Stuhlsammlung im Jugendstil sowie ausgefallenen Tischdekorationen. Eine kleine Sensation stellt die erst kürzlich vom Wine Spectator mit einem Award prämierte Weinkarte dar. Selbst dem Kenner lässt sie kaum Wünsche offen, wartet mit großen Namen und ebensolchen Jahrgängen auf. Und nach dem Dinner, aber gerne auch davor, hüllt sich „Die Rote Bar" in Lounge-Atmosphäre vom Feinsten.

Ja, und dann wäre da noch eine ganze Armada an Service-Leistungen, die eben den Unterschied machen zu gleichwertigen Häusern am Ort. Das beginnt beim von Louis Vuitton geschulten Butler-Service, der das Gepäck stilgerecht aus- und einpackt. Für die Abholung vom Privatjet steht ein Maybach-Limousinenservice zur Verfügung.

Exklusive Beauty-Behandlungen werden von der Therapeutin diskret „In-Room" ausgeführt und für den besten Freund des Menschen wurde ein umfassender Pet-Service etabliert. Angefangen beim eleganten Hundebett im Country Style über eine tierisch gute Gourmetverpflegung bis zum Gassi-, Bade- und Striegelservice reicht das Portfolio für den verwöhnten Gast auf vier Pfoten. Nicht zu vergessen sämtliche Leistungen, die sich rund ums Ski- und Pistenvergnügen drehen: vorbereiten der Skipässe an der Rezeption, Shuttle-Service zur Piste und wieder zurück, Skischuhwärmer, Ski- und Snowboard-Raum, Ausrüstungsverleih, Reparatur und Wachsen, Sonnenschutz sowie Skilehrer-Buchung. Dann kann es losgehen. Die Arlberg-Region mit einer Seehöhe zwischen 1450 und 2800 Metern ist ein wahrhaftiges Paradies für Wintersportler. Zwischen Rüfikopf, Madloch, Kriegerhorn und Mohnenfluh schweben Seilbahnen; Sessel- und Schlepplifte bringen die Wintergäste zu den schönsten Hängen unterschiedlicher Schwierigkeitsgrade. 85 Bergbahnen und Lifte, 277 Kilometer gepflegter Pisten und 180 Kilometer Abfahrten im freien Gelände halten für jedes skifahrerische Können das Richtige bereit.

Kristiania Lech
Gastgeberin:
Gertrud Schneider
Omesberg 331
A-6764 Lech am Arlberg
T: 00 43 / (0) 55 83 / 2 56 10
F: 00 43 / (0) 55 83 / 35 50
info@kristiania.at
www.kristiania.at

163

FAMILIÄRE WOHLFÜHLWELT IM WINTERPARADIES ARLBERG

HOTEL SCHMELZHOF

*A*rlberg gilt als die Wiege des alpine Skilaufs und gehört heute ohne Frage zu den besten und berühmtesten Skigebieten der Welt. Das belegen unzählige Auszeichnungen genauso eindrucksvoll wie das internationale Publikum, darunter auch jede Menge gekrönte Häupter und Prominenz aus allen Sparten des gesellschaftlichen Lebens. Die Gründe für die konstante Beliebtheit sind jedoch vielfältig. Da wäre zunächst einmal das traumhafte und bestens erschlossene Skigebiet, das sich mit 277 top präparierten Pistenkilometern, 180 km Tiefschneeabfahrten und 85 Bergbahnen äußerst facettenreich präsentiert und für jedes skifahrerische Können das Richtige bietet. Doch auch der ganz besondere Charme der Region zieht im Winter genauso wie im Sommer Bergfans in ihren Bann. Denn im Gegensatz zu anderen Skiregionen, wo die Beliebtheit unweigerlich mit jeder Menge Bausünden, überfüllten Pisten, langen Wartezeiten und Schnellrestaurants daher-

Ganz entspannt kann man den Tag am lauschigen Kaminfeuer beschließen.

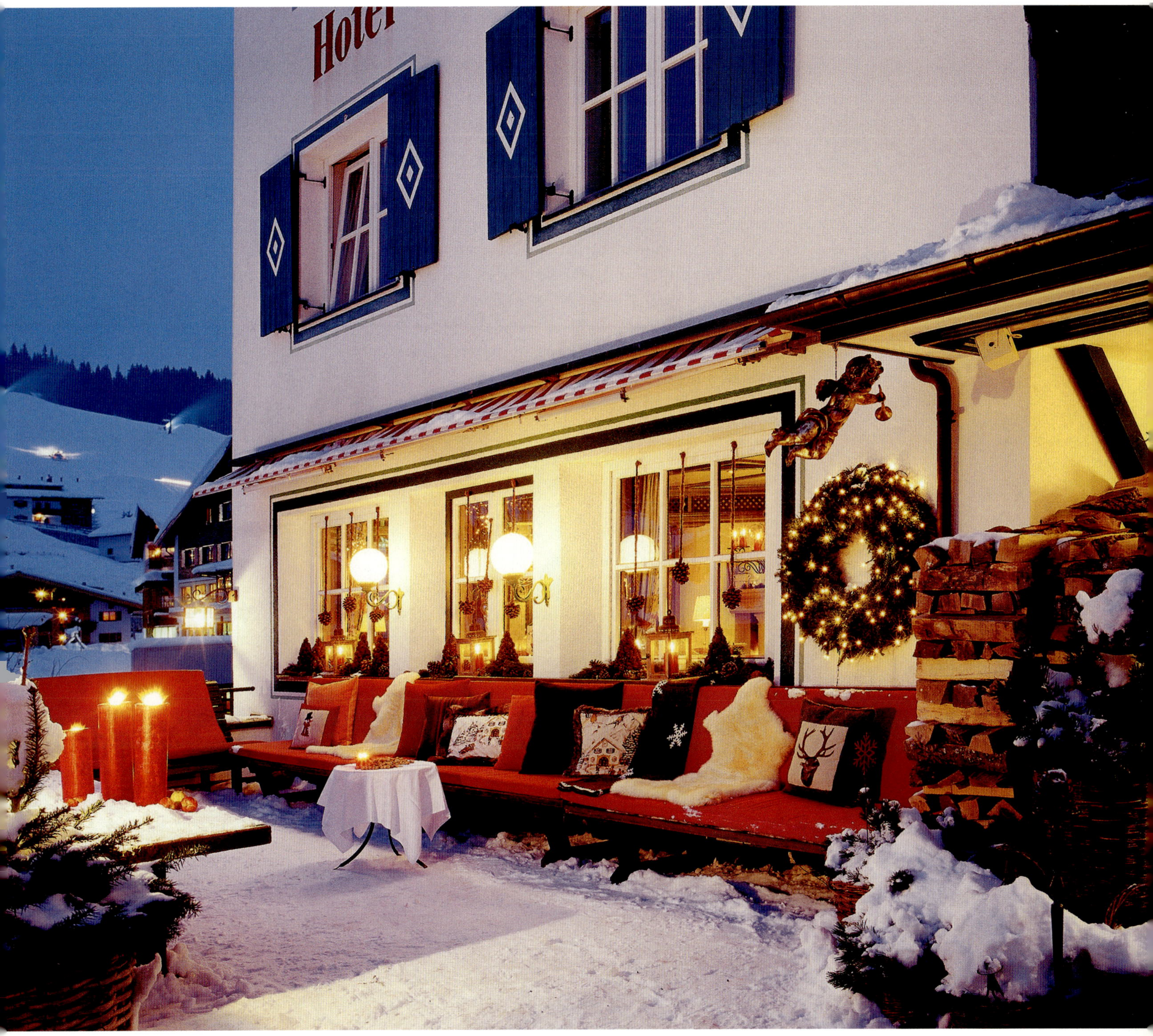
Hotel

HOTEL SCHMELZHOF

kommt, werden hier die alpinen Traditionen behutsam gepflegt. Insbesondere der Ort Lech hat sich seinen individuellen Charakter, seine harmonische Architektur und die gemütliche, gastliche Atmosphäre bewahrt. Drei Punkte, die auch die besondere Atmosphäre des Hotels Schmelzhof charakterisieren. Im „Hotel zum Daheimsein", wie die Inhaber Gitti und Robert Strolz ihr schmuckes Vier-Sterne-Domizil so herrlich passend betiteln, fühlt man sich auf Anhieb herzlich willkommen. Das liegt vordergründig an den bezaubernden Dekorationen von Gitti Strolz, die mit viel Gefühl für Farben und Formen, mit kreativem Ideenreichtum und weiblicher Inspiration die heimeligen Räumlichkeiten gestaltet. Aber auch an den vielen liebevollen kleinen Gesten und der familiären Gastlichkeit durch die Familie Strolz und ihrem warmherzigen Team. Ganz entspannt kann man den Tag auf der beliebten Sonnenterrasse als Anlaufpunkt nach dem Skifahren genießen, während man an der warmen Hauswand auf gemütlichen Bänken voller Vorfreude die À-la-carte-Karte studiert. Schön auch das von der Hausherrin für den Winter entworfene Arlberg-Geschirr, mit dem sie duftenden Kaffee und leckeren Kuchen auf die Terrasse bringen lässt. Alles hier zeugt von einer sorgsamen Hand und viel Gefühl für Flair und Stimmungen!

Während man noch die Magie des Augenblicks genießt, läuft die Küche schon zur Höchstform auf, um klassische österreichische Gerichte mit mediterranen Einflüssen zu kleinen Gaumen-Events zu komponieren. Die Weinkarte ist mit großem Sachverstand von Robert Strolz zusammengestellt und begleitet mit österreichischen Paradewinzern sowie edlen Tropfen aller bekannten europäischen Weinanbaugebieten, vorwiegend aus Magnumflaschen, die Gaumenschmeichler. So verwöhnt, genießt man im Anschluss die großartige Sinnlichkeit der Schmelzhof-Zimmer, die von Gitti Strolz mit Enthusiasmus gestaltet wurden. Kein Zimmer gleicht dem anderen und doch ist eine klare Handschrift zu erkennen. Denn mit großer Freude spielt sie mit Farben und Formen, setzt Themen ihrer Lieblings-Designer wirkungsvoll in Szene. Ein optischer Genuss, der noch lange nachhält und den man sich – zumindest in kleinen Teilen – mit nach Hause nehmen kann. Seit diesem Sommer präsentiert die Hausherrin in „Gittis Shop" einen Querschnitt ihrer stilvollen Deko-Ideen.

Hotel Schmelzhof
Inhaber:
Gitti und Robert Strolz
A-6764 Lech/Arlberg
T: 00 43 / 55 83 / 3 75 00
F: 00 43 / 55 83 / 37 50 30
hotel@ schmelzhof.at
www.schmelzhof.at
Preise: je nach Saison
DZ ab 230 inkl. HP

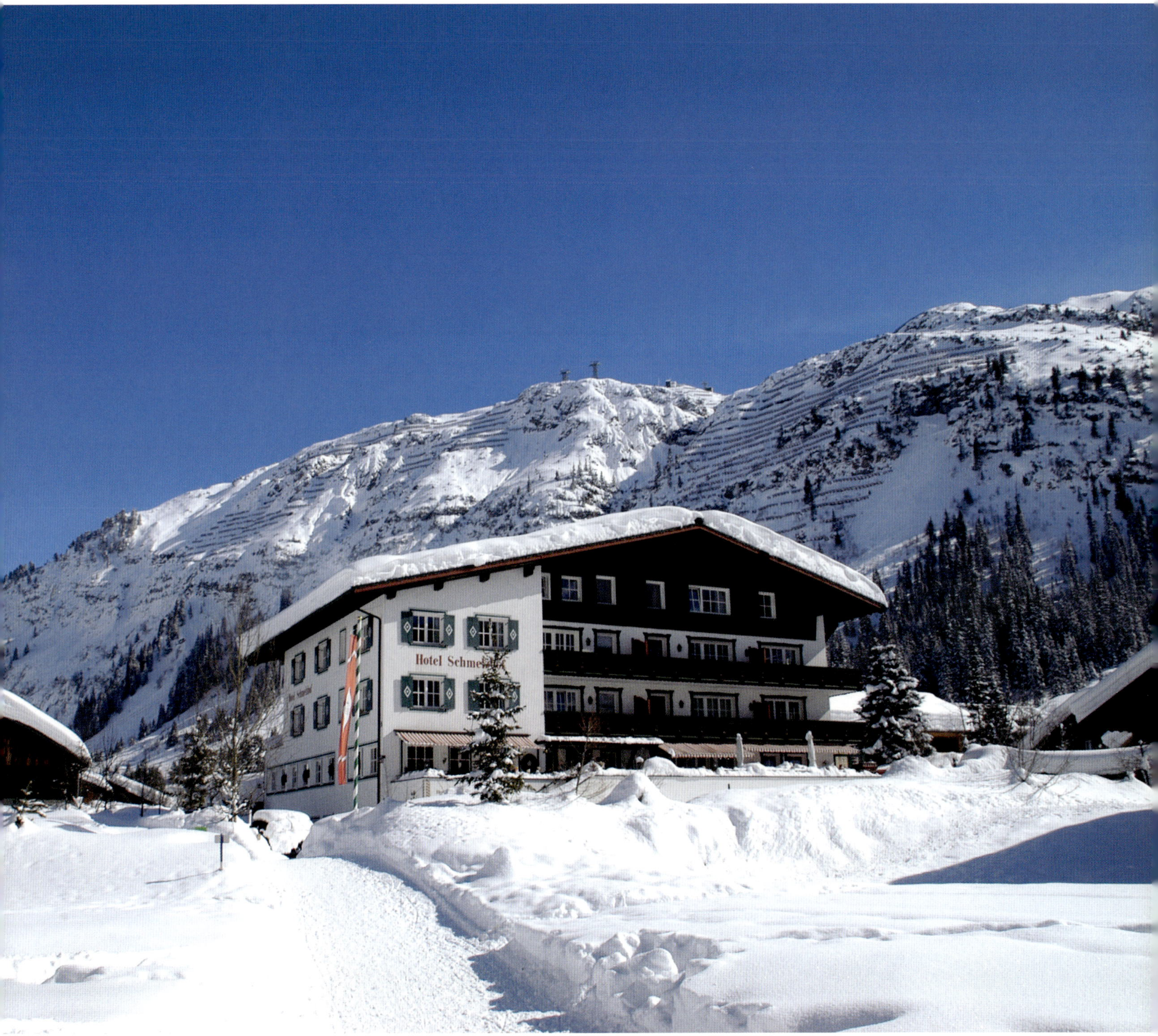

DESIGN & TIROL

DAS POSTHOTEL

Umringt von fünfundfünfzig Dreitausendern und der wunderbaren Bergwelt der Tuxer Voralpen, des Tuxer Hauptkamms und der Zillertaler Alpen, bietet das Zillertal viele einzigartige Ausblicke und auf einer Länge von 32 Kilometern Bergvergnügen pur. Das wohl aktivste Tal der Alpen bietet neben 662 Kilometern top präparierten Pisten, 171 modernen Liftanlagen, einem fast grenzenlosen Freeride-Gelände, modernen Funparks, ausgedehnten Loipen- und Winterwanderwegenetzen, urigen Berghütten und jeder Menge Après-Ski alles für den perfekten Wintersporturlaub. Natürlich gehören dazu auch exzellente Unterkünfte wie das erst vor zwei Jahren neugebaute Aparthotel der Familie Egger-Binder. Wie es sich für ein „Posthotel" gehört, liegt das außergewöhnliche Domizil im Zentrum von Zell im Zillertal, dem Eingang zur Zillertal Arena, dem größten Skigebiet der Alpen. In Nachbarschaft zu zahlreichen Einkaufsmöglichkeiten und abwechslungsreichen kulinarischen Adressen bietet das familiengeführte Hotel eine ganz besondere Qualität in der Ausstattung der Suiten, Appar-

Die großzügigen Appartements verwöhnen mit einer wunderschönen Neuinterpretation alpenländischer Wohnkultur und mit modernstem Komfort.

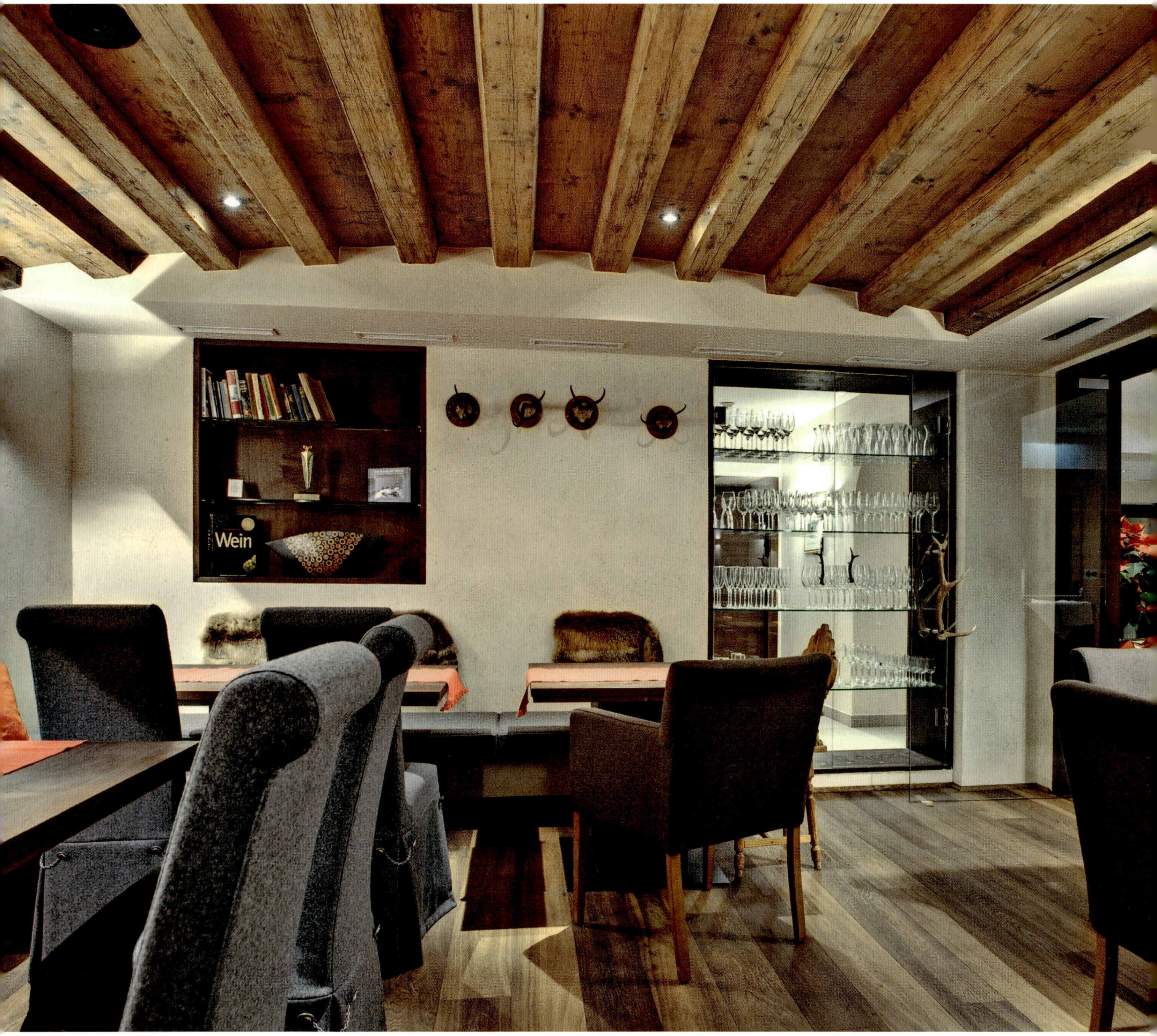
Wein

DAS POSTHOTEL

tements und Zimmer. Jedes für sich ist eine geradlinig designte Wohlfühlinsel, die Ruhe und Entspannung ausstrahlt. Die großzügigen Räume werden geprägt vom gekonnten Spiel mit Struktur und Licht: naturbelassene, geölte Hölzer und authentische Materialien aus der Region, sanfte Naturtöne und der bewusste Verzicht auf überflüssiges Dekor. Das ist das passende Umfeld, um stressgeplagte Gäste wieder in Balance zu bringen – im Winter genauso wie im Sommer, wo sich die beeindruckende Bergkulisse in ein einzigartiges Wanderer- und Biker-Paradies verwandelt.

Nach einem erlebnisreichen Skitag oder einer aufregenden Wandertour findet der Gast Entspannung im designten Spa-Bereich. Außenpool mit Inneneinstieg, Zirbenholz-Außensauna, Finnischer Sauna, Dampfbad, Bio-Sauna, Infrarotkabine, Garten mit Kneippbecken und Ruheräume. Die Massage nach einem erlebnisreichen Skitag ist nur eine der Serviceleistungen, die Familie Egger-Binder für ihre Gäste bereithält.

Eine große Bücherauswahl für Leseratten sowie ein Fitnessraum gehören zum Ganzjahres-Angebot, das im Sommer durch den hoteleigenen Fahrradverleih und Tischtennis abgerundet wird. Natürlich kümmert sich die Familie auf Wunsch auch um den Skipass oder die Ausrüstung, serviert ein leckeres Frühstück oder liefert die Brötchen in das eigene Appartement. Diese Gästeorientierung, das authentische Design der Appartements, die hohe Qualität der Ausstattung und das umweltverträgliche Gesamtkonzept haben sehr schnell viele Freunde gefunden.

Die positive Resonanz nahm Familie Egger-Binder zum Anlass „Das Posthotel" noch einmal zu erweitern. In einem reinen Holzbau sind fünf außergewöhnliche Gipfelsuiten entstanden, die, zwischen 42 und 91 Quadratmeter groß, ab 2012 der Posthotel-Wohnwelt die Krone aufsetzen werden. Man darf gespannt sein! Besonders auf die neue Gipfeltreff-Lounge mit Kamin.

Nach dem Ski-vergnügen sind es vom Skibus nur ein paar Schritte in den lichtdurchfluteten Wellnessbereich mit Pool und Saunen.

Das Posthotel
Inhaber: Familie Egger
Rohrerstraße 4
A-6280 Zell im Zillertal
T: 00 43 / 52 82 22 36
F: 00 43 / 52 82 36 47
info@dasposthotel.at
www.dasposthotel.at

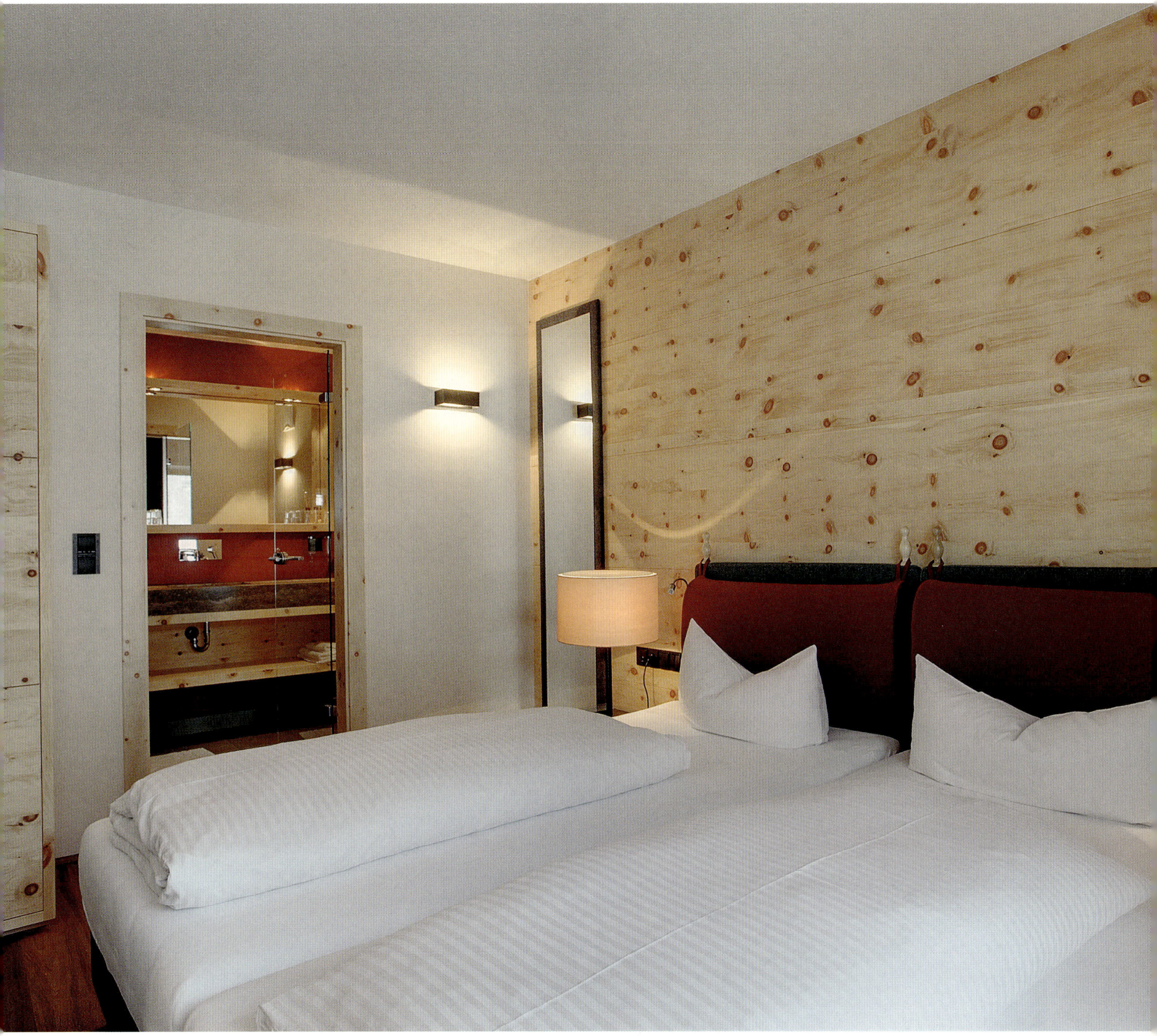

CHARMANTES TOR ZUM UNESCO-WELTKULTURERBE WACHAU

HOTEL ZUM SCHWARZEN BÄREN

Dort, wo sich die historische Marktgemeinde Emmersdorf idyllisch an das Ufer der Donau schmiegt, beginnt die unvergleichliche Wachau, Teil des UNESCO-Weltkulturerbes und eines der schönsten Flusstäler Europas. Weinterrassen, so weit das Auge reicht, leuchtende Felder, imposante Burgen und Schlösser, pittoreske Orte, romantische Malerwinkel, schier endlose Wander- und Radwege sowie jede Menge Kultur machen die Wachau zu einem der beliebtesten Urlaubsziele Österreichs – vor allem bei Radfahrern, die das historische Städtchen Emmersdorf sehr gerne als Ausgangspunkt für Wachau-Erkundungstouren wählen. Und das nicht nur, weil es hier bezaubernde Touren zu Schlössern, Burgen und zum Stift Melk gibt, sondern weil man sich im ganzen Ort auf die speziellen Bedürfnisse Rad fahrender Gäste eingestellt hat. Das gilt auch für Erika und Martin Pritz, die das 1670 erstmals urkundlich als „Whärzhaus zum schwarzen Peern" erwähnte Gasthaus führen. Unter ihrer Leitung hat sich das einstige Gasthaus zum komfortablen Vier-Sterne-Hotel-Restaurant „Zum Schwarzen Bären" entwickelt. In diesem gastlichen und überaus charmanten Tor zu den Schönheiten der Wachau fühlt sich jeder Gast sofort zu Hause. Man spürt, Erika Pritz ist die gute Seele des Hauses – sie steht hinter der Rezeption, erklärt Landkarten, packt überall mit an, gibt Tipps für einen erlebnisreichen Urlaubstag, ordert in der Küche einen himmlischen Marillenknödel und verliert bei all dem nie ihr freundliches Lächeln. Eine Vollblutgastronomin, der das Wohl ihrer Gäste am Herzen liegt. „So haben auch schon meine Schwiegereltern das Haus geführt. 2010 konnten wir das 100-jährige Jubiläum der Familie Pritz feiern", erzählt die charmante Gastgeberin. In all den Jahren hat sich natürlich viel verändert. Es wurde immer wieder umgebaut, erweitert und renoviert. „Wir haben unser Haus dem Zeitgeist angepasst, aber immer be-

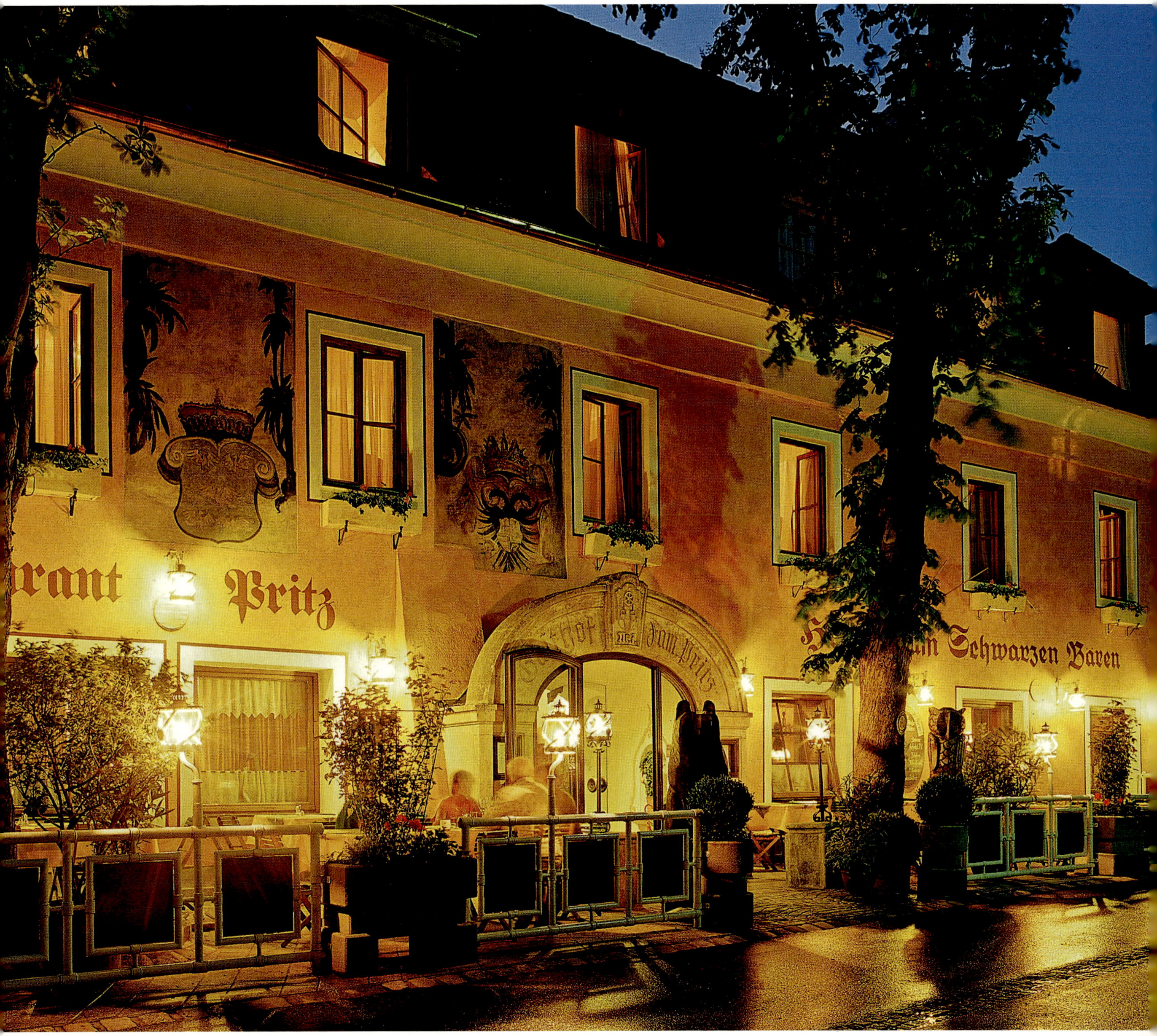
rant Pritz
Schwarzen Bären

HOTEL ZUM SCHWARZEN BÄREN

Blick in eines der gemütlichen Zimmer.

hutsam, immer der Tradition verbunden", sagt Erika Pritz. Geschickt wurden fünf Gebäude zu einem einzigartigen Hotel vereint. Den Gast erwarten 50 charmante Zimmer, fünf Ferienwohnungen für längere Aufenthalte, sechs Seminarräume und eine ca. 400 Quadratmeter große Badeoase mit Hallenbad. Die historische Fassade des Hauses blieb vollkommen erhalten. Das Highlight im Gastzimmer ist ein Kreuzrippengewölbe aus dem 16. Jahrhundert. Und während Erika Pritz sozusagen auf der Bühne agiert, begeistert ihr Mann hinter den Kulissen. Martin Pritz steht am Herd und ist weit über die Grenzen von Emmersdorf hinaus für seine hervorragende Küche bekannt. „Ich beziehe meine Lebensmittel nur von Lieferanten aus der Wachau, die ich persönlich kenne. Fische kommen zum Beispiel aus der Waldviertler Bründl-Mühle, ein Familienbetrieb mit 1-A-Qualität. Was bei uns auf den Tisch kommt, das ist alles selbstgemacht. Das dauert zwar vielleicht manchmal etwas länger, ist aber garantiert frisch", verrät der Küchenchef, der auch ein passionierter Weinliebhaber ist. Dementsprechend gut sortiert ist sein Keller. Hier finden sich viele edle Tropfen, unter anderem vom Weingut Franz Hirtzberger aus Spitz. Erika und Martin Pritz bieten ihren Gästen ein absolut ursprüngliches, authentisches Wachau-Erlebnis. Nichts wirkt künstlich, aufgesetzt oder devot, sondern einfach nur herzlich und echt.

*Hotel
Zum Schwarzen Bären
Gastgeber: Familie Pritz
Marktplatz
A-3644 Emmersdorf
T: 00 43 / 27 52 / 7 12 49
F: 00 43 / 27 52 / 7 12 49 44
hotel@hotelpritz.at
www.hotelpritz.at
DZ ab 90 Euro
inklusive Frühstück*

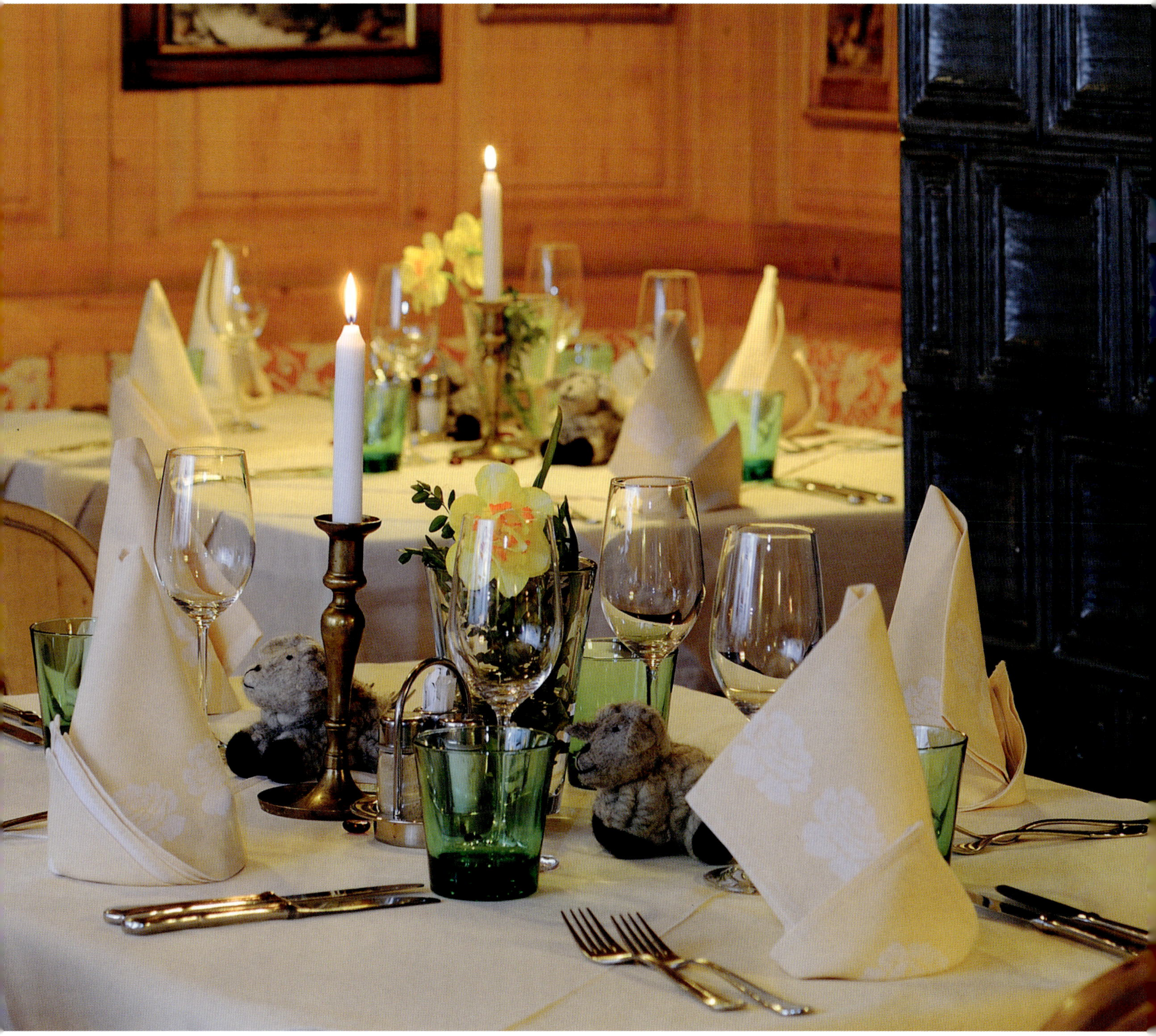

GASTLICHES KLEINOD IM EISACKTAL

ANSITZ ZUM STEINBOCK

Das Eisacktal erstreckt sich südlich des Brenners bis nach Bozen. Dazwischen eine Landschaft voller Reize: von den lieblichen Mittelgebirgsrücken über saftige Wiesen, durch die Bergwälder hinauf auf die bizarren Felstürme der Dolomiten. Doch das Eisacktal hat mehr zu bieten, als idyllische Natur und eine schier unbegrenzte Vielfalt an Freizeitaktivitäten zu jeder Jahreszeit. In den historischen Zentren wie Bozen und Brixen oder malerischen Bergdörfern wie Villanders gibt es große und kleine Werke berühmter Künstler zu bestaunen und die bewegte Geschichte des Tals ist bis heute omnipräsent. So auch im trutzigen Ansitz Zum Steinbock in Villanders, dessen Ursprünge sich bis ins 12. Jahrhundert zurückverfolgen lassen. Als „Stainbock Wirtstavern" schon um 1750 bekannt, gilt dieses romantische Haus schon seit jeher als ein Treffpunkt von Historie und Kunst. Andreas Hofer versammelte hier seine tapferen Männer zu einer letzten Schlacht gegen die Franzosen, was Franz von Defregger in einem der berühmtesten Ölbilder Tirols – „Das letzte Aufgebot" – festhielt. Viele Malereien und Reliquien aus jener Zeit schmücken bis heute die historischen Räumlichkeiten und verleihen dem Hotel & Restaurant Ansitz Zum Steinbock ein einzigartiges, tief mit den Traditionen des Hauses verwurzeltes Ambiente. Seit 2002 leitet Familie Rabensteiner die Geschicke des Hauses, das sie mit sensiblem Gespür für die Traditionen des Hauses nach und nach an den Geschmack und die Bedürfnisse heutiger Reisender angepasst hat. Dass ihr das geradezu vorbildlich gelungen ist, belegen hochkarätige Auszeichnungen wie die Wahl zum „Historischen Gasthof des Jahres 2009" oder zum „Restaurant des Jahres 2011" (Der große Restaurant & Hotel Guide) ebenso eindrucksvoll wie die Neuge-

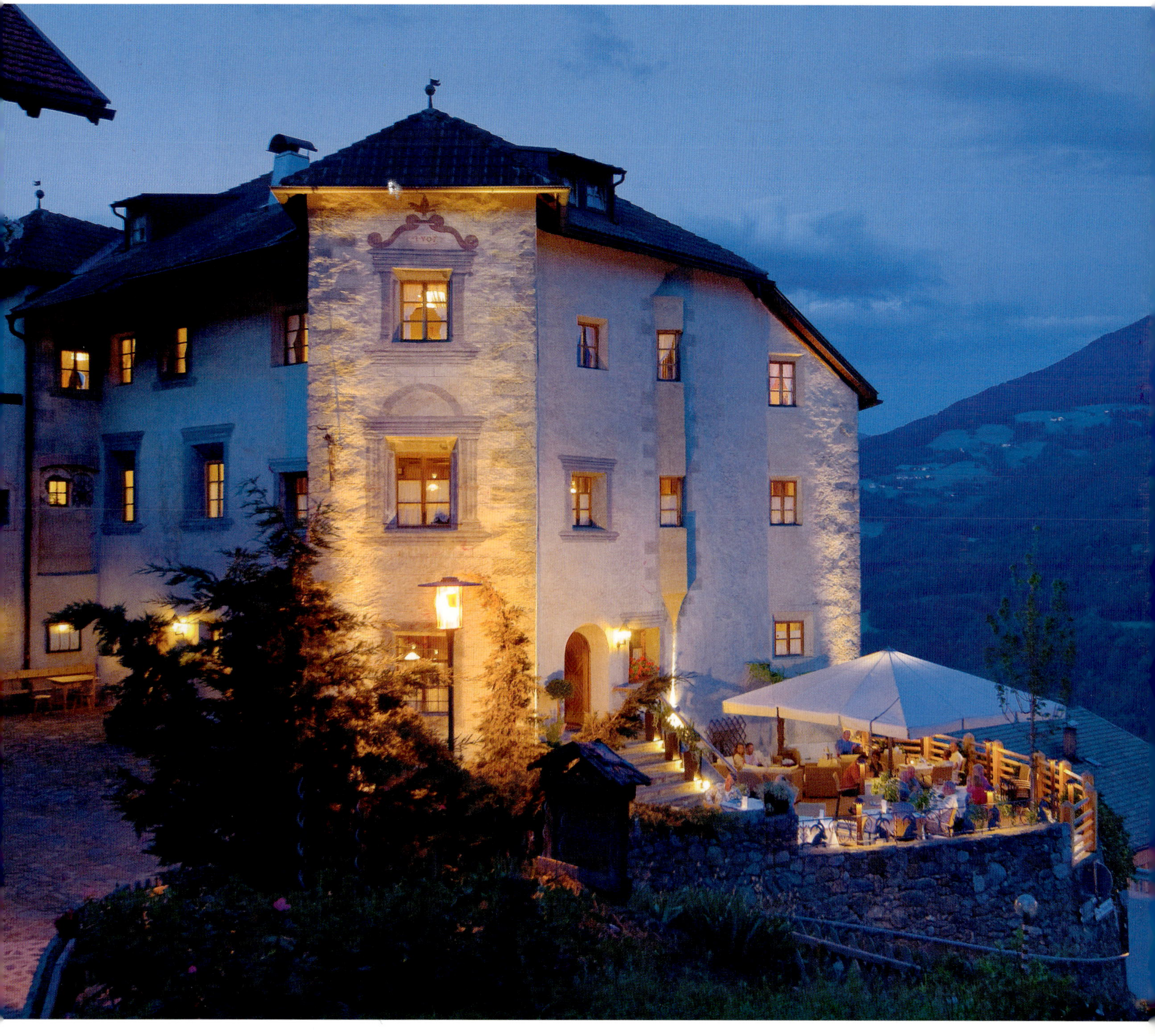

ANSITZ ZUM STEINBOCK

staltung der Panorama-Gartenlounge, die sich in kürzester Zeit zu einem beliebten Treff im Eisacktal entwickelt hat. An lauen Sommerabenden ist die wunderschöne Terrasse besonders beliebt bei anspruchsvollen Gourmets. Hier genießt man nicht nur eine beeindruckende Panoramaaussicht, sondern vor allem die kreative Küche, für die der Steinbock weit über die Grenzen Villanders hinaus bekannt ist. Als „Stainbock Wirtstafern" wird die heutige Gourmetküche bezeichnet, die sich streng nach der Saison ausrichtet und in der soweit wie möglich Produkte von heimischen Bauern Verwendung finden. Das Gourmetrestaurant im Ansitz Steinbock verführt mit den Rezepten und der Kochkunst aus Großmutters Zeiten, die von Besitzern und Generationen bis in die heutige Zeit weitergereicht wurden. Wie schon in vergangen Tagen gehört es zur Philosophie des Gourmetrestaurants Steinbock, den Gästen bei Speis und Trank das Gefühl eines „Herren von Villanders" zu vermitteln. Dazu passt das fürstliche Ambiente der „Von-Neuhaus-Stube" oder der Herrenstube zu Villanders genauso wie außergewöhnliche Gerichte, etwa eine gebratene Taubenbrust mit krokanten Keulen und eingelegten Senfpflaumen und die wahrlich fürstliche Weinauswahl. Sommelier ist die erst 22-jährige Elisabeth Rabensteiner, die das gastliche Domizil seit zwei Jahren leitet und deren Passion die hervorragenden Weine der Region sind. Sie freut sich besonders darüber, dass die vinophilen Schätze im neuen Weinkeller mit seinen jahrhundertealten Gewölben ein passendes Zuhause gefunden haben. Auf Wunsch finden dort auch Degustationen und Feierlichkeiten mit bis zu zehn Personen statt.

Schlafen wie die Grafen können Urlaubsgäste im Steinbock selbstverständlich auch. Dazu bieten sich die 17 sehr romantischen, mit Stilmöbeln eingerichteten Hotelzimmer geradezu an. Hinter den historischen Mauern lässt es sich herrlich träumen – von Rittern und Grafen längst vergangener Zeiten oder von unbeschwerten Urlaubstagen in der schönen Bergwelt der Villanderer Alm, einer der schönsten Hochalmen Südtirols.

Ansitz Zum Steinbock
Inhaber: Familie Rabensteiner
F.-v.-Defregger-Gasse 14
I-39040 Villanders/Südtirol
T.: 00 39 / 04 72 / 84 31 11
F: 00 39 / 04 72 / 84 34 68
info@zumsteinbock.com
www.zumsteinbock.com

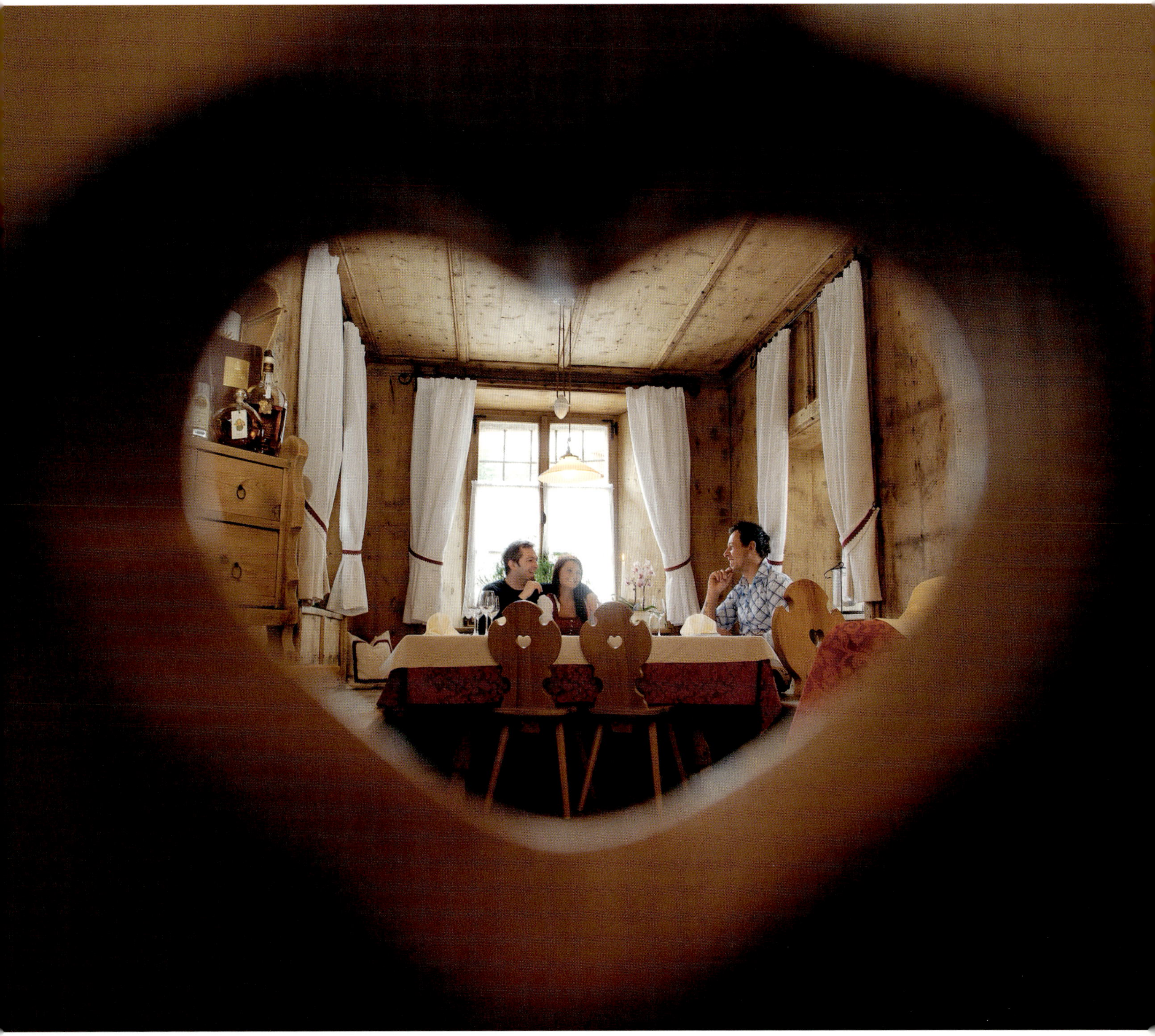

ROMANTISCHES JUWEL DER SÜDTIROLER HOTELLERIE

HOTEL HANSWIRT

All denjenigen, die in ihrem Südtirol-Urlaub eine Symbiose aus historisch gewachsenem Ambiente, familiärer Gastlichkeit, luxuriöser Hotellerie und kulinarischen Freuden auf hohem Niveau zu schätzen wissen, sei das traditionsreiche Hotel Hanswirt in Rabland bei Meran ans Herz gelegt. Bis ins 8. Jahrhundert lässt sich die Geschichte des prächtigen Erbhofes zurückverfolgen. Einst Rast- und Pferdewechselstation, ist das weitläufige Anwesen mit der angeschlossenen Landwirtschaft schon seit fast 480 Jahren im Besitz der Familie Laimer. Seit über zwei Jahrzehnten führt Georg Laimer das Haus seiner Vorfahren und er hat es in dieser Zeit zu einem Juwel der Südtiroler Hotellerie reifen lassen. Hinter den historischen Außenmauern schaffen unzählige Details eine einzigartige Atmosphäre, in der romantische Nostalgie, luxuriöse Heiterkeit und moderne Gastronomie harmonisch zusammenklingen: zum einen gemütliche Stuben, durch die bis heute der „Hauch der Geschichte" weht; zum anderen ein wunderschönes Vier-Sterne-Superior-Hotel mit viel Raum für Privatsphäre und allen Annehmlichkeiten modernen Komforts.

In dem nach den Regeln des Feng-Shui eingerichteten Hoteltrakt ziert heller Marmor die Böden, eine großzügige Empfangshalle vermittelt sinnenfrohe Heiterkeit und gibt den Blick frei auf den liebevoll angelegten Garten mit Teich und beheiztem Außenpool. Individuelles Ambiente, verbunden mit viel Platz, Licht, exklusiven Materialien und harmonischem Luxus prägt auch die atmosphärischen Zimmer und Suiten. Im großzügigen Wellnessbereich lässt sich mühelos im Dampfbad, in der Finnischen Sauna, bei Heukraxenbädern, im beheizbaren Outdoorpool oder in der Relaxoase mit Aromatherapie der Alltag vergessen.

Mit seiner malerischen Fassade und den schön geschwungenen Bögen, dem verzierten Bundwerkgiebel und den rot-weißen Fensterläden prägt der „Hanswirt" eines der interessantesten Straßenbilder des Vinschgaus.

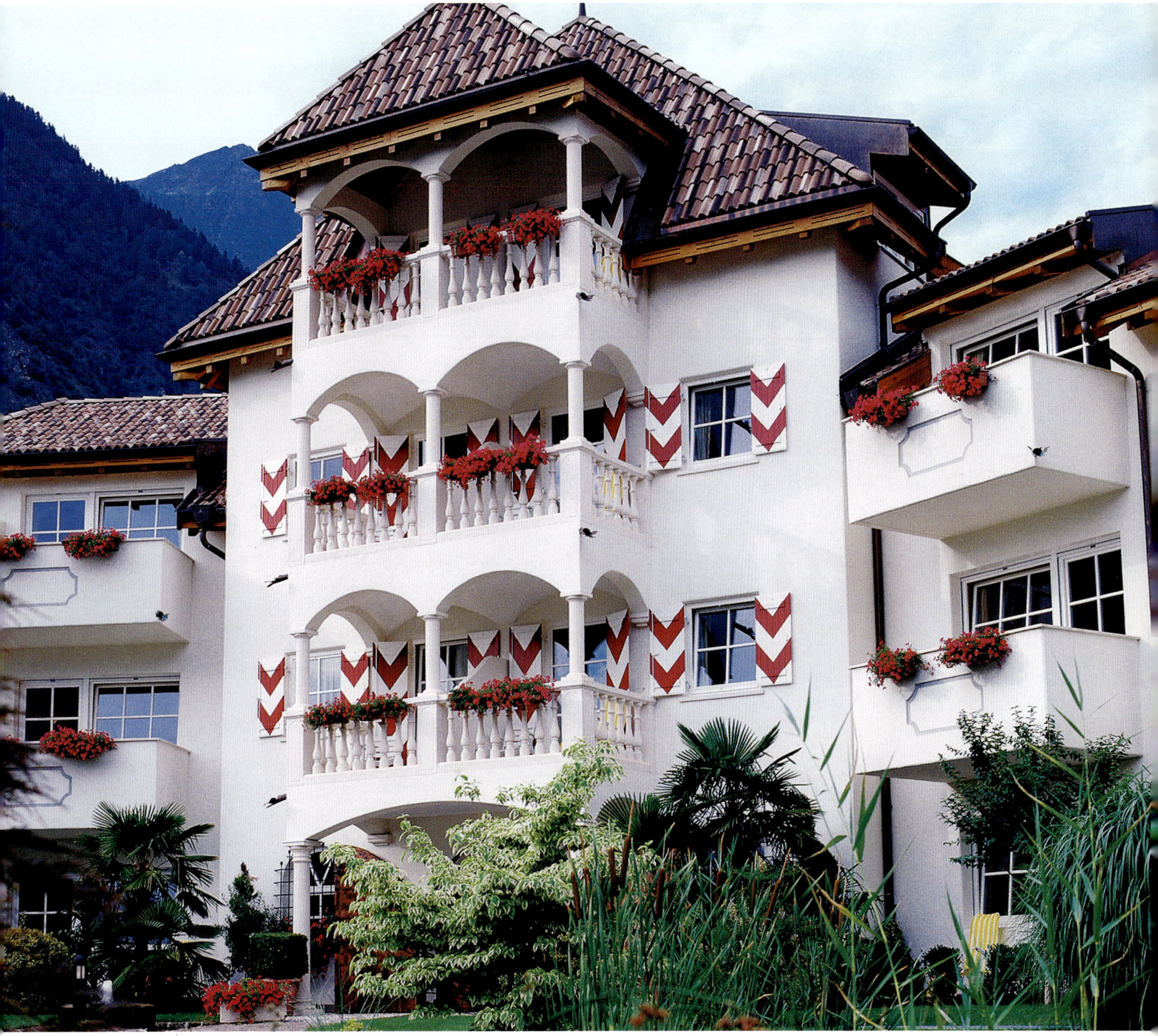

HOTEL HANSWIRT

Doch das Herz des romantischen Refugiums im Meraner Land schlägt wie eh und je in der ausgezeichneten Küche, für die der Hanswirt seit Jahrzehnten weit über die näheren Grenzen hinaus gerühmt wird. Im lukullischen Zusammenspiel sind Georg und Matthias Laimer mit Mutter Anna stets in Höchstform. Sie präsentieren eine Zwei-Hauben-Küche, die nicht nur ein Augenschmaus ist, sondern sich auch wunderbar genießen lässt.

Die Natur vor der Haustür steuert vieles bei. Fleisch- und Milchprodukte, Wild, Gemüse in Bio-Qualität und Obst – all das gibt es im Vinschgau und aus der eigenen Landwirtschaft reichlich und kommt nach dem Lauf der Jahreszeiten frisch zubereitet auf die Speisekarte. In den wohligen Galerräumen und auf der großzügigen Sommerterrasse lässt es sich ganz entspannt in den Köstlichkeiten schwelgen.

Die Lektüre der Weinkarte macht Lust auf über 300 formidable Kreszenzen. Unbedingt probieren sollte man die edlen Tropfen vom eigenen Weingut und natürlich sind neben heimischen Spitzenwinzern auch die bedeutendsten Anbaugebiete Italiens gut vertreten.

Hotel Hanswirt
Gastgeber:
Familie Laimer-Palla
Geroldplatz 3
I-39020 Rabland bei Meran
T: 00 39 / 04 73 / 96 71 48
F: 00 39 / 04 73 / 96 81 03
info@hanswirt.com
www.hanswirt.com
Preise: je nach Aufenthaltsdauer und Saison, DZ ab 150 Euro inkl. Frühstück

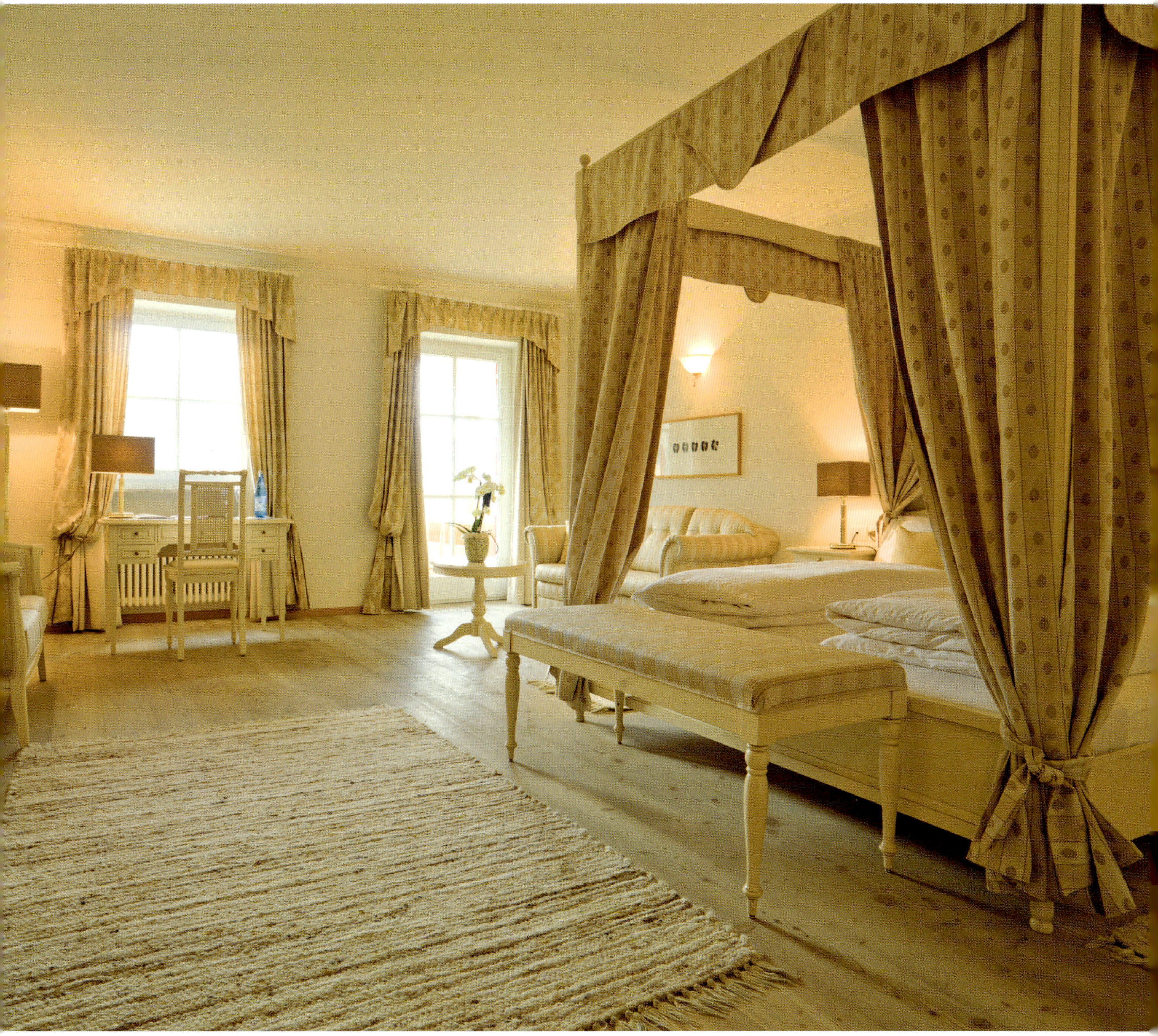

INSELTRÄUME IN MALERISCHER KULISSE

SON VENT

*D*as Anwesen scheint einem Bilderbuch entsprungen und verkörpert genau die Traumvorstellung, wie man sich eine Finca auf Mallorca vorstellt. Helle Naturfarben, rustikale Steinmauern, bunte Fensterläden, verschachtelt mit kleinen Ecken und Nischen und umgeben von einem paradiesischen Garten. Son Vent, das „Gut der Winde", besticht durch liebevolle Details. Die zwei Doppelzimmer und neun Suiten sind mediterran mit viel Liebe zum Detail gestaltet, in kräftigen bunten Farben und Mustern, hellen Stoffen, stilvoll ausgewählten Möbeln und Holzbalken an den Decken. Jedes der Zimmer verfügt über einen Balkon oder eine Terrasse, manche auch über einen Kamin, die Suite Mistral beinhaltet sogar einen eigenen Innenhof. Jedes Jahr wird einem Künstler die Chance geboten, sowohl im Restaurant als auch in der Bar und im Außenbereich seine Kunst zu präsentieren. Wie zum Beispiel Pola Brändle, die sich auf der Insel bereits in kürzester Zeit einen Namen mit ihren Plakatcollagen/Decollagen gemacht hat. So entsteht ein ganz besonderes charmantes und intimes Ambiente. Hier kann sich der Gast komplett fallenlassen und dem Alltag entfliehen. Dieses private Kleinod mitten im Naturschutzgebiet zwischen Cas Concos und Alqueria Blanca ist von März bis Oktober für Gäste geöffnet. An den kühleren Tagen müssen sie mit Heizung und Kamin auf keinen Komfort verzichten. Die 400 Jahre alte Finca Son Vent im Südosten Mallorcas war früher als Ort bekannt, wo die Fuhrwerke auf ihren Fahrten zwischen Felanitx und Santanyí

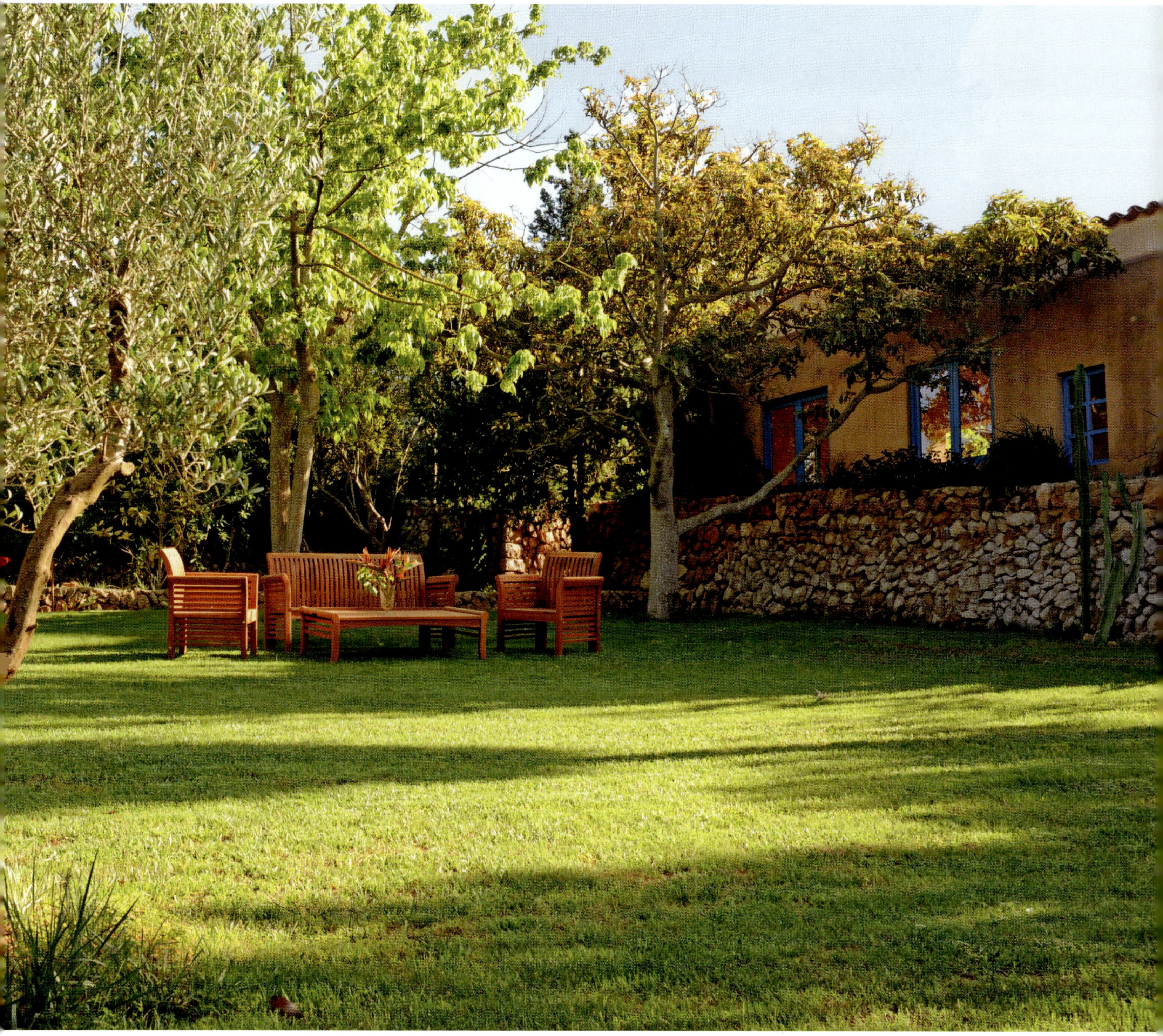

SON VENT

gerne Rast machten. Das Hotel wurde so behutsam in die alten Mauern gesetzt, dass die Aura scheinbar geblieben ist. Auf Son Vent kann man entspannt in den Tag hinein leben und dem Müßiggang frönen, fernab jedes hektischen touristischen Treibens. Erst einmal entspannt ausschlafen, denn das Frühstück, eher ein Brunch, wird ohne Zeitlimit serviert, so dass man völlig ungestresst in den Tag starten kann. Auf dem hauseigenen Tennisplatz kann man sich sportlich austoben oder im großen Pool ein paar Bahnen ziehen – oder man sticht vielleicht gleich mit Peter Pscherer auf dessen traumhaftem Oldtimer-Segler in See, bestens versorgt mit einem Catering der Son-Vent-Küche. Darüber hinaus locken die schönsten Strände der Umgebung, die exzellente Restaurantszene zwischen Alqueria Blanca und Portocolom oder auch die kleinen Fischerdörfer und Städte. Besonders lohnenswert sind auch Rad- und Wandertouren oder der Besuch des nahe gelegenen Klosters „Santuari de Sant Salvador". Gelegen in 509 Metern Höhe, hat man von hier aus einen traumhaft weiten Blick über die Insel. Am Sonntagvormittag sollte man den quirligen Markttag in Felanitx nicht verpassen, wo man, vorbei an vielen Ständen, in kleinen verwinkelten Gassen und in den geöffneten Geschäften herrlich bummeln kann. Ein weiteres Highlight: das „Cap de ses Salines", die südlichste Stelle Mallorcas, mit einem malerischen weißen Leuchtturm. Doch auch auf Son Vent lässt sich der Tag herrlich verbringen, noch dazu mit einer exzellenten Kulinarik. Man speist im Restaurant oder im Innenhof auf dem Restaurant-Patio, romantisch umsäumt von alten Bäumen und Pflanzen. Abends setzen die sympathischen Gastgeber Dagmar Wintersteller und Peter Pscherer das südliche Ambiente mit unzähligen Kerzen in Szene. Alle Sinne des Gastes regt auch der engagierte Küchenchef Marc Riedmüller an. Seine klare, frische und einfache, jedoch keineswegs simple Küche basiert auf Kreativität, Erfahrung und handwerklichem Können im Zusammenspiel mit frischen Zutaten, Kräutern, Gewürzen und der Komposition feiner Aromen. Dazu genießt man sorgfältig ausgewählte mallorquinische und spanische Spitzenweine.

Son Vent
Gastgeber: Dagmar
Wintersteller und
Peter Pscherer
Cas Concos de Cavaller
Baleares / Mallorca
T: 00 34 / 9 71 / 84 21 84
F: 00 34 / 9 71 / 84 21 65
mail@son-vent.com
www.son-vent.com
Zimmer und Suiten:
115 bis 248 Euro

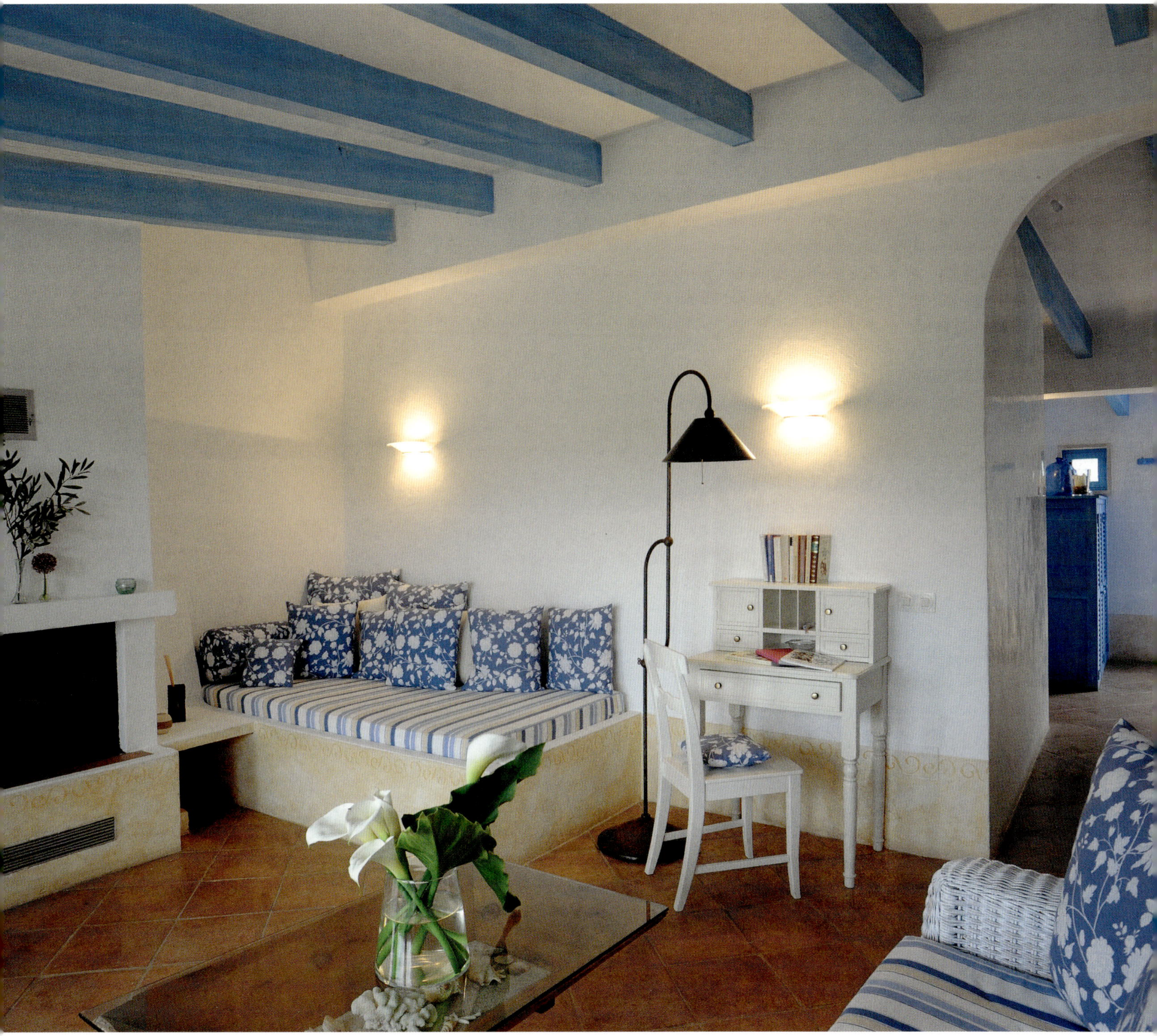

CHARMANTES KLEINOD

LE JARDIN DESIRE

Churchill war einundsechzig Jahre alt und pensionierter Schatzkanzler, als er das erste Mal nach Marrakesch kam. Die großen Stunden seines Lebens hatte er noch vor sich. Im Winter 1935 brach er zu einem Urlaub in den Süden auf. Über Paris, Mallorca und Barcelona erreichte er am 20. Dezember Tanger, verbrachte Weihnachten bei Regenwetter und reiste mit der Eisenbahn über Rabat weiter nach Marrakesch. Begeistert schrieb er an Franklin Roosevelt und bat ihn, zu ihm zu kommen: „Marrakesch ist einer der schönsten Orte auf der Welt."

Damit reihte er sich in die Riege von Filmschaffenden, Schriftstellern und Malern, die sich der Magie der traditionsreichen Königsstadt nur schwer entziehen konnten. Das ist bis heute so geblieben. Überall duftet es nach Sandelholz und Minze, nach Curry, Safran und Rosen. Prachtvolle Bauten in satten Rottönen säumen die Straßen. Flirrendes Licht und geheimnisvolle Schatten der Medina schaffen eine eindrucksvolle Atmosphäre. Hier locken das Stimmengewirr der Souks oder das sanfte Plätschern der Brunnen in einem

Das Riad liegt inmitten eines malerischen Gartens mit Blumen, Palmen und Springbrunnen.

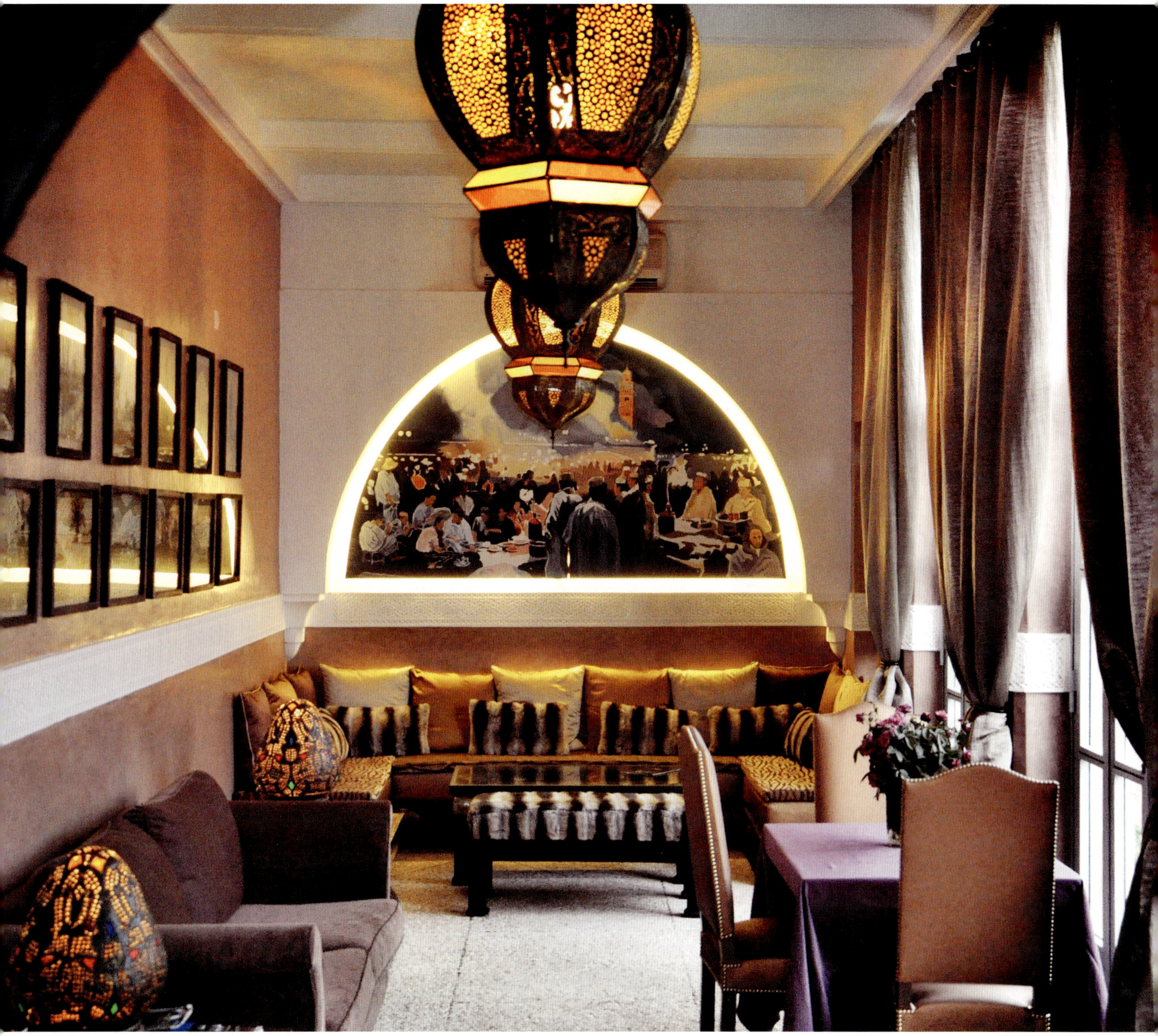

LE JARDIN DESIRE

der wunderschönen Tropengärten, dort verführen moderne Boutiquen und elegante Restaurants. Marrakesch, das ist ein Märchen aus 1001 Nacht und eine Reise in eine faszinierende Welt der Gegensätze.

Alles, was den Zauber der „roten Stadt" ausmacht, lässt sich auch in der Villa Riad „Le Jardin Desire" mit allen Sinnen nachvollziehen. Umgeben von einem neun Hektar großen duftenden Blumengarten mit Palmen, Oliven und Orangenbäumen, liegt das Refugium am Fuße des Atlas-Gebirges. Betritt der Gast das „Le Jardin Desire", kommt er in den Genuss von Luxus, Eleganz und der Wärme marokkanischer Gastfreundschaft, die Herz und Seele wärmen.

Désiré Schaetzel, die weitgereiste Gäste bereits aus dem „Le Clos des Delices" im Elsass kennen, erschuf in Zusammenarbeit mit dem französischen Architekten Charles Boccara ein Vier-Sterne-Hotel mit allem Komfort, das die schönsten Seiten von Marrakesch erlebbar werden lässt. Feinste Facetten des Wohlfühlens auszuleuchten, darin ist das gastliche Team dieser bezaubernden Villa wohlgeübt. Nach einer geruhsam durchschlafenen Nacht könnte der Tag nicht schöner als mit einem Frühstück im Schatten der Orangenbäume beginnen. Herrlich fällt der Blick vom Garten auf den Hohen Atlas in der Ferne. Und wenn die Sonne am Mittag ihre Kräfte misst, lohnt ein Sprung in das kühle Nass des Swimmingpools. Noch mehr Ambiente und Atmosphäre bietet ein Aperitif unter der Pergola oder im Salon. Unvergesslich bleiben die erstklassigen kulinarischen Darbietungen aus der Küche unterm Sternenhimmel, während sich der Service aufmerksam um das Wohl der Gäste kümmert. Was auf den Teller gezaubert wird kann sich sehen und vor allem wunderbar genießen lassen. Sehr schön das kulinarische Wechselspiel unterschiedlichster Aromen einer geschmackvollen marokkanischen Küche, die ihre vielfältigen Geschmackskomponenten nicht verleugnet.

Wer in den von dem Innenarchitekten Alphonse Humber luxuriös und mit stilsicherem Gespür eingerichteten Zimmern logiert, fühlt sich im eleganten Ambiente mit marokkanischen Stilelementen sofort wohl. Auch für außergewöhnliche Momente mit Freunden oder der Familie für bis zu 10 Personen ist das „Le Jardin Desire" die ideale Lösung.

Hat man vor, sich ein wenig sportlich zu betätigen, so kann man sein Spiel auf den drei Golfplätzen der Umgebung verbessern. Herrlich relaxen lässt es sich im unweit vom Haus gelegenen 1000 Quadratmeter großen Spa. Bei wohligen Wasserwonnen, bei Massagen oder im traditionellen Hamam rückt der Alltag rasch in weite Ferne.

Die Zimmer wurden von dem Innenarchitekten Alphonse Humber luxuriös und stilvoll gestaltet.

Le Jardin Desire
Villa Riad & Spa
Marrakech
T: 06 08 37 56 67
ljd-maroc67@orange.fr
www.lejardindesire.com

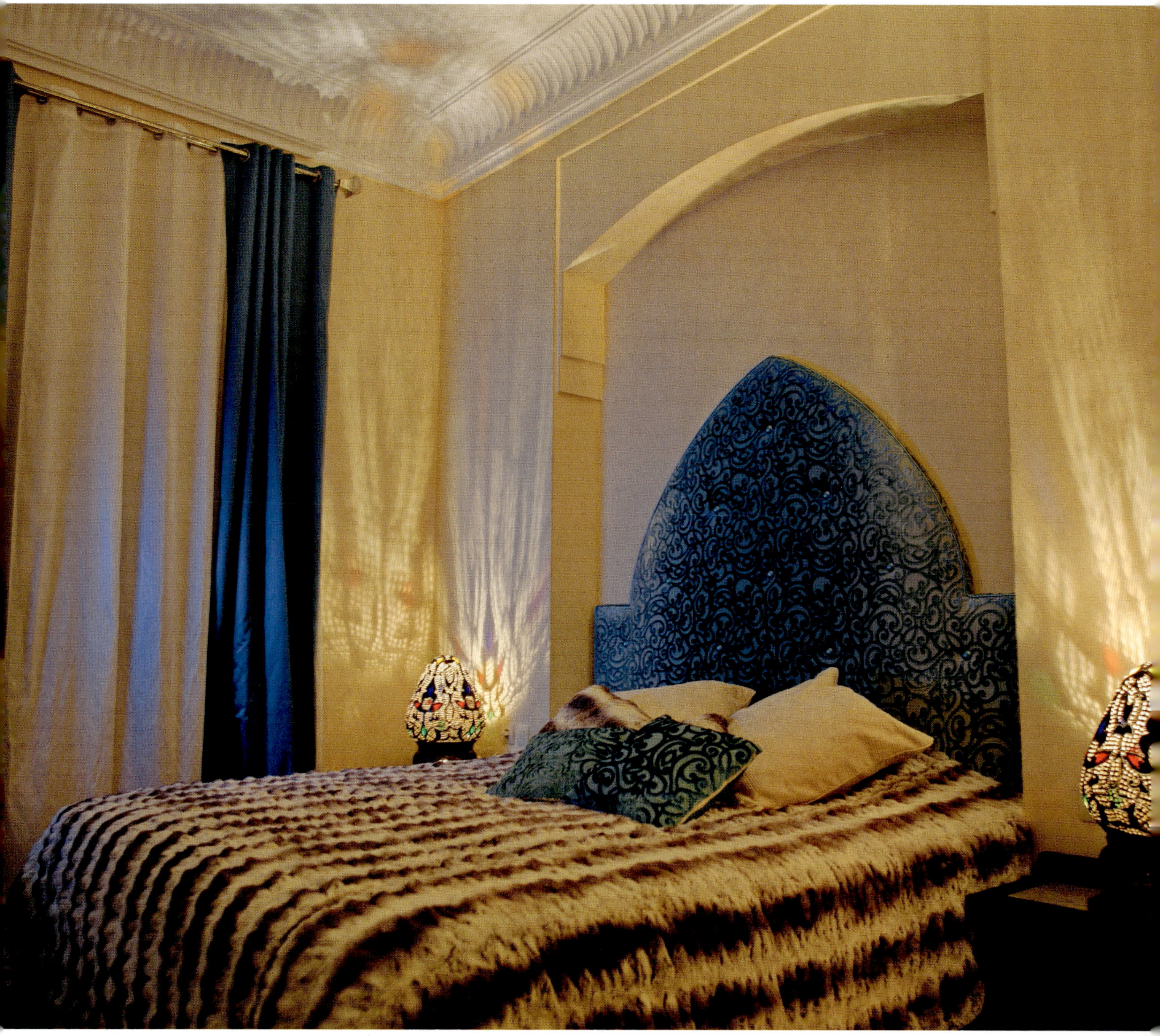

KARLSBADS ELEGANTES KURRESORT IM DIPLOMATENVIERTEL

SAVOY WESTEND HOTEL

Seit Jahrhunderten ist Westböhmen berühmt für seine Kurorte. Neben Marienbad und Franzensbad ist es Karlsbad, das Besucher aus aller Welt begeistert. In seinem feudalen „Diplomatenviertel", ganz in der Nähe des Kurzentrums und der historischen Mühlbrunnenkolonnade, entstand vor wenigen Jahren das noble Savoy Westend Hotel. Wo gegenwärtiger Luxus auf den Charme längst vergangener Zeiten trifft, stehen Wellness, Gesundheit, Sport und Genuss im Mittelpunkt.

Das Savoy Westend Hotel liegt oberhalb von Karlsbads historischem Kurzentrum. Allein die Anfahrt vorbei an imposanten Jugendstil- und Gründerzeitvillen aus dem Ende des 19. Jahrhunderts, die verschiedenste Botschaften beherbergten, ist eine Schau. In der Petra Velikého 16 angekommen, liegt schon der rote Teppich auf der wundervollen Freitreppe zum Entree der Villa Savoy bereit, der ankommenden Gästen respektvolle Ehrerbietung zollt. Erbaut wurde die luxuriöse Hotelanlage, die aus den fünf eigenständigen Villen Savoy, Kleopatra, Carlton, Rusalka und Artemis besteht, im Jahre 1897 nach

Gründerzeit-Architektur vom Feinsten, sorgfältig rekonstruiert und authentisch in Szene gesetzt. Hier der Haupteingang zum Hotel in der Villa Savoy.

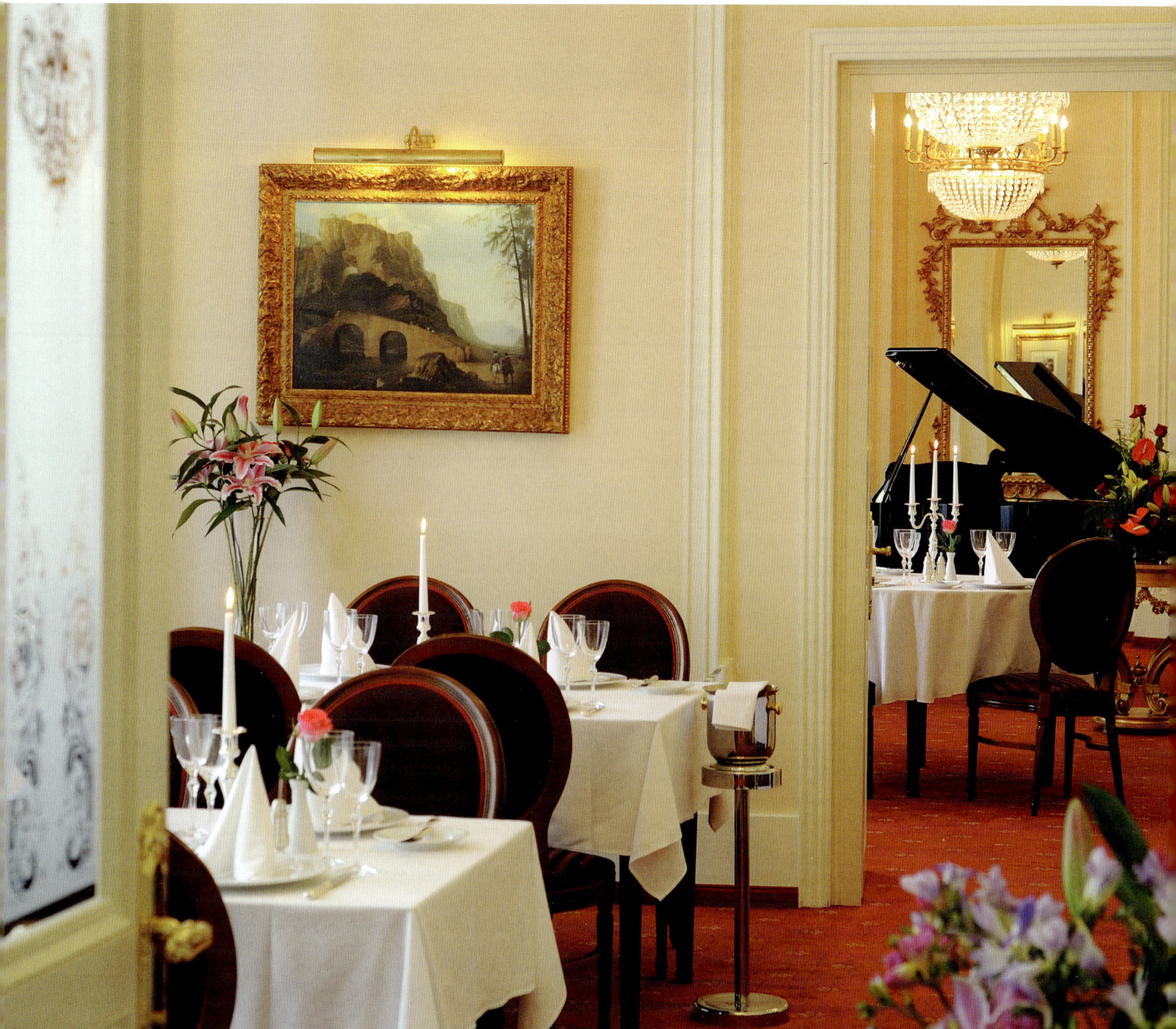

SAVOY WESTEND HOTEL

den Plänen des bekannten Wiener Architekten Alfred Bayern. Seitdem besuchten zahlreiche Persönlichkeiten das Savoy Westend, darunter auch der tschechische Präsident T. G. Masaryk, der sich wiederholt in den Jahren 1923 bis 1933 dort aufhielt. Nach einer gründlichen, detailgetreuen Rekonstruktion der historischen Architektur und Kernsanierung sowie dem Neubau des Balneozentrums „Spa Aphrodite" wurde das bezaubernde Kurresort in seiner heutigen Form als elegante Fünf-Sterne-Anlage für anspruchsvolle Wellness-, Kur- und Sportgäste in 2005 neu eröffnet. Auf Schritt und Tritt begleitet von der Atmosphäre und Grandezza alter Zeiten, wirkt das Savoy Westend doch in keiner Weise angestaubt. Geschickt verbergen sich die „inneren Werte" zeitgemäßen Hotelkomforts wie Klimaanlage oder WLAN hinter Wänden und Verkleidungen.

Das Luxusrefugium verfügt über 116 große, elegante Zimmer und Suiten, die sich auf die fünf freistehenden Villen verteilen. Alle sind über ein unterirdisches Tunnelsystem miteinander verbunden, so dass man auch bei schlechtem Wetter trockenen Fußes die Rezeption und die Restaurants in der Villa Savoy oder das „Spa Aphrodite" erreichen kann. Zum hohen Standard der Zimmer, die mit geschmackvollem italienischen Interieur eingerichtet sind, gehören u. a. stilvolle Wannenbäder mit Dusche, WC, Bidet, Bademantel, Slipper und Fön, Kingsize-Betten, Klimaanlage, Sat-TV und Pay-TV, Telefon, kostenloses WLAN, Minibar, Safe, Bügelset und Kaffee- und Teebereiter.

Balsam für Leib und Seele ist das hochmoderne, 3000 Quadratmeter große Balneozentrum „Spa Aphrodite", welches in der Tschechischen Republik zu den führenden Zentren seiner Art gehört. Für ein Rundumwohlgefühl sorgen außerdem das riesige 25-Meter-Indoor-Schwimmbecken, Sauna, Dampfbad, Whirlpool und ein sehr gut ausgestattetes Fitness-Center mit Personal Trainer. Für die sportlich ambitionierte Klientel hat Karlsbad nicht nur ein ausgezeichnetes Wanderwegenetz mit Jogging- und Nordic-Walking-Routen anzubieten, sondern auch drei ausgezeichnete Golfplätze.

Savoy Westend Hotel
General Manager:
Kurt Ropers
Petra Velikého 16
CZ-360 01 Karlovy Vary
(Karlsbad)
Czech Republic
T.: 0 04 20 / 3 59 / 01 88 88
F: 0 04 20 / 3 53 / 22 53 01
reservation@savoywestend.cz
www.savoywestend.cz